HOMMES DE LA GIRONDE

ou

LA LIBERTE ECLAIREE

HOMMES DE LA GIRONDE

ou

LA LIBERTE ECLAIREE

Le mouvement girondin a été maintes fois expliqué, explicité. Et même nié par certains historiens.

*Le propos n'est pas ici de rééditer un énième ouvrage chronologique. Sur ce plan, «*L'Histoire des Girondins*», d'Alphonse de Lamartine, ou «*Les Girondins*», de Bernardine Melchior-Bonnet, font toujours autorité. Il n'est pas non plus de polémiquer avec les partisans des Girondins ni avec ceux qui pensent qu'ils furent un mythe fabriqué par une petite minorité jacobine pour masquer l'affrontement réel, celui qui mettait aux prises la Montagne et la Convention.*

Ce livre est d'abord un récit. L'aventure des hommes qui ont inventé la République française. Un accouchement laborieux, avec des enthousiasmes, des fulgurances géniales, mais aussi des hésitations, des erreurs, des fautes. Pour citer Michel Winock, «le récit reste un choix - celui d'un auteur qui a déjà son idée derrière le stylo, puisque, avant d'écrire les premiers mots, il s'est documenté, et forgé quelques idées-forces. Certes, l'historien n'écrit pas comme un romancier qui se livrerait à l'inspiration du jour... Cependant, s'il ne peut «inventer», il est libre de retenir dans la cacophonie sociale et politique les notes qui lui plaisent. L'Histoire est toujours une reconstruction.»

*Nos sources premières ont été les journaux et gazettes de l'époque, et principalement «*Le Moniteur*», dans la réimpression du XIXème siècle, en 32 volumes, «*Le Moniteur universel*». En l'absence de moyens techniquement sûrs pour consigner la vérité, magnétophones, caméras, force est de se fier aux rapporteurs et aux témoins oculaires. Même si on peut constater quelques variantes entre les diverses chroniques.*

Paraphrasant encore Michel Winock, ajoutons que notre lecture a souvent été sélective. Nous avons d'abord cherché, au long des débats parlementaires, les interventions des députés de la Gironde. Mais, d'autres, avant nous, avaient retenu, pour les mêmes faits, des discours plus normands, plus marseillais, ou plus parisiens.

Car notre vision se veut avant tout un hommage à ces élus du département de la Gironde qui ont payé de leur vie la naissance de la Liberté en France, et qui ont eu l'honneur de donner leur nom à un des mouvements de pensée les plus nobles de l'histoire de notre pays.

***

I - LES GIRONDINS AVANT LA GIRONDE
1781-1791

1 - UN HOMME, UNE VILLE

Le 25 août 1781, Pierre Vergniaud prête serment en qualité d'avocat à Bordeaux. A sa fierté s'ajoute un sentiment de soulagement : il a enfin éloigné la cruelle épée de Damoclès qui pesait sur son destin...

Quoiqu'issu d'une bonne famille de la bourgeoisie limougeaude, il ne possède aucune fortune personnelle. Son père a été ruiné. En 1770. Cet hiver-là, les mauvaises conditions climatiques et la disette avaient fait grimper le prix des grains. Monsieur Vergniaud, marchand et fournisseur de vivres aux armées du roi, avait dû sacrifier une partie de ses biens propres pour remplir ses engagements.

Pierre, dix-sept ans à l'époque, était alors élève au collège des Jésuites de la ville. La compassion de l'intendant du Limousin lui a permis de continuer ses études : Turgot lui a fait attribuer une bourse au collège de Plessis-Sorbonne. Le jeune homme y a suivi ses humanités, avant d'entrer au séminaire de Saint-Sulpice, à Paris. C'était la filière classique. Mais la seule vocation que Pierre ait jamais vraiment ressentie, c'est la littérature.

Depuis son plus jeune âge, il trousse des pièces en vers, qu'il ambitionne de faire lire dans les salons. Il bâtit le canevas de comédies qu'il rêve de voir jouer par les plus accortes actrices. Car il aime les femmes au moins autant que les lettres. Et elles lui rendent bien ses attentions, séduites par ses yeux sombres, sa tournure avantageuse et sa voix profonde.

Le monde, les belles : autant de passions qui coûtent cher. Sa licence de théologie en poche, Pierre Vergniaud a d'abord tenté une incursion dans l'administration. Décroché une place de surnuméraire dans les bureaux du ministère des Finances. Emploi précaire, un contrat à durée déterminée, mal rémunéré et surtout peu valorisant : «Je suis accablé par une mélancolie qui m'ôte l'usage de mes facultés. Je vis par convulsion, et mon coeur partage rarement la fausse joie qui se peint sur mon visage», écrit-il, à l'époque, à sa soeur, Marie Alluaud.

Il résiste quelque temps. Mais soudain la crise éclate, le 1er janvier 1780. Cette année-là, il va fêter ses vingt-sept ans, il est né le 31 mai 1753. Assez «d'années perdues», d'espérances «jamais réalisées» ! Dans la société fortement clivée de l'Ancien régime, la seule promotion sociale que peuvent attendre les jeunes gens honorables mais pauvres, c'est celle des ordres. Ne serait-il pas plus sage de se résigner ?

Il rentre à Limoges, demander conseil à sa famille. «Si je croyais que l'état ecclésiastique pût me procurer une existence que je ne puis pas obtenir par un autre état, je le reprendrais par nécessité, avoue-t-il.

- Tu as de la prestance, tu parles avec aisance : pourquoi ne t'orienterais-tu pas vers le Barreau ? rétorque son beau-frère, François Alluaud. Je subviendrai à tes dépenses jusqu'à ce que tu obtiennes ton diplôme d'avocat.»

Pierre part à Bordeaux le 22 avril 1780, décidé à mettre les bouchées doubles.

Un autre homme va l'y aider. Moralement et financièrement. Mercier Dupaty, avocat général au Parlement de Bordeaux et président à mortier depuis 1779. Dupaty, qui a décelé les deux qualités fondamentales du jeune Vergniaud, la volonté et l'intelligence, lui prête des ouvrages de droit et lui procure des travaux de secrétariat. Il est intarissable sur la valeur de son protégé : «Il fera un jour une grande gloire à son nom», répète-t-il.

Pierre lui donnera raison. En quelques mois, il réussit son baccalauréat en droit, passe sa licence et soutient ses deux thèses dans la foulée. Le 25 août 1781, il est avocat. Et, le 13 avril 1782, il peut rassurer François Alluaud : «Enfin mon cher frère, j'ai plaidé ce matin».

Avec les compliments de Monsieur Dupaty.

***

En 1782, Bordeaux est à son apogée. «Je n'ai rien vu de si beau», s'exclament les voyageurs unanimes. Le jeune François de La Rochefoucauld, fils du duc de Liancourt, bien placé pour comparer, puisqu'il a entrepris, cette année-là, un tour des «provinces méridionales de la France» avec son précepteur, renchérit à longueur des lettres qu'il adresse à ses parents : «Je n'ai rien vu de si beau à Lyon ou à Marseille que le quai dont presque tous les bâtiments sont beaux et dont beaucoup sont réguliers, qui a plus de deux lieues d'étendue, de sorte qu'on se fatigue entre de belles maisons et une forêts de mâts... Toutes les maisons sont en belle pierre de taille ; la plupart sont bien sculptées.»

En effet, sous l'égide des intendants du XVIIIème siècle, principalement Claude Boucher (en poste de 1720 à 1743), Louis-Urbain Aubert marquis de Tourny (1743-1757), et Nicolas Dupré de Saint-Maur (1776-1785), Bordeaux s'est dotée d'une majestueuse façade sur la rivière, de places et de monuments dignes de «la plus belle ville du royaume», selon l'expression de Tourny. La Bourse, le palais Rohan, le Théâtre dessiné par l'architecte Victor Louis, la place de la Comédie sont les preuves de cette magnificence.

«Le luxe des bâtiments est aussi grand à Bordeaux qu'à Paris», estime La Rochefoucauld. On appelle Bordeaux «le petit Paris»', fait écho le pasteur Daniel-Zacharias Hallman, correspondant du botaniste suédois Linné. «Paris qui est la capitale de la France et l'endroit où se rendent les étrangers du monde entier possède des richesses, un luxe, des commodités et des plaisirs de toute sorte ; mais Bordeaux le dépasse en opulence, en dédain de l'argent, en cherté, en audace, et en certaines richesses. Ce luxe a pour cause la richesse».

«Les faubourgs s'élèvent et croissent à vue d'oeil, comme la population : telle est l'influence du commerce», note pour sa part le rédacteur du *Journal de Guyenne*, le 5 septembre 1787.

La prospérité de la ville tient d'abord à sa situation privilégiée. «La région avoisinante, la communication avec la Méditerranée, la Garonne ... sont les causes du commerce florissant de Bordeaux», précise Hallman. L'animation des quais, le mouvement du port «n'a pas d'égal en Europe». «On dirait que le Pactole y coule, et coule pour le peuple», écrira encore Jouannet dans sa *Statistique du département de la Gironde*.

Débouché naturel d'un riche terroir qui fournit blé, fruits, eaux-de-vie et des vins célèbres, mais aussi laine, toiles, draps, papier ou produits métallurgiques, Bordeaux apparaît comme l'un des plus grands ports mondiaux, la «métropole coloniale du midi de l'Europe». La colonisation des «Isles» lui a assuré un brusque et extraordinaire essor. Le sucre et le café de Saint-Domingue, l'indigo des Antilles, le cacao de la Martinique transitent par ses entrepôts, avant d'être réexpédiés à destination de toute l'Europe. «Les navires ne sont pas plutôt arrivés qu'ils repartent sans caréner ni rien», avoue le négociant François Bonnaffé, que le commerce a rendu millionnaire, ajoutant : «ma fortune est infiniment au-dessus de mon attente».

La démographie traduit bien cette explosion. D'après les estimations, en 1715, avec moins de 50 000 habitants, Bordeaux n'était que la sixième ville de France après Paris, Lyon, Marseille, Lille et Rouen. Au recensement de 1790, elle se retrouve en troisième position, avec 109 499 habitants. Sa population a doublé en soixante-quinze ans, et les contemporains lui prédisent un avenir doré : Elle «égalera bientôt la capitale pour le nombre de ses habitants, au train de l'augmentation de son négoce», s'exclame ainsi le Catalan Antoni Ponz, en 1783.

***

Ce contexte économique florissant se double d'un contexte politique et culturel particulier, propice à l'éclosion de la pensée «girondine».

Bordeaux, «c'est le type de la cité antique à forme républicaine», la *Burdigala* romaine, métropole de la *Gallia Aquitanica*. C'est aussi, souligne l'historien Michel Lhéritier, «la ville de l'ancienne France qui a été la plus tardivement rattachée au royaume après avoir été dans la mouvance anglaise». En 1152, en effet, la duchesse Aliénor d'Aquitaine se sépare de son époux, Louis VII de France, pour convoler avec Henri Plantagenêt, lequel devient roi d'Angleterre deux ans plus tard. L'union anglo-gasconne durera alors trois cents ans, jusqu'à la défaite de Castillon, devant les troupes françaises.

Pendant ces trois siècles, Bordeaux, capitale de la Guyenne anglaise, a bénéficié d'un prestige et d'une richesse inégalés, comme d'une réelle autonomie. Les Bordelais ont su jouer de la convoitise que la Guyenne inspirait aux deux souverains de France et d'Angleterre pour obtenir des Plantagenêts d'appréciables franchises communales, des privilèges commerciaux conséquents, et des institutions originales, régies par une «Grande Charte» extrêmement libérale. «République patronnée par son archevêque, Bordeaux invoquait ainsi dès 1274 les droits naturels», rappelle encore Michel Lhéritier : «Nous admettons, déclaraient ses citoyens, que tous les hommes et toutes les terres sont libres de leur nature et que toute servitude est contre le droit commun».

La fin de la Guerre de Cent ans et le rattachement à la couronne de France ont été, de ce fait, ressentis ici comme un désastre. Voilà Bordeaux déchue de son rang, ravalée plus bas que les autres villes du royaume même. Car Charles VII, qui doute de la loyauté de ses nouveaux sujets, fait édifier deux forteresses sur les bord de la Garonne, le fort du Hâ et la Château-Trompette, pourvues d'une garnison d'élite «pour leur tenir le fer au dos».

Bordeaux ne s'en consolera jamais. Au fil des siècles, il n'est pas d'occasion qu'elle ne saisisse de ruer. Chaque mesure autoritaire émanant de Paris, qui remet en cause les privilèges acquis sous les Plantagenêts, provoque sa colère. L'opposition croît à mesure que le centralisme monarchique s'affirme, avec Henri IV et Sully, Richelieu, puis Mazarin. L'agitation, sporadique jusqu'en 1648, explose au moment de la Fronde. Le Parlement entre dans l'arène, suivi par la bourgeoisie marchande de la cité. Le gouverneur du roi, Bernard d'Epernon, est chassé de la ville. Mais le mouvement prend vite des allures plus radicales. On va jusqu'à parler de «république de Bordeaux». L'Ormée» -c'est ainsi qu'on appelle la fronde bordelaise, parce que ses partisans ont coutume de se réunir sous les ormes de Sainte-Eulalie-se réclame de la révolution puritaine qui vient d'éclater en Angleterre. Et exige des réformes inspirées de l'*Agreement of the People* instauré par Cromwell.

Les troupes royales ne parviendront à mater les rebelles qu'en novembre 1653. Mais le pouvoir n'est pas dupe. Colbert voit en Bordeaux «le boutefeu des guerres civiles». Quelques décennies plus tard, l'intendant Boucher déclarera en écho : «Les esprits de ce pays ne souffrent pas volontiers la subordination... Il est certain que l'esprit républicain règne dans cette ville et qu'on y abhorre toute autorité».

Une tendance que les Bordelais ne nient pas. Bien au contraire. A la veille de la Révolution, les jurats ne manquent pas de rappeler obstinément les particularismes de leur cité : «Jamais Toulouse n'a eu le droit de se gouverner elle-même ; Bordeaux conserve encore son ancien titre et son ancienne qualité à cet égard», écrivent-ils au ministre des affaires étrangères, le comte de Vergennes, le 26 décembre 1786.

La liberté est une tradition millénaire sur les bords de la Garonne. En fait, Bordeaux n'a jamais cessé de se montrer «girondine» avant la lettre !

***

Et puis ce pays a été la terre de Montaigne, le philosophe du doute, et de Montesquieu, «un penseur libéral dont les idées sur les libertés et leurs garanties institutionnelles, notamment la séparation des pouvoirs, sont dictées par un profond respect de la personne humaine et le goût des réformes équitables», affirme le *Dictionnaire Robert.*

Ce n'est pas un hasard. Bordeaux fut un des premiers foyers d'humanisme du royaume. Son Collège de Guyenne, où étudia Montaigne, «le meilleur de France», mettait en pratique l'idéal pédagogique de la Renaissance.

Une tradition qui perdura. Le pasteur Hallman s'étonne encore du caractère libéral de l'éducation dispensée, dans les années 1750, tant au fameux Collège de Guyenne qu'au Collège de la Madeleine, où professe, avant la fusion des deux établissements, Sébastien Mercier, le futur conventionnel girondin.

La librairie et l'imprimerie sont les auxiliaires de l'enseignement. Au XVIIIème siècle, le livre s'érige en véritable pouvoir social et politique, alors que les Français sont de plus en plus nombreux à aspirer à la connaissance, et à vouloir bénéficier des Lumières. Les autorités l'ont bien compris. Le nombre des imprimeurs bordelais, limité à douze en 1704, a encore été réduit à dix par arrêt du Conseil du roi du 31 mars 1739.

Les publications sont soumises à une censure très stricte. Les imprimeurs doivent obtenir du roi un «privilège d'imprimer». Les histoires galantes, les contes licencieux, les ouvrages irréligieux ou trop critiques vis-à-vis de la monarchie sont interdits. Pour contourner la loi, auteurs et éditeurs imaginent souvent d'utiliser «un toponyme d'emprunt», explique Johel Coutura, dans son ouvrage *Les francs-maçons à Bordeaux au XVIIIème siècle*. «Ainsi Bordeaux s'appela Neuchâtel en 1783, Ballopole en 1784, Tastetown en 1784-1786, Dandinople en 1784, Héraclium en 1789», note-t-il.

De par sa qualité de port, Bordeaux est également une «ville d'entrée» pour les imprimés provenant de l'étranger. Ces ouvrages sont eux aussi astreints au contrôle d'un inspecteur de la librairie. Particulièrement vigilant. Les saisies atteignent des chiffres astronomiques : «une tonne en 1722 !» Cependant les fraudes sont à l'avenant. Un réseau de contrebandiers se charge de faire passer les livres interdits, que les colporteurs écoulent clandestinement. Quant au couvent des Petits-Carmes, situé aux Chartrons, soit hors les murs de la ville, il échappe carrément à la censure de la douane et de la librairie.

L'inventaire, établi après le décès de Vergniaud, est instructif. En 1780, notre avocat ne possédait pas un seul ouvrage en propre dans son modeste logement sis 14 rue Sainte-Catherine à Bordeaux. Il se voyait contraint d'emprunter 20 francs à son beau-frère pour acheter les *Institutes* de l'empereur Justinien Ier et *La Coutume* de Ferrière, indispensables à ses études de droit. Dès 1787, son cabinet de la rue du Hâ est encombré : «Je n'ai plus pour perspective que mes bouquins», lance-t-il. Et, à sa mort, en 1793, sa bibliothèque se trouvera riche de plus de 500 volumes : «bouquins» professionnels, traités de philosophie, essais politiques -dont les oeuvres de Montesquieu, bien entendu-, précis sur l'art, recueils de poésies, mais aussi des textes licencieux, comme *Les liaisons dangereuses*, *Le paysan perverti* ou le scandaleux *Erotika biblion* écrit par le comte de Mirabeau dans sa jeunesse. Vergniaud lui-même a publié plusieurs contes et poèmes. Il aurait également commis, en 1783, un roman par lettres, à la mode du temps, *Les amants républicains, ou lettres de Nicias et de Cynire*, en deux tomes.

***

Par ailleurs, Bordeaux compte plusieurs sociétés savantes, dont l'influence sera déterminante sur la diffusion des idées nouvelles. Et sur la pensée girondine.

L'Académie royale des sciences, belles-lettres et arts, fondée en 1712, est renommée tant en France qu'à l'étranger, n'en déplaise à ce railleur impénitent de Voltaire ! Elle peut s'enorgueillir d'avoir eu «l'illustre Monsieur de Montesquieu» pour membre, élu dès 1716, alors qu'il était âgé de vingt-sept ans à peine. Le philosophe de L'*Esprit des Lois* ne s'est pas montré ingrat : «La Compagnie, sans avoir eu encore aucune libéralité du Roi et sans avoir ressenti les marques de sa protection, qu'il accorde à tant d'autres académies de son royaume, n'a pas laissé jusqu'ici de faire de grands progrès», proclamait-il à qui voulait l'entendre. «La situation de la ville et le grand abord des étrangers l'a mise en correspondance avec les savants des pays les plus éloignés». Et d'inciter ses confrères à commanditer «un bon ouvrage» d'histoire régionale, afin de montrer à Paris que «nous ne sommes pas des cuistres et que Messieurs les Académiciens d'ici (de la capitale) ne nous regardent plus comme des avortons, car ces derniers ont une opinion bien grande de leurs lumières et bien petite des nôtres» !

Pourtant, à l'époque où Vergniaud ouvre son cabinet d'avocat, au début des années 1780, l'Académie de Bordeaux subit un feu croisé de critiques. On lui reproche son recrutement élitiste : elle s'adresse d'abord à la noblesse de robe, aux parlementaires. On l'accuse surtout de conservatisme : «les travaux des savants s'y trouvent en quelque manière renfermés».

L'avocat bordelais Pierre Bernadau a consigné dans ses *Tablettes* manuscrites l'état d'esprit de ses concitoyens dans la décennie pré-révolutionnaire : «Cet état (de prospérité) y fait naître des idées libérales ; car l'aisance d'une contrée, en appelant ses habitants à jouir des avantages de l'instruction, les rend plus indépendants des préjugés antisociaux qu'engendrent et qu'entretiennent l'ignorance et la misère dans le sein des populations».

C'est à ces préoccupations nouvelles que prétend répondre le Musée de Bordeaux, créé en 1783, à l'initiative de l'abbé Dupont des Jumeaux. Il sera «un point de réunion et un moyen de communication... où l'on peut trouver toutes les feuilles périodiques, les mémoires des Académies». Le ton est donné d'emblée : il s'agit d'accueillir les idées nouvelles, d'en débattre, avant de les diffuser. Il faut «faire éclore des germes de talents trop profondément enfouis», insiste l'intendant Dupré de Saint-Maur, lors de la première séance publique, le 10 juillet.

«Nous voudrions voir examiner les vues profondes des Locke, des Condillac et des Montesquieu», annonce pour sa part le chanoine Sicard, secrétaire du Musée, qui ouvrira bientôt la première école de sourds-et-muets de la ville. «Discuter les projets patriotiques des Necker et des Turgot», ajoute-t-il.

Le Musée ambitionne d'avoir des correspondants «dans tous les pays où l'on cultive les Lettres ... afin de créer une chaîne continue de Lumières». Dans ce but, Dupont des Jumeaux contribue à lancer *Le Journal de Guyenne*, qui fut probablement le premier quotidien français. Le premier numéro, sorti le 1er septembre 1784, offre quatre pages sur deux colonnes à ses lecteurs. L'abonnement en est de 24 livres par an pour la ville, de 28 livres pour les autres provinces.

Phare des «foyers de lumière», selon l'expression de l'avocat Saige, dans son discours préliminaire au *Recueil des ouvrages du Musée de Bordeaux*, publié en 1787, l'assemblée se veut «fondée sur la Liberté et l'Egalité». Devise qui n'est pas sans évoquer les idéaux de la franc-maçonnerie. Beaucoup des membres fondateurs du Musée appartiennent en effet aux diverses loges et «ateliers» de Bordeaux. Il faut rappeler que le corps maçonnique bordelais est l'un des plus anciens et des plus importants de France. La première loge, dite loge anglaise, aurait ouvert ses travaux le 27 avril 1732 : Montesquieu, initié à la franc-maçonnerie en Angleterre, contribua sans doute à sa création.

Aucune discrimination de religion au Musée : protestants ou juifs y sont acceptés au même titre que les catholiques. Une révolution des idées est bien en train de s'accomplir.

L'admission à la société du Musée se fait par cooptation. Les milieux les mieux représentés sont le barreau et le négoce, autrement dit la bourgeoisie aisée, dont la montée s'avère un phénomène national alors : «La seconde classe de la société s'empara des sciences, des lettres, de l'étude des lois, et du commerce, et son importance s'accrut ainsi chaque jour», écrira Germaine de Staël dans ses *Considérations sur la Révolution française*. Persuadée d'être l'élite active de la nation, elle aspire à une reconnaissance politique légitime à ses yeux. Les événements vont bientôt lui permettre de réaliser ses ambitions. C'est de la bourgeoisie aisée que seront issus les membres du futur parti girondin. Comme d'ailleurs un Robespierre ou un Saint-Just.

Parmi les membres fondateurs du Musée de Bordeaux, Mercier Dupaty, le protecteur de Vergniaud, également élu à l'Académie de Bordeaux depuis 1769 et frère de la loge «La Française». Né à La Rochelle en 1744, Charles-Marguerite Jean-Baptiste Mercier Dupaty est un magistrat intègre et courageux. Surnommé «le jeune Socrate de Bordeaux», il s'est fixé pour noble tâche de «faire triompher la vérité et l'humanité avec elle». Disciple de Voltaire, il milite contre la torture et pour l'abolition de la peine de mort. Il est par ailleurs lié avec le philosophe Condorcet, qui a épousé une de ses nièces, Sophie de Grouchy. Mais Dupaty ne verra pas l'avènement des idéaux qu'il défend : il mourra en 1788, précocement usé par le travail.

Parmi les premiers sociétaires du Musée : Vergniaud. C'est au Musée que le futur chef girondin rencontrera Armand Gensonné et Raymond Desèze, tous deux avocats, qui tous deux le suivront en politique.

*****

2 - PREMICES DE L'ORAGE

«Le présent est gros de l'avenir», écrit l'avocat Pierre Bernadau en guise d'introduction à ses «mémoires secrets», commencés en 1787 et poursuivis jusqu'en 1852 date de sa mort. Ces *Tablettes* sont un précieux document pour comprendre les années pré-révolutionnaires à Bordeaux. Bernadau n'a que vingt-cinq ans au moment où il entreprend leur rédaction, mais, plongé dans le milieu du barreau bordelais, en prise avec la réalité courante, il devine d'emblée les bouleversements futurs.

«Cet avenir s'annonce d'une manière étrange... Il se prépare, si j'en crois mes pressentiments, un ordre de choses qui va apporter beaucoup de changements en France, et, par suite, dans l'Europe qui nous imite». D'insister, prémonitoire : «Cela doit se terminer par quelque coup d'Etat imprévu, et si c'est le peuple français qui se mêle de le frapper, il sera violent, terrible et de nature à retentir au loin». Et d'ajouter : «Une révolution dans les choses est sur le point de succéder à celle des idées».

Révolution... le mot est lâché Il est d'ailleurs sur toutes les lèvres à cette époque. Du maréchal de Castries : «Il ne suffit qu'une étincelle pour embraser le pays et le détruire». A l'ambassadeur de l'empire autrichien, Mercy-Argenteau : «On mettrait les gens en prison, on n'aurait point raison du mal. Le prestige du roi est profondément ébranlé et ne pourra être relevé sans beaucoup de peine et de temps». Il n'est jusqu'à la prophétesse périgourdine Suzanne Le Bouze qui ne vaticine, quelque dix ans avant l'explosion, sur l'inéluctabilité d'une «révolution» devant engendrer des réformes salvatrices.

Pourtant le règne de Louis XVI, monté sur le trône en 1774, à l'âge de vingt ans, avait commencé sous les meilleurs auspices. Le jeune souverain était résolu à relever le pays. Mais il s'engagea dans la guerre d'Indépendance américaine qui, si elle rehaussa l'image de la France vis-à-vis de l'opinion, eut des conséquences financières catastrophiques. A la signature de la paix, en 1783, la nation était au bord du gouffre. Seule une politique d'austérité, assortie de réformes fiscales énergiques, aurait pu redresser la situation. Mais les diverses propositions, faites en ce sens par les ministres successifs, se heurtèrent à une levée de bouclier de la part des privilégiés.

Au premier rang de ceux-ci, les parlements. Ces cours souveraines, instituées pour administrer la justice en dernier ressort au nom du roi, avaient, en plus de leurs attributions judiciaires, un rôle politique essentiel. Le souverain était tenu de leur soumettre pour enregistrement les lois, édits et ordonnances qu'il prenait. Comme le rappelait le Parlement de Bordeaux en

1757 : «Le Parlement, sans participer aucunement au pouvoir législatif, qui réside d'une manière incommunicable dans la personne du seigneur roi, est néanmoins le Conseil légal du souverain en matière de législation ; il est tenu par ce devoir et par la religion du serment, de vérifier la loi, de juger de l'avantage dont elle peut être pour le monarque et pour ses sujets, de la comparer aux lois anciennes et fondamentales de l'Etat ; et il ne peut et ne doit l'enregistrer qu'autant qu'elle ne renferme rien de contraire à ces lois primitives d'où dépendent la sûreté du trône et le bonheur des peuples».

En vertu de quoi, les parlementaires ne s'étaient pas privés, au fil des siècles, de contrer l'absolutisme, d'énoncer des remontrances, voire de refuser de procéder à l'enregistrement. Et très souvent avec le soutien de l'opinion publique. Un régime fort les réduisait aisément au silence. Mais Louis XVI était aussi faible que sincère.

Corps privilégié de l'Etat, et à ce titre exemptés d'impôts, les parlements s'opposèrent à toute mesure visant à rogner leurs avantages. Louis XVI n'eut pas le courage de soutenir ses ministres réformateurs. Tour à tour, Turgot, Necker et Calonne durent démissionner. Acculé par le déficit, Loménie de Brienne n'avait d'autre alternative que de reprendre le programme de ses prédécesseurs. Il sollicite des notables le vote d'un impôt territorial, de 80 millions, payable en argent et pesant sur tous, privilégiés ou non. Mais il commet la maladresse d'y ajouter une forte augmentation du droit de timbre. Et, cette fois, le Parlement s'insurge. S'érige en représentation nationale. Réclame communication des états de finances. «Alarmés d'un déficit qui semble monter à une somme énorme, frappés des désordres qui l'ont produit et qui pourraient se perpétuer, nous avons formulé le voeu de voir la nation assemblée préalablement à tout impôt nouveau ; elle seule, instruite de la véritable position des finances, peut extirper de grands abus et offrir de grandes ressources». En d'autres termes, il réclame la réunion d'Etats généraux. Une procédure qui n'avait pas été utilisée en France depuis l'année 1614.

Le roi convoque le Parlement de Paris en séance solennelle. Le bras de fer s'engage. Les parlements de province soutiennent leurs confrères de la capitale, appuyés par le peuple enthousiaste. La lutte va durer plus d'un an, du printemps 1787 à l'été 1788...

A Bordeaux, les conflits du Parlement local avec la monarchie ont toujours pris une connotation particulière. Du fait du poids social de cette cour dans la vie de la région, du fait aussi de la mentalité bordelaise.

«Si je n'étais roi de France, je voudrais être conseiller au Parlement de

Bordeaux», avait déclaré un jour Henri IV. Ce n'était pas une boutade. Le Parlement de Bordeaux, créé en 1462, ne compte pas moins de 115 membres, dont 10 présidents. Chiffre auquel il faut ajouter les 55 officiers de la Cour des Aides, les avocats et les huissiers qui gravitent dans l'orbite des magistrats. Son ressort est de surcroît très vaste : outre la généralité de Guyenne, il s'étend sur le Limousin, les Landes, le Labourd et la Saintonge.

Comme les autres parlements de France, le Parlement de Bordeaux brandit l'étendard de la lutte contre «les excès d'un pouvoir arbitraire». Mais sur ce combat contre «le despotisme», se greffe, particularisme bordelais, une véritable bataille contre la centralisation monarchique.

La crise connaît son apogée à l'été 1787.

Par lettre de cachet, tombée dans la nuit du 17 août 1787, le parlement bordelais est exilé à Libourne. La vacance de la cour contraint les avocats au chômage forcé. Beaucoup survivent d'expédient, «grossoyent les pamphlets dont s'alimente la curiosité de nos nouvellistes et, quoique cette besogne ne leur rapporte guère plus d'argent que de gloire, ils subsistent cependant pour la plupart de cette récolte patriotique», raconte Bernadau. Qui cite, parmi les «faiseurs», Grangeneuve et Vergniaud.

Dans sa correspondance à François Alluaud, ce dernier se plaint en effet de l'état «très déplorable» des affaires publiques et conséquemment de celles des avocats. La «grêle» politique emporte une partie de sa moisson de procès. «Les uns sont nés pour le plaisir ; les autres pour la peine», et Vergniaud, lui, il ne connaît pas le «pain cuit» ! «Je n'ai point d'argent, explique-t-il, mes créanciers de Paris me recherchent ; je les paye un peu chaque mois ; les loyers sont chers ; il m'est impossible de payer le tout».

Le 10 juin 1788, le premier président Leberthon ose revenir «secrètement» à Bordeaux. Narguant l'autorité royale, la cité manifeste sa joie. «Malgré le mauvais temps, tout le peuple se porta à son hôtel», raconte Bernadau. Ce furent sérénades, acclamations, déclamations et couronnes d'immortelles, suivies d'une «illumination générale» des Chartrons à la Rousselle. Cependant que courent les bruits les plus fous annonçant «une révolte prochaine». Plus d'un an avant la prise de la Bastille...

Tout l'été les Bordelais demeurent «dans une telle effervescence de patriotisme qu'il serait dangereux de les contredire». La crise économique, consécutive à la mauvaise récolte du printemps, ajoute encore à la confusion.

Le théâtre se fait le porte-parole du mécontentement et des aspirations des «patriotes». Il est d'usage, à l'époque, de «réclamer» les pièces que l'on veut voir jouer. La lecture des entrefilets consacrés aux spectacles dans *Le*

Journal de Guyenne révèle que *L'innocente partie de chasse d'Henri IV*, de Charles Collé, fut jouée sept fois à Bordeaux en cette année 1788. Cette comédie, qui nous semble aujourd'hui bien anodine, apparaissait alors comme un brulôt. Ne faisait-elle pas l'apologie du vertueux «Lou nouste Henric», qui n'avait jamais eu d'autre souci que le bonheur de son peuple ? Les censeurs ne s'y étaient pas trompés : les spectateurs ne manquaient pas d'établir la comparaison avec le monarque présent, et elle n'était pas toujours à son avantage ! *L'innocente partie de chasse de Henri IV* restait interdite à Paris, mais les magistrats de Bordeaux, eux, l'avaient autorisée. Ce fut un des succès les plus extraordinaires de la scène bordelaise. Le public applaudissait à tout rompre chaque trait, chaque tirade exaltant le populaire Béarnais. Aussi les directeurs de troupes se hâtèrent-ils d'exploiter le filon. On ajouta bientôt *Henri IV aux Champs-Elysées*, de Beaunoir, au répertoire du Grand-Théâtre, et un drame lyrique de Rozoi et Martini, *Henri IV ou la bataille d'Ivry*. Tandis que les Variétés-Amusantes inscrivaient à leur affiche *Le retour désiré, ou le berceau d'Henri IV*.

Est-il utile de préciser que, dans ces conditions, la rentrée officielle du Parlement, en octobre, s'accompagna d'une explosion de liesse encore plus insolente ? Les rues étaient bordées d'arcs-de-triomphe et jonchées de fleurs. «Le peuple s'attela au carrosse de Leberthon», baptisé du noble surnom de «père du peuple». On tira un feu d'artifice place Saint-Projet. Et l'on alluma un grand bûcher, où l'on brûla deux mannequins, à l'effigie l'un de l'archevêque, l'autre du garde des Sceaux. Les deux symboles de la centralisation monarchique.

En quelques semaines, l'autorité royale s'était complètement désagrégée. Par arrêt en date du 5 juillet 1788, confirmé par édit le 8 août, Louis XVI avait fini par accepter la réunion des Etats généraux.

***

Le 24 janvier 1789, partent les lettres convoquant les sujets pour les élections aux états. Elles sont enregistrées le 18 février au tribunal de la sénéchaussée de Guyenne. Les opérations de vote s'organisent lentement, retardées par les conditions météorologiques, épouvantables cet hiver-là dans le Sud-Ouest. «Le froid a été plus vif que jamais», soupire Vergniaud qui vient d'emménager rue du Hâ. Six semaines durant, le thermomètre oscille entre moins quinze et moins dix-sept degrés. La Garonne est prise par les glaces, et l'on peut traverser le fleuve à patins. Début janvier, on verra même la mer geler à La Rochelle !

Elles sont également retardées par les contestations et rivalités qui ne manquent pas de s'élever. «Il y a une grande fermentation», selon notre témoin privilégié, Pierre Vergniaud.

Le premier problème épineux concerne le mode de tenue de ces fameux états. La dernière convocation des Etats généraux remontant à l'année 1614, les esprits les plus éclairés clament haut et fort qu'il est impossible de se baser sur des coutumes vieilles de cent soixante quinze ans, taxées «d'ineptes rédactions du Moyen Age». Il faut prêter attention à «la révolution que le temps et la force des choses ont opérée».

Autrement dit, tenir compte du rôle nouveau du tiers état. La société française de l'ancien régime est en effet divisée en trois ordres, le clergé, la noblesse et le tiers état. Ce dernier, composé de tous les roturiers laïques, paysans, ouvriers, artisans, commerçants, avocats, bourgeois, est de loin le plus nombreux, et le plus important économiquement. Il est la vraie «réalité nationale», clame l'abbé Siéyès, dans une brochure vite célèbre, *Qu'est-ce que le tiers état ?* «Qu'est-ce que le tiers état» s'interroge son auteur. «Rien». Qu'aspire-t-il à devenir ? : «Tout» !

Car le tiers, instruit des Lumières, refuse de se contenter désormais de la portion congrue. Il obtiendra le doublement du nombre de ses députés. Mais pas le vote par tête qu'il exige. Du moins, pas pour l'instant...

C'est du tiers état que sortiront les futurs Girondins. Cependant, les grands noms de ce parti ne font pas partie de la fournée des élus de 1789. La représentation de Guyenne compte plus de négociants que d'hommes de loi. Les futurs Girondins devront patienter quelques années, et, avant de «révolutionner» la France, s'exercer à «révolutionner leurs lointaines provinces», selon le mot de Michel Lhéritier.

***

C'est en 1789 que Marguerite-Elie Guadet fait son entrée en politique. Un atavisme l'y portait tout naturellement : sa famille, solidement implantée à Saint-Emilion, a donné de nombreux jurats à la ville. Jean Guadet son père, courtier en vin, est lui-même maire depuis 1779.

Marguerite-Elie, né le 20 juillet 1755, a fait ses études au Collège de Guyenne à Bordeaux, avant de suivre son droit. Il est devenu avocat en 1781, la même année que Pierre Vergniaud. Marié avec Marie-Thérèse Dupeyrat, fille d'un négociant des Chartrons bordelais, il s'est spécialisé dans les causes commerciales, acquérant vite un certain renom, au point qu'à l'aube de la Révolution il «tient le premier rang dans le barreau» de Bordeaux, note Bernadau. Initié à la franc-maçonnerie et co-fondateur de la loge de Saint-Emilion, il s'est inscrit au Musée en 1787.

En février 1789, Marguerite-Elie Guadet est parmi les rédacteurs du cahier de doléances de Saint-Emilion, et mandaté par cette ville pour participer à l'assemblée du tiers de la sénéchaussée de Libourne, où il joue un rôle décisif dans la rédaction du cahier général.

Arnaud Gensonné a un parcours semblable. Né à Bordeaux le 9 août 1758, il est fils d'un ancien chirurgien-major des armées du roi. Mais sa famille compte plusieurs hommes de loi. Gensonné a bénéficié d'une excellente éducation. Elève au Collège de Guyenne, il s'est fait remarquer pour ses dons et son sérieux, avant de poursuivre de brillantes études de droit et d'intégrer, lui aussi, le barreau de Bordeaux. Comme beaucoup de ses collègues il est membre de la Loge de l'Harmonie, surnommée la «loge des avocats», et du Musée.

En février 1789, il est adjoint au rédacteur du cahier de doléances de la ville qui servira de base au cahier général du tiers de Bordeaux, que porteront à Versailles les quatre députés de cet ordre : trois négociants : Jean-Baptiste Lafargue, Paul Nairac et Joseph Gaschet de Lisle, et un médecin, Paul-Victor Desèze, frère de l'avocat Raymond Desèze.

On connaît la suite : l'ouverture des Etats généraux le 5 mai, les premières approches du clergé en direction du tiers état le 13 juin, la constitution du tiers en Assemblée nationale sur proposition de Siéyès le 17. Le coup de force sera entériné dix jours plus tard : à la demande du souverain, le clergé et la noblesse se réunissent au tiers état. Les Etats généraux deviennent «Assemblée nationale». Puis «Assemblée nationale constituante», le 9 juillet, après la création d'un comité de Constitution, dont les rapports alimenteront la fameuse Constitution de septembre 1791.

De ces péripéties, les Bordelais sont informés par la presse, abondamment commentée à chaque courrier arrivant de Paris, deux fois par semaine, à l'époque. On en parle dans les cafés, comme au Musée. Le renvoi de Necker, le 11 juillet, est accueilli avec douleur. Le ministre bénéficie d'une ferveur toute particulière dans le milieu des négociants protestants des Chartrons. Les affaires marquent le pas. La ville observe «un morne silence».

Mais voici que survient une lettre du député Paul Nairac à son frère Elisée. Le 17 juillet, à seize heures. «Un courrier extraordinaire l'a portée en quarante-six heures. Elle contient le détail du soulèvement de la capitale à l'occasion des violences qu'on se propose de faire à l'Assemblée nationale», raconte Pierre Bernadau. Ce soulèvement, qui s'est produit trois jours auparavant, le 14 juillet, est aujourd'hui universellement connu sous le nom de «Prise de la Bastille».

La jeunesse bordelaise s'enflamme, oblige le procureur à faire imprimer la missive. Et, pour ne pas demeurer en reste, s'empresse d'arborer le signal de reconnaissance des patriotes français : une cocarde tricolore -bleu, blanc, rouge- dont La Fayette, le héros de l'Indépendance américaine, soutient qu'elle fera le tour du monde. Dans la foulée enthousiaste, les Quatre-Vingt-Dix électeurs, émanation des 240 élus des corporations et des habitants de la ville de Bordeaux n'appartenant pas à un corps, saluent les députés du beau qualificatif de «sauveurs de la patrie».

***

Deux jours plus tard, le lundi 20 juillet, c'est au tour d'un autre futur Girondin de se hausser sur le devant de la scène. Jean-Baptiste Boyer-Fonfrère, vingt-quatre ans.

Rien ne pouvait laisser supposer ce virage chez le jeune homme. N'est-il pas issu d'une des plus riches familles de la cité, et appelé à prendre la succession de son père, négociant connu à Bordeaux ? Il vient d'accomplir cinq années d'apprentissage dans ce but, sur les principales places de commerce européennes. Il a épousé la fille d'un riche armateur et jouit aujourd'hui de 500 000 francs de dot. Il habitera bientôt le superbe hôtel particulier des Boyer-Fonfrède, cours du Chapeau-Rouge.

Pourtant, le 20 juillet 1789, Jean-Baptiste renonce sans hésiter à la fortune et à l'aisance. Pour conquérir une gloire plus grande. Celle d'apôtre de la liberté.

Ce jour-là, convoqués par des placards manuscrits, trente à quarante mille Bordelais se retrouvent au Jardin public, dessiné quelque trois décennies auparavant par l'intendant Tourny. Motif de la réunion : délibérer en commun sur les moyens d'assurer la sûreté des citoyens dans les circonstances actuelles. Conversations et débats vont bon train, dans un délire patriotique général qui confine à la confusion. Le peuple, inconscient des véritables enjeux politiques de la situation, se préoccupe d'abord de théâtre, et réclame la représentation du *Guillaume Tell*, une tragédie «républicaine» de Lemierre.

Mais, soudain, un jeune homme s'empare d'une échelle de jardinier, la dresse contre un arbre, se hisse sur cette tribune improvisée : «Ce n'est pas le moment, citoyens, de songer aux illusions du théâtre. Bien que la pièce de *Guillaume Tell* respire le plus ardent patriotisme, elle ne convient ni à nos habitudes, ni aux circonstances. Elle contient la peinture des moeurs des Suisses au XIVème siècle, et nous sommes les Français du XVIIIème !»

Les hommes approuvent bruyamment. Les femmes applaudissent, tendent leurs nourrissons vers le jeune orateur. «Aimons la liberté et soyons armés pour la défendre», continue Boyer-Fonfrède d'une voix vibrante, d'apôtre de la liberté.

Proposition acceptée avec liesse. Dès le lendemain, la foule se presse dans les treize églises des paroisses de la ville transformées en bureau de recrutement pour la nouvelle armée patriotique bordelaise. Douze mille soldats sont ainsi enrégimentés. Signe des temps : aucun critère d'ordre ni de rang pour s'enrôler. Les classes sociales sont abolies. Aboli aussi le pouvoir jusqu'alors déféré au seul monarque de nommer les officiers : les chefs de l'armée patriotique sont élus par leurs hommes. Le commandement général est confié au duc de Duras, qui prête serment de fidélité à la nation, au souverain et aux articles du règlement élaboré par Boyer-Fondrède, devant l'assemblée des Quatre-Vingt-Dix électeurs. Le propre commandant de la province, également commandant du Château-Trompette, fournira l'armement. Redoutant que l'armée ne s'empare de la «Bastille» bordelaise, Monsieur de Fumel préfère en effet ouvrir l'arsenal de la forteresse spontanément, et distribuer 1 000 fusils aux patriotes.

Ladite armée voit s'enrôler plusieurs des futurs ténors du futur groupe girondin. Boyer-Fonfrède devient colonel du régiment de Saint-Rémi, Vergniaud capitaine au régiment de Sainte-Eulalie. Arnaud Gensonné lieutenant au régiment de Saint-Projet. Quant à Jean-Antoine Lafargue de Grangeneuve, également membre du barreau de Bordeaux, dès le 9 août il harangue la population place Royale, préconisant l'usage d'un uniforme distinctif pour l'armée patriotique.

Tous auront bientôt des responsabilités officielles, au sein des autorités municipales organisées dès la fin de l'année 1789, au niveau du district, ou du département : Gensonné sera membre élu du tribunal de cassation, Guadet du tribunal criminel de la Gironde, Jay et Vergniaud de d'administration départementale, Journu-Aubert de l'administration du district, Sers de la commune de Bordeaux.

*****

3 - CETTE NOUVELLE RELIGION

Eté 89. Les positions se radicalisent dans une surenchère de réformes et de concessions. Et d'agitation, dont la Grande Peur, fin juillet, est l'exemple le plus frappant. Dans la nuit du 4 août, les barrières s'effondrent, l'Ancien régime s'écroule. Un «sentiment généreux s'emparant des âmes de tous les privilégiés», comme l'écrit *Le Patriote français*, noblesse et clergé renoncent à leurs prérogatives séculaires, proclament l'égalité civile et fiscale et l'abolition de la vénalité des charges. Dès que la nouvelle est connue à Bordeaux, les citoyens laissent éclater leur joie. Au Musée, on lit en séance publique un éloge de Monsieur Bailly, le nouveau maire de la toute récente Commune de la capitale, assortie d'une épître de félicitations aux braves Parisiens. L'orateur : Jean-François Ducos, vingt-quatre ans, fils d'un riche négociant bordelais et beau-frère de Boyer-Fonfrède dont il partagera l'itinéraire politique. Pour la circonstance, le jeune homme a revêtu l'uniforme d'aide-de-camp du colonel général des volontaires bordelais.

La Déclaration des Droits de l'Homme et du Citoyen consignera quelques jours plus tard les victoires du tiers.

«La conquête de la Bastille, l'abolition de la féodalité et la déclaration des droits imprimèrent à tous les citoyens de ce vaste empire (la France) un mouvement qui, vif et rapide comme le feu électrique, échauffa leurs âmes, agrandit leurs idées et exalta tous leurs sentiments», témoigne Vergniaud dans une de ses plaidoiries.

La majorité crie au triomphe. Les plus modérés peuvent même croire que la révolution est terminée. Jacques Brissot, publiciste et directeur du *Patriote français*, appelé à partager bientôt la vedette avec Vergniaud à la tête du parti girondin à la Législative puis à la Convention, aspire à un retour au calme qui permettrait de reconstruire la nation : «Pourquoi donc ces assemblées tumultueuses, ces cris séditieux, ces discours incendiaires, ces lettres menaçantes ! Sommes-nous donc encore sous le joug du despotisme ? Ah ! sans doute, il était permis d'employer les menaces, la flamme, le fer, lorsque la tyrannie nous foulait dédaigneusement à ses pieds. Mais aujourd'hui que nous ne voyons, dans les assemblées nationales et les représentants, que des citoyens égaux, que nous ne voyons sur le trône qu'un roi-citoyen, n'est-ce pas un crime de lèse-nation, de lèse-liberté que d'exciter, que de prêcher la sédition ?»

Cependant, les difficultés, rayées d'un trait de plume, ne sont pas aplanies dans la réalité. La crise économique ne cède pas, bien au contraire.

Le pain manque à Paris, comme en province. La rigueur exceptionnelle de l'hiver a compromis la récolte des céréales, qui atteignent des cours vertigineux. Pénurie et spéculation provoquent des troubles que la démission des autorités encourage.

Le «saint enthousiasme» retombé, les désaccords se font jour. La crise politique, un moment conjurée, renaît plus dure. Tous les aristocrates n'ont pas consenti de gaieté de coeur à la nuit du 4 août, loin s'en faut ! Certains ont choisi d'émigrer sur-le-champ, pensant avoir les coudées plus franches à l'étranger pour contre-attaquer. Louis XVI lui-même tarde à entériner les acquis et à ratifier la Déclaration des Droits de l'Homme et du Citoyen. L'Assemblée s'est attelée à la rédaction de la Constitution. Si le souverain obtient le droit de veto absolu que les monarchistes voudraient lui voir octroyer, les réformes seront freinées. Ou stoppées. Les vrais patriotes s'inquiètent.

Les événements versaillais et parisiens de l'automne propulsent sur le devant de la scène des acteurs qui trouveront leurs plus beaux rôles, tragiques, durant la Convention, un Barère, un Robespierre, un Brissot, un Desmoulins. Ils permettent également aux futurs Girondins des bords de la Gironde de se forger une ligne de conduite politique.

Et d'abord d'affirmer leur patriotisme, quitte à rompre avec le passé. Pierre Vergniaud prend la tête de la contestation. Avec trois de ses collègues du Musée, il fait sécession de cette société. Avec fracas. Par le truchement d'une lettre ouverte adressée au directeur du *Journal de Bordeaux* : «Nous sommes, ou plutôt nous étions membres du Musée de Bordeaux. Nous nous faisions honneur de ce titre tant qu'il pouvait s'accorder avec celui de patriote ; mais aujourd'hui que les Muses bordelaises sont évidemment tombées en aristocratie, nous ne pouvions plus décemment frayer avec elles, et nous vous prions d'être les dépositaires de ces adieux et des motifs qui nous commandent cette rupture». Missive signée Vergniaud, Ducos, Boyer-Fonfrède et Furtado. Ce dernier, Abraham de son prénom, juif séfarade, fait partie de la bourgeoisie du commerce.

Le «Comité des Quatre» s'indigne de ce que l'on ne trouve, dans la bibliothèque de l'institution, que les seules gazettes de tendance royaliste, tels *Le journal général de la France, Le journal de la Constitution monarchique, l'Ami du roi* ou *Le Mercure de France*.

Une polémique s'ensuit. Mais le président du Musée a beau revendiquer la libre circulation des idées - «Ne peut-on pas librement exposer ses opinions même erronées ? D'où naîtrait la lumière si la discussion était interdite ?» -

la dissidence fait boule de neige. Gensonné et Guadet rejoignent les Quatre. Imités par nombre d'autres. Le cercle s'étend.

Le mouvement se politisera bientôt, la nouvelle société de pensée et de lecture deviendra club politique.

***

Dès le début de la Révolution se constituent, dans toute la France, des associations permanentes dont le but est de tenir les citoyens au courant des événements de la vie politique. Avant de jouer un rôle politique plus actif, tant au niveau local que sur un plan national. Comme l'écrit Pierre Bernadau dans ses *Tablettes*, non sans une ironie maligne : «la manie des coteries à l'anglaise succéda à celle des magasins de bel esprit».

A Bordeaux, le plus ancien de ces clubs est «l'Assemblée patriotique», qui regroupe, dès le commencement de l'année 1789, les habitués du Café des Etrangers tenu par les frères Sala, deux Suisses, et sis au rez-de-chaussée de l'hôtel Saige, cours du Chapeau-Rouge. L'établissement prendra vite le nom plus civique de Café national, et l'Assemblée patriotique sera alors connue comme le «Club du café national».

En février 1790, le Parlement de Bordeaux commence à s'alarmer de tous ces désordres, «premiers fruits d'une liberté publiée avant la loi qui devait en prescrire les bornes.» Le procureur général Dudon prône la sévérité contre les fauteurs de troubles. C'est aussitôt un tollé. Orchestré par l'Assemblée patriotique du café national. Ses membres font brûler le réquisitoire de Dudon sur un bûcher, fossés du Chapeau-Rouge. Tandis que Boyer-Fonfrède, de son côté, en appelle au peuple et à la municipalité, taxant «d'anti-révolutionnaires» les pamphlets des magistrats. Quelques semaines plus tard, le 24 mars 1790, l'Assemblée nationale constituante décrétera la suppression définitive de tous les parlements dans tout le royaume. C'est Gensonné qui sera chargé d'apposer les scellés sur le siège de celui de Bordeaux, le palais de l'Ombrière, le 30 septembre 1790.

Deuxième club chronologiquement, la «Société bordelaise des amis de la Constitution». «Aujourd'hui, seizième d'avril 1790, trente citoyens de Bordeaux se sont trouvés réunis dans une salle du couvent des religieux jacobins de la ville. Ils y avaient été appelés par une lettre anonyme qui annonçait le projet d'une société d'amis de la Constitution, à l'instar de celle qui est établie à Paris.» Son but est de servir «cette nouvelle religion qui va conquérir l'univers» : la philanthropie.

«Constituons-nous sans désemparer», décident comme un seul homme les trente «bons citoyens», entièrement dévoués au bien public, tous personnages de quelque notoriété dans le commerce et le barreau. Au nombre desquels on remarque Gensonné, Guadet, Grangeneuve, Barennes, Boyer-Fonfrède, Ducos, Pierre Sers, premier officier de la municipalité bordelaise. Et naturellement Vergniaud.

La Société bordelaise des amis de la Constitution sera le berceau des Girondins. Le Café national s'avérera au contraire une pépinière de Montagnards. Au point que Gensonné, «nommé par le peuple de Bordeaux» procureur de la commune, l'accusera de perdre «de vue les bornes dans lesquelles son zèle doit se renfermer».

Mais, au printemps 1790, les Amis de la Constitution et le Café national sont encore alliés. Ainsi vont-ils de conserve préparer une expédition militaire contre les royalistes de Montauban, accusés d'avoir molesté quelques patriotes, en mai 1790.

La croisade punitive se transformera en promenade de santé, le calme étant revenu avant que les 1500 hommes de la garde nationale bordelaise, appuyés par 75 cavaliers du corps de cavalerie et 80 du régiment de Champagne, ne soient arrivés sur les lieux. Mais les patriotes en tireront une gloire insigne : les voilà devenus «citoyens soldats de la liberté», comme le dit Guadet.

Cette gloire rejaillit sur Bordeaux. Qui fait désormais figure de phare de la Révolution.

***

«Vous ne nous avez laissé d'autre gloire que celle de nous réunir à vous, et de devenir un anneau de la chaîne qui va lier de vos mains tous les citoyens de ce vaste empire», écrivent les patriotes de Toulouse à leurs frères des bords de la Gironde, briguant l'honneur de «sceller par un pacte inébranlable l'alliance des deux cités». Un «pacte de famille».

Le printemps 90 voit une contagion de «fédérations» en France, popularisées par l'exemple américain, entre les communes, entre les villes, entre les provinces, mouvement qui vise, d'après Mirabeau, à transformer «une masse amorphe de peuples désunis» en une nation consciente de sa souveraineté.

Bordeaux décide de célébrer sa propre fédération le 17 juin, date anniversaire de la constitution des Etats généraux en Assemblée nationale. La fête a lieu au Jardin public, «totalement changé» pour l'occasion. «En conservant les allées de côté et le bois qui est dans le fond, en comblant le bain qui était au milieu, en faisant disparaître toutes ces plates-bandes, on a fait un Champ de Mars immense. C'est au milieu qu'on avait élevé un autel à la patrie et c'est là qu'on a juré au Dieu régénérateur de l'empire français de s'aimer, de se secourir et de défendre la Constitution. Le silence le plus profond, malgré l'immensité du peuple, régnait au moment du serment, et chacun était profondément pénétré d'un respect religieux», écrit un témoin oculaire.

Un autre de préciser : l'autel de la patrie «est de charpente et toile peinte ; c'est un temple de forme carrée, décoré de quatre colonnes sur chaque face, et aux quatre angles sont quatre massifs surmontés d'un faisceau de lance, faisant allusion aux 83 départements. Sur les quatre faces de chacun des massifs, on a écrit dans cinq médaillons un décret de l'Assemblée, en sorte que cela faisait en tout quatre-vingts décrets. L'autel est au centre du temple, auquel on montait environ vingt marches de chaque côté.» Quant à la terrasse, elle «était occupée par les dames qui avaient ajouté ce jour-là à leur parure l'ornement d'une cocarde nationale».

La délégation de Bergerac, présente à la cérémonie, peut à juste titre déclarer que maintenant «le patriotisme bordelais devenait le fanal qui guidera les hommes dans le chemin de l'honneur» !

*****

4 - VERS LA DEPUTATION

«Les fêtes de la Fédération, au début de l'été 1790, ont incarné l'alliance de la ferveur religieuse et de la ferveur révolutionnaire», souligne Mona Ozouf dans son *Dictionnaire critique de la Révolution française*. Elles ont mêlé *Te Deum* et serment civique. A Bordeaux, on l'a vu, «on a juré au Dieu régénérateur de l'empire français de défendre la Constitution. A Paris, le 14 juillet 1790, défilé politico-militaire et messe gigantesque se partagent la vedette, sur le Champ-de-Mars. En présence du roi, assis sur son trône, imperturbable malgré les cataractes de pluie, Charles-Maurice de Talleyrand-Périgord, évêque d'Autun, préside l'office divin.

Plusieurs témoins affirment qu'à l'instant de la consécration, ce dernier aurait recommandé à l'un de ses innombrables desservants : «Surtout, ne me faîtes pas rire !»

Sont-ils dignes de foi ? Ou cherchaient-ils à fustiger l'attitude, pour le moins ambiguë, du prélat vis-à-vis de l'Eglise ?

Car c'est Talleyrand qui a proposé, en octobre 1789, la nationalisation des biens du clergé, trahissant par là même son ordre au profit de la Révolution.

Le premier problème qui s'était posé à l'Assemblée nationale constituante, dès la prise de la Bastille, était celui du déficit. D'autant plus crucial que les impôts ne rentraient plus depuis le 14 juillet. Il fallut recourir à des moyens révolutionnaires.

Le Clergé était un des premiers propriétaires du royaume. Certaines estimations de l'époque lui attribuaient près de 33% du sol national ! Un chiffre colossal, même si les historiens modernes sont tentés de le réviser à la baisse. Il faut préciser que la religion catholique est la religion officielle de la monarchie : sur les 28 millions d'habitants que compte alors la France, on évalue à 1 million seulement le nombre des protestants et à quelque 35 000 les juifs, séfarades et askhénazes.

Le 10 octobre 1789, Talleyrand suggère de nationaliser les biens du Clergé. Les 2 milliards ainsi obtenus permettraient de combler la dette publique.

Paradoxalement, la mesure, malgré les débats houleux, ne heurte profondément ni les fidèles ni le Clergé lui-même. L'idée était dans l'air depuis longtemps. Turgot en avait déjà débattu avec les philosophes de L'Encyclopédie : «La confiscation des biens du clergé est à la fois un expédient financier, une manifestation d'anticléricalisme et une opération politique destinée à la destruction définitive des ordres. Mais elle est plus que tout cela. Elle est encore, en effet, l'expression d'une nouvelle philosophie de l'histoire. Au défi glorieux des fondateurs de l'ancienne chrétienté, cette philosophie oppose l'inexorable temps des hommes, celui qui fait passer toutes choses».

Madame de Staël exprime fort bien l'opinion générale de l'époque. A partir du moment où l'on changeait la Constitution, «il fallait que le tiers des propriétés du royaume ne restât pas entre les mains des ecclésiastiques : car c'est comme ordre, que le Clergé possédait une telle fortune, et qu'il l'administrait collectivement».«Il n'eût pas été sage de laisser au clergé des richesses qui pouvaient lui servir à regagner l'influence politique dont on voulait le priver». Cependant, «la justice exigeait qu'on maintînt les possesseurs dans leur jouissance viagère.» La Constituante décréta que tout curé recevrait désormais un traitement d'au moins 1200 livres par an, non compris le logement et le jardin de la cure. Le Clergé entrait, par ce biais, dans la société civile. Comme elle, il devait être réformé.

La Constitution civile du Clergé, votée en juin 1790, réorganise donc l'Eglise de France, en la calquant sur le modèle administratif de l'Etat. Les nouvelles circonscriptions religieuses épousent les limites des départements. Le nombre des évêchés est ramené à 83, regroupés en 10 arrondissements métropolitains dirigés par des archevêques. Prélats et curés seront dorénavant élus par les citoyens, les premiers par l'assemblée des électeurs du département, les seconds par l'assemblée des électeurs du district.

Le roi, après avoir hésité, finit par donner son aval, le 24 août.

Mais, l'obligation faite aux ecclésiastiques, le 27 novembre 1790, de prêter serment de fidélité «à la Nation, au Roi et à la Loi», va lézarder la belle entente entre l'Eglise et l'Etat. Voilà les prêtres mis en demeure de choisir entre pape et roi, et, avec eux, des millions de fidèles. «Funeste invention» que celle de ce clergé constitutionnel, fulmine Madame de Staël. «A quoi servaient de tels prêtres ? Les catholiques n'en voulaient pas, et les philosophes n'en avaient pas besoin ; c'était une sorte de milice discréditée d'avance, qui ne pouvait que nuire au gouvernement qu'elle soutenait.»

Dès la promulgation de la loi, un véritable schisme divise en effet les Français. Champion de Cicé, évêque de Bordeaux et garde des Sceaux, quitte le ministère.

L'opposition est particulièrement nette en Gironde. Si le pourcentage global des «jureurs» du département est de 55,07%, il se monte à 24,70% seulement pour Bordeaux *intra muros*. 75,30% des prêtres de la ville sont des «réfractaires», des «fanatiques, lâches, vils, traîtres, perfides, loups !», selon la gentille formule du curé assermenté Dominique Lacombe.

C'est donc dans un climat tendu que se déroulent à Bordeaux, en mars 1791, les élections pour le remplaçant de Champion de Cicé. Les suffrages finissent par se porter sur un chanoine de la cathédrale Saint-André, octogénaire et conciliant, Pierre Pacareau. Il est proclamé évêque métropolitain du Sud-Ouest le 16, sous la présidence de Marguerite-Elie Guadet. Un Guadet, qui n'a jamais caché son hostilité contre «le despote mitré de Rome» et ses «stupides esclaves».

«Citoyens, et vous tous que la cérémonie la plus auguste réunit dans ce temple !» commence le futur Girondin, «la voix de Dieu s'est fait entendre ; oui c'est elle, car la voix du peuple est la voix de Dieu».

Pierre Vergniaud, qui préside pour sa part les opérations de vote destinées à désigner les curés le 3 avril, tient un langage similaire :

«Dans les premiers temps de la Chrétienté, les fidèles nommaient eux-mêmes leurs pasteurs. La main terrible du despotisme leur a ravi ce privilège. Les lois bienfaisantes ont détruit ces abus scandaleux. Citoyens ! la nation nous a faits tous égaux. La religion nous unit par des liens plus intimes encore, elle nous a faits tous frères. Bénissons la Constitution qui nous ramène dans les bras de ces deux filles du Ciel».

Bouleversés par la joie, armateurs et spectateurs s'empressent de courir au Port de la Lune rebaptiser *Pacareau* le navire ci-devant nommé *La Saintonge*. Et d'y suspendre le «pavillon national», sous les ovations...

***

Deux jours plus tard, nouvelle cérémonie en la cathédrale Saint-André, sous les auspices de Pacareau. En l'honneur d'un «saint» laïc, cette fois. Honoré Gabriel Riquetti, comte de Mirabeau.

Pour les hommes de Quatre-Vingt-Neuf, Mirabeau a été le modèle à suivre. Servi par un talent oratoire sans pareil, un instinct politique infaillible, et même par sa laideur léonine, médiatique, Mirabeau a été la voix de la Révolution naissante, «un des ouvriers les plus actifs de la démolition de la société d'ordres», comme l'écrit Michel Winock, «un amoureux et un défenseur émouvant de la liberté». Il a été à l'origine de toutes les grandes réformes, de l'abolition des droits féodaux comme de la confiscation des biens de l'Eglise, en soutenant Talleyrand sur ce chapitre. Il apparaît à tous comme un des héros fondateurs de la Révolution, «sinon le plus pur, du moins le plus grandiose de ses héros».

Aussi, lorsqu'il s'éteint, épuisé par le travail, et la débauche, le 2 avril 1791, la nation entière prend-elle le deuil.

La nouvelle est connue à Bordeaux le 5. La municipalité décrète aussitôt trois jours de deuil.

Et Vergniaud, président de la Société des amis de la Constitution, prononce un éloge vibrant du grand disparu :

«L'homme de génie embrasse, dans sa pensée bienfaisante, tous les temps, tous les lieux, tous les hommes. Il n'est borné ni par la mer, ni par les montagnes», commence-t-il.

L'avocat bordelais n'a rien d'un Apollon. Sa taille est moyenne, il accuse un léger embonpoint, les traits de sa figure sont très prononcés, le nez gros, les lèvres épaisses, les joues criblées de petite vérole. Mais, à mesure qu'il déclame, son oeil noir se fait plus vif, plus pénétrant sous le sourcil saillant, son front large et découvert s'anime. Sa physionomie mobile, noble et ouverte s'accorde avec son geste, et les intonations de sa voix puissante et flexible expriment si bien sa pensée que sa figure ne conserve aucune trace de laideur. En cet instant, il a le charisme des grands tribuns. De ce comte de Mirabeau, héros du tiers état, dont il poursuit le panégyrique. «Si, comme lui, nous voulons mourir avec gloire, il faut, comme lui, consacrer notre vie au bonheur de la patrie et à la défense de la liberté».

Discours ô combien prémonitoire !..

***

Quelques semaines plus tard, l'Histoire va lui donner rendez-vous, à lui aussi. Pierre Vergniaud va marcher sur les traces de l'insigne défunt. Consacrer sa vie à la défense de la liberté... Et mourir avec gloire !

La Constituante doit terminer ses travaux fin septembre. Les élections primaires afin de désigner les électeurs qui auront pour tâche de choisir les députés de la future Assemblée législative débutent à la mi-juin 1791.

Le régime en vigueur est, en effet, un régime censitaire, à deux degrés.

Les citoyens sont divisés en citoyens passifs et citoyens actifs. Sont déclarés d'office «passifs», ceux qui dépendent d'autrui dans l'exercice de leur volonté : à savoir les mineurs, les femmes et les domestiques. Mais il ne suffit pas d'être majeur (à l'époque d'avoir vingt-cinq ans révolus), du sexe masculin, et «libre» pour entrer dans la seconde catégorie. Il faut avoir «intérêt à la chose publique». Sont uniquement citoyens «actifs» les Français qui paient une contribution directe au moins égale à la valeur de trois journées de travail.

Les citoyens actifs se réunissent en assemblées primaires dans les villes et les cantons pour nommer des «électeurs». Lesquels, réunis en assemblées électorales, éliront les députés au département, en fonction des sièges et à la majorité absolue. Pour accéder au rang d'électeur, les critères sont plus sévères encore. Il faut détenir une propriété foncière, ou disposer de revenus élevés. Le barème varie selon les communes, mais, en général, il faut acquitter l'équivalent de 51 journées de travail.

A l'époque, la France compte 4 298 360 citoyens actifs sur 24 millions d'habitants. A peine les trois quarts sont éligibles. «Pour sentir l'absurdité de ce décret, remarque Camille Desmoulins dans *Les révolutions de Paris*, il suffit de dire que Jean-Jacques Rousseau, Corneille et Mably n'auraient pas été éligibles». Mais sa critique ne rencontre que peu d'écho. Le critère censitaire n'est généralement pas ressenti comme une discrimination. «La Constituante pouvait, au moment où elle appelait au vote 4 millions d'hommes, se figurer qu'elle y appelait toute la nation», constate l'historien Jean Jaurès.

«Tout pauvre que je sois, je voudrais payer assez d'impositions pour me trouver éligible en cas d'événements», écrit Vergniaud à son beau-frère Alluaud.

«L'événement», en ce début d'été 1791, c'est la fuite du roi à Varennes, le 21 juin. La Constituante a beau la maquiller diplomatiquement en «enlèvement», l'opinion publique n'est pas dupe. L'idée de «république» commence à faire son chemin dans les esprits. Ainsi Arnaud Gensonné avouera-t-il dans son *Mémoire composé pendant sa détention à la Conciergerie* que c'est la fuite de Louis XVI qui l'incita à des opinions «déjà républicaines». Juge au Tribunal de cassation de Bordeaux, il propose alors à ses collègues de remplacer le serment en usage par «un serment pur et simple de fidélité à la nation et à la loi», en supprimant la mention du roi. Ce qui lui vaut d'être mis à l'amende !

Le mouvement est aussi sensible dans les clubs politiques. La Société des amis de la Constitution de Paris, encore appelée «club des Jacobins», du nom du couvent où elle siège, rue des Honorés, se scinde entre partisans de la monarchie -les «Feuillants»- et «Jacobins» purs et durs. Parmi ces derniers, Robespierre, mais aussi Pétion et Brissot, deux futurs membres des Girondins.

La filiale bordelaise des Amis de la Constitution adopte la même fermeté.

Le second tour des élections traduit ce nouvel état d'esprit.

Il faut préciser qu'il n'existe pas alors de campagne électorale au sens où nous l'entendons aujourd'hui. «Les élections devaient se dérouler dans un vide politique total, notamment par l'absence d'une compétition publique opposant des candidats et des programmes», explique l'historien Patrice Gueniffey. «Les électeurs devaient se rassembler sur convocation, vérifier les titres d'admissibilité des citoyens présents, élire un bureau, enfin procéder aux nominations. Il était interdit à ces assemblées de délibérer, de prendre des arrêtés, d'assortir leurs choix d'instructions ou de mandats impératifs, de correspondre entre elles, et elles devaient se séparer aussitôt épuisé l'objet de leur convocation.»

On peut être élu sans l'avoir brigué, comme Arnaud Gensonné, choisi alors qu'il était en mission en Vendée : «Je n'ai jamais sollicité ou même désiré cette mission. On m'a mis en scène avant de m'avoir donné le temps de m'y préparer», confiera-t-il plus tard...

Les résultats définitifs furent proclamés à la fin du mois. Les douze élus du département de la Gironde étaient, par ordre alphabétique : les négociants Ducos, Journu-Aubert, Laffont de Ladebat, Sers et Servière ; le curé de Saint-Paul, Lacombe ; et les avocats ou hommes de loi Barennes, Gensonné, Grangeneuve, Guadet, Jay et Vergniaud :

«Aujourd'hui 31 août 1791, l'assemblée convoquée pour la nomination du quatrième député de la Gironde s'est réunie et s'est trouvée composée de 478 votants. Au premier tour de scrutin il y a eu ballottage. Au second tour il s'est trouvé 518 votants, sur lesquels Monsieur Vergniaud, administrateur du département de la Gironde, a obtenu une majorité de 259 suffrages avant la fin du dépouillement qui n'a pas été terminé... La proclamation a été faite à l'instant, et des applaudissements universels y ont répondu».

Ducos, le benjamin, a vingt-six ans. Vergniaud, lui, en a trente-huit.

Tandis que, le 25 septembre 1791, on proclame à Bordeaux, dans la liesse générale, la nouvelle Constitution de la France, les nouveaux élus partent pour la capitale.

*****

II - GIRONDINS ET BRISSOTINS
1er octobre 1791 - 20 septembre 1792

1 - LES BORDELAIS A PARIS

Le voyage de la députation girondine vers Paris a été maintes fois relaté. Il a eu par chance un témoin de première main, un Allemand installé depuis deux ans à Bordeaux où il travaillait comme précepteur chez un négociant des Chartrons. Charles-Frédéric de Reinhardt a raconté à Michelet le trajet dans la turgotine poussive en compagnie de Vergniaud, Gensonné, Ducos et Guadet, en septembre 1791. Les maigres émoluments des nouveaux députés du département de la Gironde les contraignaient, en effet, à emprunter le coche public pour rallier la capitale : c'était le moyen de transport le moins onéreux, puisqu'il en coûtait seulement 16 sous par lieue.

C'étaient des hommes «pleins d'énergie et de grâce, d'une jeunesse admirable, d'une verve extraordinaire, d'un dévouement sans bornes aux idées», déclara-t-il. Mais, des décennies avaient passé, lorsque Michelet l'interviewa. Et notre homme, devenu comte et personnage politique, ne manqua pas de nuancer son jugement, à l'aune de l'Histoire. Les Girondins avaient échoué, aux yeux de la postérité. L'Allemand se dédouane donc. Il a vu «bien vite qu'ils étaient fort ignorants, d'une étrange inexpérience, légers, parleurs et batailleurs». Cependant, leur charme était tel qu'il ne se sépara point d'eux, avoue-t-il avec honnêteté. «Dès lors je pris la France pour patrie, et j'y suis resté !»

A peine ont-ils débarqué dans la capitale, un problème de logement se pose aux Bordelais. L'historienne américaine Edna Hindie Lemay a très bien montré, documents à l'appui, l'aspect de Paris en 1790, «un immense amas d'édifices» dont certains sont superbes, avec des palais et de riches boutiques, mais aussi beaucoup de rues resserrées et sombres à cause de la hauteur des maisons qui comptent jusqu'à six étages, malpropres, boueuses. «Un mélange choquant de richesse et de misère, à côté d'une brillante boutique de bijoutier un tas de pommes et de harengs pourris», atteste un autre voyageur, le Russe Karamzine. Bref, «la plus magnifique et la plus immonde, la plus parfumée et la plus empestée des villes».

Les hôtels, auberges, meublés et garnis ne sont pas légion, et fort chers.

«Nous sommes quatre qui voudrions demeurer ensemble et qui courons de tous côtés pour trouver un logement. Nous n'en avons qu'un provisoire et encore l'avons-nous cherché longtemps, tous les hôtels sont remplis», écrit Vergniaud à sa soeur Marie Alluaud. Finalement, il descendra, avec Ducos, à l'hôtel d'Aligre, avant de réussir à se faire héberger, en compagnie de son ami, chez Madame Dodun, 5 place Vendôme. Guadet, lui, s'installe rue du Faubourg Saint-Honoré. Quant à Gensonné, il doit s'exiler rue Saint-Sébastien, au faubourg Picpus.

Les nouveaux élus sont loin en effet d'être fortunés. «Plus des dix-neuf vingtièmes de cette législature n'ont d'autre équipage que des galoches et des parapluies», ironise Auguste Arenberg, comte de La Marck et familier de Marie-Antoinette : «On a calculé que tous ces députés ensemble n'ont pas en biens fonds 300 000 livres de revenus.»

Pauvres ils sont, pauvres ils demeureront. L'ambition de nos députés girondins n'est pas de s'enrichir - la solde d'un représentant de la nation est alors de 18 livres par jour -, mais de jouer un rôle dans la société. Et, à défaut de souliers, ils ne manquent pas d'idées pour y parvenir...

***

C'est le samedi 1er octobre 1791 que s'ouvre la Législative, à 10 heures du matin, dans la salle du Manège des Tuileries. Après vérification des mandats, les membres de la nouvelle assemblée sont invités à se lever et, main tendue, à prononcer le beau serment sur la Constitution, jurant de «vivre libres ou mourir». Sous les applaudissements des tribunes.

On imagine l'émotion de nos Bordelais. «J'ai déjà assisté à une séance de l'Assemblée nationale mourante, nous lui succéderons, le 1er du mois. C'est une mesure qui me flatte et m'effraie», avait écrit Vergniaud à sa soeur, Marie Alluaud, quelque temps avant le jour J.

Les 745 députés de la Législative sont des hommes neufs : sur proposition de Robespierre, la précédente Assemblée constituante a en effet décrété que ses membres ne seraient pas rééligibles. Ils sont jeunes : ils n'ont pas 30 ans pour la plupart. «L'aspect extérieur de l'Assemblée avait changé, écrit superbement Lamartine dans son *Histoire des Girondins*. Presque tous les cheveux blancs avaient disparu. On eût dit que la France avait rajeuni en une nuit».

«L'expression des physionomies, les traits, les gestes, les costumes, l'attitude des membres de l'Assemblée n'étaient plus les mêmes». Ces représentants d'un peuple nouveau sont plus politisés que leurs prédécesseurs. Ce sont des hommes de la Révolution, pas de l'Ancien régime. Les fils de Quatre-Vingt-Neuf. Leurs références ont changé. Ils ne viennent plus des bailliages, ils représentent l'administration nouvelle, les chefs-lieux des départements, les districts, les clubs.

Ils ont intériorisé les acquis de la Révolution. Mais ils sont aussi désireux d'y apporter leur pierre. «Nous ne sommes pas des automates», déclarera l'un d'eux, Couthon, dès le 5 octobre.

Les représentants du département de la Gironde saisissent l'occasion pour se distinguer, eux aussi. Ils montent au créneau. Guadet applaudit à la proposition de remplacer dorénavant le trône royal doré par un «fauteuil simple», placé à l'alignement de celui du président de l'Assemblée. Avant de s'en prendre aux titres de «Sire» et de Majesté», qui sentent si fort leur féodalité. Vergniaud prend la parole pour soutenir son compatriote. Grangeneuve et Ducos renchérissent.

Ils ne furent pas écoutés. Leur républicanisme avant la lettre semblait trop révolutionnaire.

Mais les élus girondins, hier inconnus, y gagnèrent une brusque célébrité.

***

Il leur faudra encore du temps avant d'acquérir le glorieux nom de «Girondins», sous lequel ils passeront à la postérité.

On va d'abord les confondre avec les Brissotins. Un groupe constitué depuis 1789, et même avant la prise de la Bastille. Le terme de «brissotin» aurait été forgé par Camille Desmoulins, par analogie avec «Trissotin», héros ridicule de Molière.

Les dits Brissotins comptent des personnalités qui ont marqué les débuts de la Révolution. Pétion, un ancien condisciple de Brissot au collège de Chartres. Buzot, député d'Evreux aux Etats généraux. Les Roland, dont Madame, née Manon Phlipon, tient salon dans la capitale.

Leur leader, Jacques-Pierre Brissot, est un personnage curieux, controversé. Républicain de la première heure, il se targue pourtant d'un faux titre de noblesse à l'anglaise, «de Warville», du nom de Ouarville, un village de sa Beauce natale. Treizième des seize enfants d'un cuisinier-traiteur de Chartres, où il est né en 1754, Brissot a eu une enfance malheureuse, puis une jeunesse difficile qui le contraignit à survivre souvent d'expédients. Il a accepté de composer des libelles stipendiés pour financer les écrits plus sérieux qu'il rédige à longueur de ses loisirs. Car il est persuadé d'être doué pour les lettres, la littérature et la philosophie. Mais la censure ne plaisante pas en 1784. Son pamphlet *Le diable dans le bénitier*, fort injurieux pour la reine, lui vaut de tâter de la Bastille.

En 1788, Brissot, marié et père de famille, accepte l'offre du banquier d'origine genevoise Etienne Clavière : il part aux Etats-Unis négocier l'achat de terrains pour la Suisse. Mais l'homme est aussi un idéaliste. Il s'émeut de la dure condition des esclaves et, à peine rentré en France, fonde la Société des amis des noirs. Dans la foulée, il brigue d'être élu aux Etats généraux. Echec. Mais il réussira, quelques mois plus tard, à se faire élire à la municipalité de Paris. Et, bientôt inscrit au club des Jacobins, il y dispute la vedette à Robespierre. Ce qui ne va pas sans exciter les jalousies.

Les Brissotins disposent déjà d'une presse organisée. Brissot a lancé *Le patriote français* en juillet 1789. Et *La bouche de fer* seconde ses vues : c'est l'organe du Cercle social, de Nicolas Bonneville et de l'abbé Fauchet, «la bouche même du peuple et la voix du peuple», comme l'annonce cette gazette en exergue.

Dès leur venue dans la capitale, Vergniaud et ses amis recherchent l'amitié de Brissot. «A cause de mes opinions sur les colonies», précisera l'intéressé lui-même devant le Tribunal révolutionnaire. «Nous convînmes de nous voir trois fois par semaine, avant l'heure où l'Assemblée ouvrait sa séance».

Le 9 octobre, Vergniaud et ses compagnons Guadet, Gensonné et Ducos, se font aussi admettre aux Jacobins de Paris. Robespierre, qui y régnait jusqu'alors en maître, découvre de nouveaux compétiteurs, redoutables.

L'Incorruptible d'Arras s'affronte, de ce jour, à un véritable «parti politique», selon l'opinion de Lamartine. «Le département de la Gironde venait de nommer à la fois tout un parti politique dans les douze citoyens qui composaient sa députation. Ce département, éloigné du centre, allait prendre d'un seul coup l'empire de l'opinion et de l'éloquence. Les noms jusque-là obscurs de Ducos, de Guadet, de Grangeneuve, de Gensonné, de Vergniaud, allaient grandir avec les orages et avec les malheurs de leur patrie. Ils étaient destinés à imprimer à la Révolution indécise un mouvement devant lequel elle hésitait encore, et à la précipiter dans la république.»

«Pourquoi cette impulsion devait-elle venir du département de la Gironde et non de Paris ?» s'interroge encore l'auteur de l'*Histoire des Girondins*. Et de discerner quatre raisons fondamentales : Bordeaux était un pays parlementaire ; Bordeaux était une ville de commerce ; Bordeaux était la ville coloniale, l'escale de l'Amérique en France ; Bordeaux était le pays de Montaigne et de Montesquieu. Et «la république devait naître dans le berceau de Montaigne et de Montesquieu.»

***

Héritiers spirituels des deux grands penseurs libéraux que la France ait enfantés, l'essayiste de l'Humanisme et le philosophe des Lumières, les Girondins du département de la Gironde, qui donneront leur nom au mouvement, représentent une tradition séculaire de la liberté.

Comme l'écrit Michel Lhéritier dans son ouvrage intitulé *Liberté, 1789-1790* : «Formés dans la tradition du droit romain, ils voulaient un régime de liberté, mais qui n'allait pas jusqu'à la dictature de la liberté, chère à Marat ; un régime respectueux des formes, de la Constitution et de la loi, et non pas un régime de surenchère démagogique, un régime de fait, en perpétuelle évolution et dont le droit était sans cesse écarté par l'arbitraire».

Ce sera l'enjeu des années 1791-1793.

Les Girondins, tenants de la révolution libérale, vont d'abord construire leur parti sur trois chevaux de bataille : la religion, les colonies et la politique extérieure.

*****

2 - LA QUESTION RELIGIEUSE

Le 10 mars 1791, le pape avait enfin fait connaître son avis sur la Constitution civile du Clergé. Elle était à ses yeux hérétique, sacrilège et schismatique. Une condamnation sans équivoque, qui bouleversa les départements les plus catholiques. Des troubles éclatèrent dans les Deux-Sèvres et en Vendée. La Constituante dépêcha aussitôt deux commissaires civils, Jean-Antoine Gauvain, dit Gallois, et Arnaud Gensonné, afin de «prendre des éclaircissements et concourir au rétablissement de la tranquillité publique».

Deux mois durant, de la mi-juillet à la fin septembre, les deux hommes enquêtèrent sur le terrain, rencontrant les diverses autorités civiles et religieuses.

Le 9 octobre 1791, soit une semaine, jour pour jour, après l'ouverture de la session, Gensonné, qui a été élu entre temps député à la Législative, vient rendre compte de sa mission à la tribune de l'Assemblée. Le rapport du Bordelais constitue, de l'avis des historiens modernes, dont Louis Adolphe Thiers, «le meilleur historique du commencement des troubles dans la Vendée». Et, si on l'avait écouté, on aurait pu éviter que «la lèpre du fanatisme, dont ces contrées étaient infectées (y fit) depuis d'aussi grands ravages.»

L'agitation, constate Gensonné, provient de la confusion du politique et du religieux. Sans doute faut-il dénoncer quelques «manoeuvres incendiaires des prêtres turbulents et factieux», quelques manigances de soeurs gardes-malades qui fatiguent les mourants «par leurs ardentes prédications et leur inquiète sollicitude». Mais, ajoute le Girondin, le recours à la contrainte ou à la force ne pourrait qu'envenimer une situation déjà explosive. Le fanatisme, cette maladie de l'esprit humain», ne se «guérit que par la douceur et la patience».

Un seul remède : la stricte observance de la Déclaration des Droits de l'Homme et du Citoyen. Laquelle, dans son article 10, assure que «nul ne doit être inquiété pour ses opinions, même religieuses, pourvu que leur manifestation ne trouble pas l'ordre public établi par la loi.»

Il faut persuader les Vendéens que «la loi ne tyrannise point les consciences, que chacun est le maître d'aller à la messe qui lui convient et vers le prêtre qui a le plus sa confiance. C'est d'ailleurs le voeu des municipalités», précise Gensonné. Certaines seraient même prêtes à acquitter un impôt double afin de conserver leur curé traditionnel, tant leur désir de paix est grand, leur patriotisme intact.

Le débat se prolongera plus d'un mois. Opposant les Girondins du département de la Gironde à leurs sympathisants, les futurs Girondins du midi méditerranéen ou de Normandie, et aux robespierristes. Les premiers se montreront plus modérés et plus libéraux, les seconds rejoignant dans leur intransigeance les partisans de l'Incorruptible.

On voit ainsi Maximin Isnard prêcher l'intolérance, au nom de la Révolution. Ce négociant-parfumeur de Grasse, représentant du Var, est un proche de Brissot. Doué d'une carrure d'ogre, il clame de sa voix de stentor que les prêtres réfractaires ne sont rien moins que «des pestiférés qu'il faut renvoyer dans les lazarets de Rome et d'Italie» : «Il est temps que l'orgueil de l'encensoir, comme l'orgueil du diadème, s'abaisse devant le sceptre de la souveraineté du peuple». Les prêtres ne pleurent sur la religion que pour recouvrer leurs privilèges perdus. Pardonner leur crime serait le partager. Il faut au contraire les punir sans pitié. Les exiler. Ou les condamner à mort.

Claude Fauchet, d'obédience brissotine lui aussi, est moins violent. Mais n'est-il pas prêtre ? Un prêtre pittoresque et ambigu. Prédicateur attitré du roi avant 1789, il a jadis «révolutionné» les croyants par des sermons incendiaires. Ne soutenait-il pas que Jésus avait été la première victime de l'aristocratie ? Le Fils de Dieu était mort pour avoir voulu tirer le peuple hébreu, ingrat et lâche, de sa soumission, volontaire et coupable, aux rois juifs. Il avait péri «pour la démocratie de l'univers». L'abbé Fauchet, qui avait développé cette thèse dans un livre virulent, *La religion naturelle*, publié en 1788, avait mis en pratique sa foi. Il avait rallié les émeutiers, le 14 juillet 1789, ce qui lui avait valu la gloire d'avoir sa soutane trouée par les balles des «tyrans».

Fondateur du Cercle social au printemps 1790, et rédacteur de la fameuse *Bouche de fer*, Fauchet avait été élu évêque du Calvados, et, naturellement, il n'avait pas eu l'ombre d'une hésitation lorsqu'il s'était agi de jurer fidélité à la Constitution.

Il n'est pourtant partisan que d'une simple punition sociale. «Le fanatisme n'est pas compatible avec la liberté. Tolérons les réfractaires. Mais ne les payons pas», ajoute-t-il. «Ne les payons pas pour déchirer la patrie. C'est à cette seule mesure qu'il faut nous borner. Supprimez toute pension sur le trésor national aux prêtres non assermentés. La nature permet tous les cultes, mais elle n'en paye qu'un».

***

Jean-François Ducos, au contraire, va tenir un langage neuf, et innovateur. La Déclaration des Droits de l'Homme garantit la liberté des opinions religieuses, répète-t-il. Le culte réfractaire est un culte à part entière. Il doit donc bénéficier, au même titre que les autres cultes, juif, musulman, protestant ou catholique constitutionnel, des droits que lui donne la Constitution politique de l'Etat.

Ducos est un des héros les plus attachants - et les plus méconnus - de la Révolution. Fils d'un riche armateur de Bordeaux, ami intime de Jean-Baptiste Boyer-Fonfrède, son adolescence a été celle des héritiers du négoce bordelais. Son destin semblait tracé d'avance, même si son père lui reprochait amèrement de gaspiller son temps à «manger, boire, dormir, faire le petit maître et se divertir». Et surtout à composer des vers qui avaient mérité au jeune prodige d'être couronné par le Musée de sa ville natale. «Vous voudrez bien vous amender, grondait Monsieur Ducos père, ou vous choisir une autre auberge et une autre caisse que la mienne !»

Mais, voici qu'arrive Quatre-Vingt-Neuf. Jean-François remet en question sa vie. Il s'enrôle dans l'armée patriotique et participe à la fondation de la très jacobine Société des amis de la Constitution. Un engagement qui permet son élection à la Législative, dont il est, à vingt-six ans, un des benjamins d'âge.

Celui que l'on surnommera «l'enfant chéri de la Gironde» fait preuve d'une maturité étonnante. Sa pensée préfigure nos conceptions modernes. «Séparez de ce qui concerne l'Etat tout ce qui concerne la religion : assimilez les assemblées religieuses à toutes les autres réunions de citoyens ; que toutes les sectes aient la liberté de choisir un évêque ou un imam, un ministre ou un rabbin, comme les sociétés populaires par exemple ont la liberté d'élire un président et des secrétaires. Que la loi s'adresse toujours aux citoyens et jamais aux sectateurs d'une religion quelconque, enfin que l'existence civile et politique soit absolument indépendante de l'existence religieuse».

La séparation de l'Eglise et de l'Etat : une idée qui fera son chemin...

Mais cette sage proposition ne sera pas suivie. Les députés ne mettront pas fin à «toutes ces querelles théologiques qui désolent l'empire français», selon les propres termes de Guadet. Le 29 novembre 1791, l'Assemblée législative vota une loi qui aggravait le sort des insermentés, déclarant le clergé réfractaire «hors de la loi, hors de la Nation», sauf à prêter le serment civique sous huitaine.

La lutte allait s'envenimer au fil des mois. En mars 1793, les départements de l'Ouest s'embraseront pour la plus atroce des guerres civiles qu'ait connues notre pays.

Paradoxalement, les Girondins, qui, les premiers, avaient crié au loup, seront les premiers à faire les frais de la guerre de Vendée.

*****

3 - LES COLONIES

L'empire colonial français avait été sérieusement amputé en 1763, après la perte de l'Inde et des «quelques arpents de neige» du Canada. Cependant il demeurait encore assez conséquent, comprenant la moitié occidentale de Saint-Domingue, la Martinique, Sainte-Lucie, la Guadeloupe, Tabago, la Guyane, Saint-Pierre-et-Miquelon, en Amérique ; Gorée, Saint-Louis, Ouidah, l'île de France et Bourbon, en Afrique ; et cinq comptoirs en Inde. Toutes ces colonies étaient, à la veille de la Révolution, esclavagistes, à l'exception de Saint-Pierre-et-Miquelon et des villes de l'Inde. On recense, à l'époque, dans l'ensemble des colonies, 55 000 Blancs, 32 000 mulâtres et noirs libres, et environ 600 000 esclaves.

Une situation qui ne manquait pas de soulever un certain nombre d'interrogations chez les économistes des Lumières. Le commerce avec les colonies devait-il être protégé ou libre ? Combien de temps, et jusqu'à quel degré ? «Je crois fermement que toutes les métropoles seront forcées d'abandonner tout empire sur leurs colonies, de leur laisser une entière liberté de commerce avec toutes les nations, de se contenter de partager avec les autres cette liberté et de conserver avec leurs colonies les liens de l'amitié et de la fraternité», écrivait Turgot dans son *Mémoire* au roi en 1776. Car «les colonies sont comme des fruits qui ne tiennent à l'arbre que jusqu'à leur maturité», précisait-il dans son *Discours en Sorbonne sur les progrès successifs de l'esprit humain*.

Elle ne manquait pas non plus de soulever l'indignation des philosophes. De Diderot à Bernardin de Saint-Pierre, dont le *Paul et Virginie*, best-seller avant la lettre, pulvérisa les records de librairie en 1787. Si les hommes naissaient libres et égaux, comment admettre que certains, sous prétexte qu'ils avaient la peau claire, traitent comme des animaux leurs «frères» de couleur ? Dans un curieux roman d'anticipation intitulé *L'an 2440*, Louis-Sébastien Mercier brosse le portrait d'un Spartacus noir qui conduit la révolte de ses congénères réduits en esclavage par les colons blancs. Cette rébellion est légitime. «Les naturels ont repris leurs droits imprescriptibles puisque c'étaient ceux de la nature», affirme Mercier, futur membre du parti girondin. Dès 1771, soit deux décennies avant les premiers mouvements de Saint-Domingue.

C'est à Jacques-Pierre Brissot que revient d'avoir créé en France, en 1788, la Société des amis des noirs. A l'imitation de la Société des noirs de Londres, fondée par les anti-esclavagistes britanniques. Parmi les premiers affiliés, Mirabeau, le général La Fayette héros de l'indépendance américaine, l'avocat Garat, le banquier Clavière, le philosophe Condorcet, des savants comme Lacépède, Volney et Lavoisier. Le succès est foudroyant. Des nobles éclairés rejoignent le cercle, le duc de La Rochefoucauld, le comte de Rochechouart, le duc de Castries, l'ancien ministre Loménie de Brienne ou même le ministre de la marine et des colonies La Luzerne ; et des membres du haut clergé.

La séance inaugurale, le 19 février 1788, se déroule au siège, 3 rue Française, dans l'euphorie. Tous se proclament à l'envi «américains et amis de la liberté».

Le futur conventionnel girondin Yzarn de Valady se hâte d'acquitter les 40 livres de cotisation et supplie Brissot de le présenter à La Fayette dont il admire «l'enthousiasme chevaleresque, sous la livrée d'américain et d'ami de la liberté». «Je ferais d'un coeur gai le sacrifice de l'Eden de Pennsylvanie, de l'Atlantide occidentale jusqu'à ce que je ne pourrai plus être utile à ceux qui souffrent pendant que nous jouissons et qui travaillent sous les fouets pendant que nous dormons ou consommons le fruit de leur sang !» affirme-t-il.

Quant à Vergniaud, Guadet, Gensonné et Ducos, ils s'y affilieront dès leur arrivée à Paris, en octobre 1791.

***

Grâce à la propagande active de Brissot, qui mène une ardente campagne de presse contre «l'infâme trafic», quarante-neuf cahiers de doléances sur six cents mentionnaient, au nombre de leurs revendications prioritaires, la suppression de l'esclavage des nègres. Ainsi le cahier du clergé de la sénéchaussée de Bordeaux.

Mais la convocation aux Etats généraux, basée sur des règles en vigueur en 1614, n'avait pas prévu le cas des colonies. Aussi l'embarras fut-il grand lorsque débarqua à Versailles, le 8 juin 1789, une délégation de dix-huit planteurs de Saint-Domingue, demandant à siéger avec les représentants de la nation. Quelques semaines plus tard, six d'entre eux étaient finalement admis à l'Assemblée devenue dans l'intervalle «nationale».

Ce qui ne manqua pas d'aiguiser la polémique.

Car, trois forces s'opposent alors.

Les abolitionnistes et anti-esclavagistes qui, mûs par des raisons humanitaires - philanthropiques comme on disait à l'époque - prônent la libération plus ou moins rapide et étendue des esclaves. Condorcet, par exemple, préconise un affranchissement échelonné sur soixante-dix ans et assorti de conditions draconiennes : il faudra «assujettir les nègres à une discipline sévère, réglée par les lois», précise-t-il. Tandis qu'à l'autre bout de l'échiquier politique, Marat tient un langage semblable : s'il fustige «la barbarie des colons», il veut «préparer par degrés le passage de la servitude à la liberté».

Les abolitionnistes voudraient en tout cas voir l'arrêt de la traite des noirs. Et souhaitent que les mulâtres des colonies du royaume et les noirs affranchis bénéficient des prérogatives de l'article 1er de la Déclaration des Droits de l'Homme et du Citoyen : «Les hommes naissent et demeurent libres et égaux en droits.» L'abbé Grégoire se fait leur porte-parole dans son *Mémoire en faveur des gens de couleur.*

Les grands planteurs des colonies, eux, s'opposent à l'abolition. Mais, pour des raisons économiques, ils revendiquent un nouveau statut. Jusqu'alors, en effet, le commerce avec les colonies, ô combien fructueux, était régi par la règle de l'exclusif : les colons, qui n'ont pas le droit de commercer avec les pays étrangers directement, sont donc tributaires des compagnies françaises qui ne se gênent pas pour leur vendre les denrées de première nécessité provenant de la métropole à des tarifs prohibitifs. Dès le 20 août 1789, les colons blancs de Saint-Domingue ouvrent un club à Paris, à l'hôtel Massiac, place des Victoires, où ils débattent de leurs problèmes.

Troisième force, les armateurs enrichis dans le commerce du «bois d'ébène» et les négociants des grandes cités portuaires de l'Atlantique et de la Manche - Nantes, Bordeaux, Brest, Le Havre. Ceux-ci redoutent autant l'abolition de la traite que la fin de leurs privilèges commerciaux avec les colonies.

La position de la Chambre de Commerce de Bordeaux est, sur ce point, on ne peut plus claire : «Le commerce de la France serait anéanti si ses colonies cessaient d'exister pour elle et pour elle seule. Cinq millions de Français n'existent que par le commerce qu'elles procurent ; elles donnent un revenu annuel de 200 millions, une réaction incalculable, et une balance de 80 millions en notre faveur. Cette source de richesses se répand sur l'ensemble des provinces et sur toutes les classes de citoyens».

En février 1790, la Chambre de Commerce bordelaise envoie donc une délégation à l'Assemblée. Reçus par la Commune de Paris, les missionnaires répéteront les consignes : «Paris, qui n'est fort que de la force des provinces, riche que de leur richesse, et qui, devant nécessairement languir quand les provinces languissent, a le plus grand intérêt à embrasser leur cause et à soutenir leurs demandes quand elles n'ont pour but que la prospérité publique».

En bref, ils exigent le maintien de la traite et la fin de l'exclusif.

Le décret du 8 mars leur donnera partiellement satisfaction. Pas question pour l'instant d'inclure les colonies dans la nouvelle Constitution.

***

Le 15 mai 1791, cependant, la Constituante accorde la droit de vote aux mulâtres et aux noirs libres de la seconde génération.

Mais les colons se font tirer l'oreille pour appliquer le décret.

Des révoltes éclatent à Saint-Domingue. Un des meneurs est le mulâtre Ogé, affilié à la Société des Amis des Noirs. Il sera pris et condamné à la roue, le 22 août 1791. C'est alors l'explosion. Dans la nuit, des dizaines de milliers d'esclaves armés de torches et d'outils incendient les maisons de leurs maîtres et les fabriques. La partie Nord de l'île est à feu et à sang. En quelques heures, huit cents habitations, sucreries, caféieries, moulins et magasins sont réduits en cendre. Les victimes se comptent par centaines. Les noirs, écrira Jean Jaurès, «raffinèrent la cruauté jusqu'à l'invraisemblable.» Un contemporain avait eu une formule plus frappante encore : «La révolte des noirs à Saint-Domingue est une véritable Vendée !»

***

Le massacre est connu en France fin octobre seulement, la traversée en bateau durant près de deux mois à l'époque. Une séance houleuse voit s'affronter aussitôt abolitionnistes et esclavagistes, à la Législative.

Ceux-ci s'indignent des odieux massacres perpétrés par les nègres : «N'est-ce pas Jacques-Pierre Brissot qui a le premier incendié ces belles contrées», en incitant les noirs à réclamer l'égalité et la liberté ? lance Camille Desmoulins, dans sa gazette *Les révolutions de Paris et de Brabant.*

Dans le camp adverse, l'abbé Grégoire déplore le sort réservé à Ogé :

«S'il était coupable, nous le sommes tous. Si celui qui a réclamé la liberté pour ses frères périt justement sur l'échafaud, il faut y faire monter tous les Français qui nous ressemblent.»

Tandis que Robespierre demeure étrangement muet sur le sujet. L'Incorruptible n'est plus député à l'époque, mais il a l'habitude de s'exprimer sur toutes les questions qui lui tiennent à coeur, au club des Jacobins. Yves

Benot, dans son livre *La Révolution française et la fin des colonies*, parle à ce propos de «dérapage de la gauche révolutionnaire sur la question coloniale».

Paradoxalement, ce sont les Girondins qui se battront avec le plus de chaleur en faveur des hommes de couleur. Lanthénas, élu du Rhône-et-Loire, et Kervélégan, du Finistère, propriétaires de biens à Saint-Domingue, militent à la Société des amis des noirs pour la suppression de l'esclavage. Les Girondins de la Gironde signent une politique tout aussi généreuse. Vergniaud et Gensonné s'élèvent contre «l'aristocratie de la peau» des colons. Ducos et Boyer-Fonfrède, issus du milieu du grand négoce bordelais, qui tire sa prospérité du commerce avec les «Isles», n'hésitent pas à trahir les intérêts de leur famille, de leur classe - et de certains de leurs commettants - au nom de la liberté éclairée.

On verra même Charles Barbaroux, député de Marseille, sacrifiant à la mode qui veut que l'on baptise alors ses enfants du nom des héros du jour, appeler le fils que lui a donné son amie Annette : «Ogé»...

***

Bien que les colonies soient vite passées au second plan, en raison de la guerre européenne et de la situation préoccupante aux frontières du pays, dès le printemps 1792, le 28 mars exactement, les Girondins feront voter un décret stipulant que «les hommes de couleur et nègres libres doivent jouir ainsi que les colons blancs de l'égalité des droits politiques.» Mais les événements ne leur laisseront pas le temps de promulguer des mesures concrètes visant à supprimer l'esclavage.

Là encore, ils tomberont, victimes d'avoir défendu des idées en avance sur leur temps. On les taxera de collusion avec les esclaves révoltés. En octobre 1793, lors de leur procès, Jean Amar, leur accusateur, reprochera aux grands Girondins leur prise de position sur la question coloniale. Et Robespierre leur imputera à crime d'avoir voulu soulever les esclaves des colonies.

Il faudra attendre le 16 pluviôse an II, autrement dit le 4 février 1794, pour qu'enfin «la Convention déclare l'esclavage des nègres aboli dans toutes les colonies. En conséquence, elle décrète que tous les hommes, sans distinction de couleur, domiciliés dans les colonies, sont citoyens français et jouiront de tous les droits assurés par la Constitution».

*****

4 - LA GUERRE

Troisième axe de la politique girondine, la guerre.

C'est lui qui va souder Brissotins et Bordelais, convaincre la majorité hésitante, et enlever l'adhésion populaire. C'est lui qui a soulevé le plus de controverses également, chez les historiens du XIXème siècle et du XXème.

***

Dès juillet 1789, les aristocrates avaient commencé à émigrer. Par prudence, devant la violence paysanne. Par colère, devant l'anarchie grandissante. Par dépit, quand leurs privilèges eurent été abolis.

Les frères du roi et les princes du sang avaient été les premiers à partir, dès l'été. Bientôt imités par les grands parlementaires, les prélats, les officiers de l'armée et de la marine. Regroupés à Turin d'abord, puis à Coblence, ils finirent bientôt par constituer une véritable troupe, «animée de convictions sincères», comme le reconnaît Chateaubriand qui a fréquenté ce milieu.

Les divisions internes étaient fortes, sinon irréductibles, des divergences sérieuses opposant les deux frères du souverain eux-mêmes, le comte de Provence et le comte d'Artois. Mais, cela, les Français l'ignoraient. Ils ne voyaient qu'une chose : cette concentration d'aristocrates aux frontières menaçait le pays. Depuis Varennes, cette idée tournait à l'obsession. Si le monarque avait réussi à fuir, il n'aurait pas manqué de prendre la tête de leur armée pour combattre la Révolution.

Sur ce, Léopold II d'Autriche-Hongrie et le roi de Prusse, Frédéric-Guillaume II, font savoir qu'ils «regardaient la situation où se trouve actuellement le roi de France comme un objet d'un intérêt commun à tous les souverains d'Europe.» Ils émettent le voeu de «mettre Louis XVI en état d'affermir les bases d'un gouvernement monarchique», et se disent «résolus d'agir promptement, d'un mutuel accord, avec les forces nécessaires pour obtenir le but proposé et commun.» Cette déclaration, tenue à Pillnitz, le 27 août 1791, ne manque pas d'envenimer la situation. D'autant que les princes émigrés, encouragés, lancent à leur tour, de Coblence, un véritable manifeste contre la Révolution.

Dès les premières séances de la Législative, les nouveaux députés réagissent. C'est Jacques-Pierre Brissot qui donne le coup d'envoi. Il réclame des mesures sévères contre les émigrés, ces mauvais citoyens, coupables d'avoir abandonné leur pays.

Vergniaud lui succède à la tribune. Il y prononce le premier discours capital de sa carrière de député. Une péroraison brillante, plusieurs fois interrompue par les applaudissements quand il fustige les «superbes mendiants qui n'ont pu s'acclimater à la terre de l'égalité.» Le Bordelais exige, lui aussi, des sanctions :

«Débarrassons la nation de ce bourdonnement d'insectes avides de son sang, qui l'inquiète et la fatigue... Dissipons ce fantôme de contre-révolution autour duquel vont se rallier les insensés qui la désirent».

Ce jour-là, Vergniaud conquiert son public. Les députés unanimes vont l'élire à la présidence de l'Assemblée. C'est à son talent d'orateur qu'il doit cette distinction autant qu'à sa ferveur. Même si, modeste, il écrit à François Alluaud : «Je serais plus flatté de mon élévation si j'avais fait quelque chose pour la mériter, mais je sais que je ne la dois qu'à une espèce de hasard qui dirige les élections tant qu'on ne se connaît pas».

De ce moment, avouera-t-il, «je n'eus plus un instant à moi».

***

Les Girondins sont désormais en pleine lumière. Au point que la postérité leur fera porter l'entière responsabilité de la guerre.

«La guerre avec les puissances européennes a été voulue et déclenchée par les hommes de la Révolution française, et, parmi ces hommes, tout particulièrement les futurs Girondins. Ce constat est commun à presque tous les historiens de la période», a déclaré François Furet au cours du colloque sur *La Gironde et les Girondins*, qui s'est tenu à Saint-Emilion à l'occasion du Bicentenaire de la Révolution française.

Pourquoi cette volonté belliciste ? Jean Jaurès, qui n'a jamais fait mystère de son pacifisme, soutient, dans son *Histoire socialiste de la Révolution*, que la déclaration de guerre répond à un infléchissement de la politique intérieure. Les députés girondins auraient voulu redonner un nouvel élan patriotique au pays, raviver la flamme révolutionnaire, mobiliser de nouveau les énergies des citoyens et conjurer, grâce à ce grand dessein national, les déceptions et les colères. Par delà, les députés pensaient placer Louis XVI au pied du mur, l'amener à choisir clairement son camp, opter pour la révolution ou la contre-révolution.

Pierre Gaxotte, dont les sympathies vont à droite, exprime, curieusement, une hypothèse similaire. «En cet automne 1791 le pays est las du désordre. "La nation est fatiguée : si vous n'y prenez garde, elle est prête à retourner à ses anciennes habitudes", impriment *Les révolutions de Paris*. C'est bien de ce malaise et de cet affaiblissement que sortira la guerre». La guerre est pour les Girondins «une formidable manoeuvre de politique intérieure», ajoute Gaxotte.

Jules Michelet, néanmoins, a eu une analyse quelque peu différente. Dans son *Histoire de la Révolution française*, il dépeint le pays profondément désireux de la guerre, les patriotes convaincus «que la France se trouvait, par sa Révolution, seule de son espèce en ce monde, un miracle, un monstre, que l'on regardait avec terreur». Ils se savaient isolés et ils savaient qu'un jour ils auraient à défendre chèrement les acquis de Quatre-Vingt-Neuf. Ils ont préféré prendre les devants.

«A un peuple qui a conquis sa liberté après douze siècles d'esclavage, il faut la guerre pour la consolider ; il la faut pour l'éprouver ; il la faut pour faire voir qu'il en est digne ; il la faut pour le purger du despotisme ; il la faut pour faire disparaître de son sein les hommes qui pourraient encore le corrompre, clame Brissot. La France est depuis deux ans outragée, insultée par les puissances voisines.» Il faut détruire Coblence.

«Lorsque nous avons voulu la guerre, la France toute entière la voulait avec nous, écrira Guadet. Robespierre seul, et son orgueil, ne la voulait pas, parce qu'il ne veut jamais ce que les autres veulent.»

Aux Jacobins, l'Incorruptible développe en effet la thèse du complot intérieur. Les principaux ennemis de la Révolution ne sont pas à l'étranger mais sur le sol national : «Domptons nos ennemis intérieurs, et marchons ensuite contre nos ennemis extérieurs, si alors il en existe encore !»

Robespierre n'est peut-être pas seul. Mais il est en tout cas isolé. Ses arguments, «terroristes» avant la lettre, ne soulèvent pas la ferveur populaire. Pour l'instant.

«Que le roi, que les ministres et la Cour veuillent la guerre, que les aristocrates veuillent la guerre, que les fanatiques veuillent la guerre, cela n'est point étonnant ; la guerre ne peut que servir leurs projets homicides ; mais que nombre de patriotes veuillent aussi la guerre ; que l'opinion des patriotes puisse être partagée sur la guerre, c'est ce que l'on ne comprend pas», s'étonne Louis-Marie Prudhomme dans le journal *Les révolutions de Paris*. «Et pourtant, c'est une vérité dont nous sommes les témoins», est-il bien obligé d'admettre, devant les progrès du parti de la guerre.

L'opinion publique, en effet, ne reste pas sourde aux arguments développés par les orateurs girondins. Elle craint «la contre-révolution, c'est à dire la dîme, la féodalité, la gabelle, des bastilles, des fers, des bourreaux pour punir les élans sublimes de la liberté, des armées étrangères dans l'intérieur de l'Etat, l'horrible banqueroute engloutissant, avec les assignats, les fortunes et les richesses nationales, les fureurs du fanatisme, celles de la vengeance, le pillage, l'incendie, enfin le despotisme et la mort se disputant, dans des ruisseaux de sang et sur des monceaux de cadavres, l'empire de la malheureuse patrie». Le tableau, poussé au noir, est de Pierre Vergniaud. Le Bordelais retrouve, à la tribune du Manège les accents sublimes de ses plaidoiries d'avocat. Pour conclure son plaidoyer en faveur de la guerre :

«Nous n'avons pas d'autres alliés que la Justice éternelle dont nous défendons les droits», affirme-t-il. Et les puissances étrangères en sont conscientes. «Les rois ne sont pas sans inquiétude, ils savent qu'il n'y a pas de Pyrénées pour l'esprit philosophique qui nous a rendu la liberté».

Les peuples d'Europe accueilleront les Français avec joie. Ils attendent d'eux leur libération. «Aux armes, donc, aux armes !» lance Vergniaud, préfigurant Rouget de Lisle. «Citoyens, hommes libres, défendez votre liberté, assurez l'espoir de celle du genre humain... En méritant le titre de bienfaiteurs de votre patrie, vous mériterez aussi celui de bienfaiteurs du genre humain.»

Ce n'est plus un appel à la guerre, mais à la croisade.

Mais, dans le même temps, il demeure antimilitariste. Et les députés de son groupe se révèlent eux aussi antimilitaristes, sans exception. Condorcet résume clairement l'opinion du parti girondin, le 25 janvier 1792 : «C'est en détestant la guerre que j'ai voté pour la déclarer, c'est parce qu'elle était le seul moyen de déjouer les complots d'une Cour conspiratrice.»

Ce dernier mot n'est pas trop fort. Les historiens qui reprochent aux Girondins d'avoir poussé aux hostilités, au printemps 1792, le négligent trop souvent : par l'entremise de Marie-Antoinette, Louis XVI n'a cessé de correspondre avec l'empereur d'Autriche, et les émigrés.

***

Le souverain, effrayé par la radicalisation de l'Assemblée, outré par les mesures prises à l'encontre des prêtres réfractaires, et choqué de voir chaque jour son pouvoir rogné par les députés, n'a plus d'espoir que dans le secours des puissances étrangères. La victoire des Autrichiens, militairement plus forts, ne fait, à ses yeux, aucun doute, et, aucun doute non plus, les vainqueurs l'aideront à reconquérir son trône. «Je crois que nous allons déclarer la guerre, écrit Marie-Antoinette à l'ambassadeur Mercy-Argenteau, dès le mois de décembre. Ces imbéciles ne voient pas que s'ils font une telle chose, c'est nous servir».

Au début de la session de la Législative, Louis XVI avait choisi ses ministres parmi les Feuillants, modérés. Delessart, aux Affaires étrangères, se révèle hostile à toute déclaration de guerre. Mais le monarque appelle soudain le comte de Narbonne à la Guerre. Fils naturel de Louis XV et amant de Madame de Staël, Narbonne adhère aux idées de Brissot et de Vergniaud. Mais, à la différence des Brissotins et des Girondins, il est profondément monarchiste : il pense que les succès militaires de la France aideront à consolider le régime.

Cependant Delessart fait traîner la décision. Les Girondins s'impatientent. Gensonné propose l'envoi d'un ultimatum à Vienne. Guadet, plus violent encore, s'en prend aux traîtres : «Marquons-leur d'avance une place, et que cette place soit l'échafaud !» Et, le 6 mars 1792, devant les tergiversations du pouvoir, il pose la question : «Les ministres veulent-ils faire de Louis XVI le roi des Français, ou le roi de Coblence ?»

C'est alors que, dans un sursaut d'énergie, Louis XVI renvoie Narbonne.

***

L'émotion est intense à l'Assemblée. Brissot riposte en obtenant la destitution de Delessart, envoyé devant la Haute Cour. Chef d'accusation : il aurait compromis la dignité de la Nation et la sûreté de la France.

Vergniaud, lui, s'en prend aux souverains en personne, le roi et la reine. Pointant un index vengeur en direction du château des Tuileries, où loge le couple royal, il tempête :

«De cette tribune où je vous parle, je vois les fenêtres du palais où l'on trouve la contre-révolution, où l'on combine les moyens de nous replonger dans les horreurs de l'esclavage... Le jour est arrivé, messieurs, où vous pourrez mettre un terme à tant d'audace et confondre enfin les conspirateurs. Que tous ceux qui habitent ce palais sachent que notre constitution n'accorde l'inviolabilité qu'au roi».

Marie-Antoinette est menacée. Le «comité autrichien», comme on dit à l'époque, directement visé...

A la suite de l'affaire Delessart, le ministère feuillant tout entier a donné sa démission. Louis XVI joue le jeu constitutionnel. Il accepte de prendre ses nouveaux ministres parmi les «démocrates». A la vérité, il a peu de latitude. Ce sont Brissot et ses amis qui choisissent en coulisses.

Les tractations ont lieu dans les trois grands «salons» brissotins et girondins de l'époque. Le salon de Condorcet d'abord, rue de Lille, où trône la jolie Sophie de Grouchy, la jeune épouse du philosophe-mathématicien. Le salon de Madame Dodun, place Vendôme, où fréquentent assidûment les Bordelais Vergniaud, Ducos et Gensonné, le Saint-Emilionnais Guadet, l'évêque Fauchet, le financier Clavière et Brissot. Le salon de Madame Roland enfin, la spirituelle épouse de l'ex-inspecteur des Manufactures de Lyon, Roland de la Platière, sis rue Guénégaud. Manon est nettement moins âgée que son mari : elle a trente-huit ans en 1792, tandis que Roland, mis comme un quaker et précocement usé par les soucis, accuse bien ses cinquante-huit ans. Les jeunes députés ne sont pas insensibles aux charmes de leur hôtesse : Buzot brûle pour elle en secret.

A l'issue des négociations, Dumouriez est pressenti pour remplacer Delessart aux Affaires étrangères, Clavière obtiendra les Finances, Duranton, un Bordelais, la Justice, le chevalier de Grave la Guerre, et Roland de la Platière ira à l'Intérieur. A côté du «vénérable vieillard» - c'est le surnom dont beaucoup l'affublent - Manon tirera les ficelles. Roland le reconnaît lui-même : «Ma femme n'est pas étrangère aux affaires de mon cabinet».

Le roi entérine, naturellement.

Ce ministère, entièrement acquis à la cause girondine, va assurer le triomphe de la politique belliciste.

Le 20 avril 1792, vers midi, Louis XVI se présente à l'Assemblée. C'est d'une voix neutre, monocorde, qu'il prononce les paroles fatidiques :

«Je viens aujourd'hui, aux termes de la Constitution, proposer formellement à l'Assemblée nationale la guerre contre le roi de Hongrie et de Bohême». Autrement dit François II, fils et héritier de l'empereur Léopold II, décédé le 1er mars 1792...

Des hourras accueillent la déclaration du monarque. Guadet affirme que plus de 600 000 volontaires sont prêts à partir se battre.

Sur le rapport de Gensonné, le décret est voté. A l'unanimité, moins 7 voix. Il précise que «la nation française, fidèle aux principes consacrés dans la Constitution de n'entreprendre aucune guerre dans la vue de faire des conquêtes, et de n'employer jamais ses forces contre la liberté d'aucun peuple, ne prendra les armes que pour le maintien de sa liberté et de son indépendance.»

Les députés jettent leurs chapeaux en l'air, de joie. Le public des tribunes éclate en applaudissements frénétiques. La presse commente allègrement la décision. Dans sa *Chronique de Paris*, Condorcet lance pour mot d'ordre : «Paix aux chaumières, guerre aux châteaux!» Tandis que la toute jeune Bourse de Paris accuse une hausse sensible.

La France salue la guerre.

Elle ignore qu'elle va durer 22 ans, s'étendre jusqu'au Caire et à Moscou, et qu'elle se terminera à Waterloo.

*****

5 - LA MONTEE DE LA RUE

Ministres et députés ont engagé le pays dans le conflit, sans se préoccuper de savoir s'il y était préparé. La seule enquête sur l'état général des troupes, trop rapide, avait été supervisée par Narbonne, de toutes façons convaincu par avance du bien-fondé de la guerre.

Or, dès les premiers chocs, l'armée française se révèle totalement désorganisée. Elle souffre d'abord d'une pénurie d'effectifs. Quatre-Vingt-Neuf l'a saignée à blanc, dans ses meilleurs éléments. Les deux tiers des cadres ont émigré : 6 000 officiers sur 9 000 environ. Elle est aussi en proie à une indiscipline chronique. Les volontaires, les «habits bleus» s'intègrent difficilement aux troupes anciennes, les «habits blancs». Et, de surcroît, matériel et équipement sont insuffisants.

«Les tentes, les marmites, les bidons, les canons, les munitions, les outils n'arrivent que successivement et en petit nombre ; quand on a une chose, l'autre manque... Le soldat est défiant, mutin et mal discipliné ; les plaintes sont inutiles parce qu'il n'y a plus de moyens de punir. Nous n'avons que des troupes très neuves, très négligentes et très peu accoutumées aux fatigues, qui murmurent quand les officiers exigent des choses qui leur paraissent pénibles», écrit un adjudant général à Brissot. Et d'ajouter, lucide : «Ce n'est pas avec des adresses, des pétitions, des fêtes et des chansons qu'on résiste à des troupes aguerries, disciplinées, faites à la tactique et commandées par d'excellents officiers.»

Dans ces conditions, l'offensive se transforme aussitôt en désastre. L'armée française lâche pied, reflue en désordre. Des mutineries éclatent. Le général Biron est insulté par ses hommes. Quant au général Dillon, alors qu'il tente d'arrêter leur débandade, il est massacré par ses propres soldats, ivres de peur et de fureur.

La frontière du Nord n'est plus défendue. Le ministre de la Guerre, le chevalier de Grave, démissionne.

L'émotion est immense dans la capitale. On parle de complot, fomenté par le «comité autrichien» de Marie-Antoinette.

Le 23 avril, soit trois jours seulement après la déclaration de la guerre, Robespierre étend la suspicion aux ministres. Du haut de la tribune des Jacobins, il promet de «démasquer les traîtres».

Sans citer de nom, pour le moment. Mais les Girondins se devinent visés. Brissot contre-attaque : «Par quelle étrange bizarrerie se fait-il qu'après avoir désiré un ministère patriote, qu'après avoir vu se réaliser ce voeu, on accuse comme des traîtres à la patrie ceux à qui on prête le crédit de l'avoir formé ?»

Guadet enfonce le clou :

«Monsieur Robespierre ayant promis de dénoncer un plan de guerre civile formé au sein même de l'Assemblée, je le somme de le faire. Moi, je lui dénonce un homme qui met sans cesse son orgueil avant la chose publique et son amour-propre avant l'amour de la patrie».

Il reproche à l'Incorruptible son langage affecté, l'étalage de ses vertus et de ses sacrifices. Et ne l'accuse rien moins que de chercher à devenir «l'idole du peuple en divisant les patriotes.» En bref, il le soupçonne de briguer la dictature.

Ce jour-là, Guadet s'est fait un ennemi mortel.

Cependant, le colonel Servan, du parti brissotin, a été appelé à la Guerre. A défaut de pouvoir insuffler de la combativité aux troupes, l'Assemblée, qui siège en permanence à présent, cherche des boucs émissaires. Le 7 mai 1792, elle décrète la déportation des prêtres réfractaires sur simple dénonciation. Le 29, elle décide la dissolution de la garde constitutionnelle du roi. Le 8 juin enfin, Servan propose la formation d'un camp de 20 000 fédérés ou gardes nationaux des départements, choisis parmi les éléments les plus avancés de chaque région. Etabli dans les alentours immédiats de Paris, il servira de moyen de pression contre Louis XVI.

On imagine l'émotion du roi. Il oppose son veto aux trois décrets. Mais, curieusement, le tollé plus bruyant n'émane pas des Tuileries. C'est au sein même du ministère girondino-brissotin que l'opposition se fait jour. Dumouriez reproche à Servan de ne pas avoir consulté ses collègues sur le point des fédérés.

La Cour saisit l'aubaine. Renvoie Roland, Servan et Clavière. Dumouriez préfère démissionner à son tour : il prend le commandement de l'armée du Nord.

***

Paris connaît une «fermentation» sans précédent. Endoctriné par la presse unanime, le peuple exige du roi la levée des veto. La commémoration du serment du jeu de Paume va offrir un prétexte facile. Les Girondins, qui ont senti le vent tourner, espèrent recouvrer leur pouvoir perdu. Ils encouragent la manifestation, avec la complicité active du maire Pétion.

Des armes sont remises aux militants des quarante-huit sections de la capitale. Des piques. La fameuse pique révolutionnaire.

«C'est alors que la pique devint tout ensemble le symbole de la force populaire, l'emblème souvent représenté, la menace brandie, mais aussi l'arme distribuée partout à ceux qui n'étaient dotés ni de fusils ni d'uniformes, qui ne pouvaient appartenir à la garde nationale», écrit Reinhard dans sa *Nouvelle histoire de Paris*. Et Robespierre de corroborer cette observation : «Cette arme est en quelque sorte sacrée».

Encadrée par des meneurs dont on verra grandir le rôle au fil des mois, le brassier Santerre, le boucher Legendre et le marquis de Saint-Hurugue «généralissime des sans-culottes», la foule se présente au Manège, le mercredi 20 juin, vers midi.

Une loi de la Constituante a interdit les attroupements. Et d'autre part les citoyens ne sont pas autorisés à entrer en armes à l'Assemblée. Mais, fait remarquer Vergniaud, étant donné l'excitation générale, mieux vaut accepter de les recevoir afin d'éviter que les troubles ne dégénèrent. Le lendemain, le Bordelais se hâtera de faire voter un décret prescrivant que nulle pétition ne pourra désormais être présentée par des citoyens armés.

En attendant, c'est une scène hallucinante qui se déroule à l'Assemblée. Près de huit mille manifestants envahissent la salle, musique en tête. Ils beuglent le *Ça ira* en choeur, brandissent leurs piques, scandent des slogans hostiles au souverain, aux aristocrates et aux modérés :

«Le peuple est debout. Le sang coulera... Les ennemis de la patrie s'imaginent-ils que les hommes du 14 juillet sont endormis ? Leur réveil est terrible».

Après trois heures de défilé, la foule décide soudain de se porter contre les Tuileries.

Les gardes nationaux qui gardent le palais royal n'ont reçu aucun ordre. Ils laissent entrer. Plus de vingt mille furieux investissent les appartements de Louis XVI.

«J'ai vu le représentant héréditaire de la nation insulté, menacé, avili ; j'ai vu Messieurs Isnard et Vergniaud faire les plus grands efforts pour contenir le peuple», atteste un député.

L'entrevue entre le monarque et les sans-culottes a été maintes fois racontée. Les journaux monarchistes l'ont présentée comme une réédition de la Passion du Christ : le roi est coiffé du bonnet phrygien, comme Jésus de la couronne d'épines ; il boit le gros rouge que lui offrent les Parisiens comme un calice, jusqu'à la lie. Les gazettes patriotes ont un son de cloche différent, on l'aurait parié ! «le roi boit, le roi a bu... il a le bonnet de la liberté sur la tête ; s'il pouvait l'avoir dans le coeur !»

Elle se solde en tout cas sur un échec. Louis XVI, avec un flegme étonnant, refuse de céder à la contrainte. Il ne revient pas sur son veto.

Mais les Girondins, qui ont cédé, eux, à la pression populaire, ont créé un précédent fâcheux. Un exemple qui les conduira, quelques mois plus tard, à leur propre perte.

***

Le 20 juin marque aussi une scission dans la Révolution. Dorénavant l'antagonisme de la rue et des modérés ne va cesser de grandir, jusqu'à l'explosion. Tandis que les sans-culottes de la capitale multiplient les pétitions, la province s'indigne, dans sa grande majorité, des outrages faits à la personne du roi.

Le «putsch» avorté de La Fayette, pour employer un langage volontairement anachronique, attise encore les passions.

Le 3 juillet, Vergniaud monte à la tribune de l'Assemblée pour flétrir et les manoeuvres du général et l'attitude du monarque. Son discours est un réquisitoire, prononcé «dans l'attitude de la consternation et de la colère», raconte Lamartine, qui a pu interroger des témoins survivants. «Le tremblement de sa voix aux premiers mots qu'il proféra, et les notes graves et grondantes de sa parole, plus profondes qu'à l'ordinaire, son geste abattu, l'énergie triste et concentrée de sa physionomie, indiquaient en lui la lutte d'une résolution désespérée, et prédisposaient l'Assemblée à une émotion grande et sinistre comme la physionomie de l'orateur. C'était de ces jours où l'on s'attend à tout.»

Le Bordelais accumule en effet les accusations à l'encontre du souverain, et les menaces. Sa péroraison est célèbre :

«Ô roi, qui avez cru que la vérité ne valait pas mieux que le mensonge et qu'il fallait amuser les hommes par des serments, ainsi qu'on amuse les enfants avec des osselets... Qui n'avez feint d'aimer la Constitution que pour qu'elle ne vous précipitât pas du trône où vous aviez besoin de rester pour la détruire... Vous n'êtes plus rien pour cette Constitution que vous avez si indignement violée, pour ce peuple que vous avez si lâchement trahi !»

Ce jour-là, Vergniaud pouvait exiger l'abdication du roi, les députés unanimes l'auraient suivi. Mais il va laisser passer sa chance. Il se borne à demander que la patrie soit déclarée en danger.

Pourquoi cette hésitation, qui sera fatale au mouvement girondin, et à la Révolution dans son ensemble ? On a souvent blâmé l'inconséquence du grand Bordelais, sa vision de poète, d'esthète plus que de politique. Madame Roland, la première, dira qu'il emploie «à rêver le bien public le temps qu'il faudrait consacrer à l'opérer». Mais elle n'aime pas Vergniaud, qui, indifférent à ses attraits, boude son petit cénacle et montre trop d'indépendance d'esprit.

Les historiens se sont pourtant autorisés de l'avis partial de «l'égérie de la Gironde», pour porter à leur tour un jugement sans appel contre le chef des Girondins. «Il assistait au drame de la Révolution comme un spectateur dans son fauteuil», écrit Alphonse Aulard, qui avance une explication plausible à l'attitude apparemment illogique de Vergniaud : «Tant que la Cour sembla dangereuse, il la combattit ; quand le parti populaire sembla le plus fort, il l'attaqua et périt dans la lutte... Le roi et la plèbe étaient les deux ennemis de ses instincts libéraux, il éprouvait une égale répugnance pour le despotisme des Tuileries et pour le despotisme de la rue».

Vergniaud définira lui-même son groupe comme celui des «amants de la liberté».

Il convient d'ajouter qu'au début de l'été 1792, la plupart des penseurs politiques estiment la France un trop grand pays pour que la république puisse y être instaurée avec succès.

Aussi Vergniaud va-t-il tout mettre en oeuvre pour tenter de sauver le régime et convaincre Louis XVI de se rallier à une monarchie constitutionnelle à l'anglaise. Avec ses amis Guadet et Gensonné, il multiplie les démarches clandestines. Pendant que les députés proclament la patrie en danger, le 11 juillet, il supplie le souverain de faire reconnaître l'indépendance de la nation française par les puissances étrangères et de choisir de nouveaux ministres parmi les citoyens «les plus prononcés pour la révolution».

Mais le roi lui oppose une fin de non-recevoir sans équivoque.

«Je crois le roi honnête homme, mais il est insauvable», soupire le Bordelais. Qu'il abdique, qu'il se retire où il voudra avec la reine et nous laisse son fils, pendant qu'il en est temps encore»...

***

La situation est devenue dramatique. L'avance des Autrichiens se poursuit. Dans le sillage des troupes étrangères, s'engouffre l'armée des émigrés.

Le 14 juillet est l'occasion d'une scène pénible. Le roi est injurié au moment où il prête serment. «Quand il monta à l'autel, on crut voir la victime sainte s'offrant volontairement au sacrifice», écrit l'historien royaliste Madelin.

Les pamphlets qui circulent montre la déchéance de l'image du roi. Avant-hier monarque de droit divin, hier père des Français, Louis XVI est aujourd'hui caricaturé sous les traits d'un porc rondouillard et d'un soiffard. Les dessins les plus cruels raillent aussi sa prétendue impuissance : «Il n'a point de queue». «Il est vorace par nature ; il mange, ou plutôt il dévore avec malpropreté tout ce qu'on lui jette. Il est ivrogne et ne cesse de boire, depuis son lever jusqu'à son coucher», précisent les légendes des gravures. A cette date, le souverain est déjà socialement condamné.

L'arrivée des fédérés de province pousse l'agitation à son comble. Le 30 juillet, débarquent six cents Marseillais sous la houlette du jeune Charles Barbaroux. Aux accents d'un chant martial, composé par un officier de Strasbourg, Rouget de Lisle, et aussitôt baptisé par la foule *la Marseillaise*. Le refrain : -«Aux armes, citoyens !»- rappelle la diatribe naguère lancée par Vergniaud. Mais les Marseillais n'ont aucune envie de marcher contre l'étranger. «Aucun de nous n'ira sur les frontières si le roi n'est pas suspendu !» proclament-ils à qui veut les entendre.

La suspension... L'idée commence à faire son chemin. Le manifeste du général autrichien Brunswick, connu dans la capitale française le 1er août, va encore aiguiser la colère. Les Parisiens ripostent en réclamant cette fois la déchéance du souverain.

L'épreuve de force trouve sa conclusion dans la nuit du 9 au 10 août. Ce soir-là, les sections de la capitale mettent en minorité le conseil général de la Commune de Paris, jugé trop modéré. A la commune légale succède un pouvoir insurrectionnel. Pétion est consigné à son domicile. Les insurgés ont le champ libre.

Ils se dirigent vers les Tuileries. Cernent le château. Le roi finit par se rendre à la suggestion de Roederer, le procureur général syndic de Paris : il se réfugie à l'Assemblée.

Les députés ne sont pas nombreux. A peine la moitié d'entre eux sont revenus siéger lorsqu'ils ont appris les événements. Parmi les présents, les grands Girondins. Guadet, Gensonné, Vergniaud se succèdent à la présidence.

C'est Vergniaud qui occupe ce poste, quand Louis XVI et sa famille arrivent au Manège. Il sera le dernier à saluer le monarque de son titre de roi :

«Sire, l'Assemblée met au rang de ses devoirs les plus chers le maintien de toutes les autorités constituées.»

On entend au dehors le bruit d'une fusillade. Des canonnades. Poussé par les députés, Louis XVI signe un billet ordonnant à ses gardes suisses de cesser le feu et de regagner leurs casernes. Mais, alors qu'ils obéissent, les malheureux sont massacrés par les émeutiers. On évalue à plusieurs centaines le nombre des victimes de la journée du 10 août. Certains avancent le chiffre de huit cents morts.

La victoire militaire acquise, la Commune insurrectionnelle veut conquérir le pouvoir. Une délégation se présente au Manège pour réclamer l'élection d'une nouvelle assemblée.

Après deux heures de délibérations, force est d'obtempérer. Vergniaud propose la suspension du roi et l'élection d'une «convention nationale» qui donnera une nouvelle constitution à la France.

***

Brissot a raison de dénoncer «l'usurpation et la dictature de la nouvelle municipalité». Le 10 août, la Révolution a basculé. La bourgeoisie lettrée a perdu les rênes du pouvoir. Ce sont les sans-culottes qui dirigent maintenant. C'est la rue. Une vague d'arrestations sans précédent conduit dans les prisons parisiennes tout ce que l'on peut ramasser d'aristocrates, ou prétendus tels, et de prêtres réfractaires. Les journaux extrémistes appellent au meurtre. Tel Marat, dans *L'Ami du peuple* : «Le dernier parti, qui est le plus sûr et le plus sage, est de se porter en armes à l'Abbaye, d'en arracher les traîtres, et de les passer au fil de l'épée». Ou Fréron, dans *L'Orateur du peuple* : «Les prisons regorgent de scélérats, il est urgent d'en délivrer la société sur-le-champ !»

Les nouvelles du front, de plus en plus alarmantes, font monter la pression. Longwy a capitulé le 23 août, Verdun est tombé le 2 septembre. La route de Paris est ouverte.

La situation est considérée comme désespérée. A peine la nouvelle de la chute de Verdun est-elle connue, dans l'après-midi du dimanche 2, le canon d'alarme se met à tonner dans la capitale. C'est le signal. Une horde de sans-culottes investit les prisons, l'Abbaye, la Conciergerie, le Châtelet, la Petite Force, la Grande Force, les Carmes. Et procède au massacre systématique des détenus.

Quatre jours durant, c'est le carnage. Les prisonniers de droit commun, les filles publiques enfermées à La Salpétrière, les enfants retenus à Bicêtre sont égorgés dans la foulée, dans un raffinement de supplices qui confine au sadisme. Il y aura en ces quatre jours-là entre 1 100 et 1 400 victimes, selon les estimations.

Dès le 3 septembre, Gensonné a réclamé à la tribune qu'on «rappelle le peuple à la dignité». Mais certains partisans des Girondins hurlent avec les loups. Le publiciste brissotin Gorsas annonce, dans son *Courrier des 83 départements :* «Tous les conspirateurs, tous les scélérats ont vécu ; les innocents sont sauvés !»

Par opportunisme plus que par conviction. Le 1er septembre en effet, au conseil général de la capitale, Robespierre a nommément «dénoncé le liberticide Brissot et la faction de la Gironde pour avoir vendu la France à Brunswick et pour avoir reçu d'avance le prix de leur lâcheté». Une sentence qui, dans les circonstances, sonne comme une condamnation à mort.

Roland, qui avait retrouvé son ministère au lendemain du 10 août, consent même à régler la facture que lui remet un des «septembriseurs» les plus acharnés : 8 996 livres et 5 sols. Il convient d'accorder ce «dédommagement à ce citoyen qui a montré beaucoup de zèle et de patriotisme», déclare notre vénérable vieillard !

Si «les Jacobins et les sectionnaires ont découvert, sinon inventé, la pratique de la terreur», comme l'écrit Michel Winock, les Girondins, eux, goûtent à la compromission.

Vergniaud, lui-même, fait preuve d'une étrange indulgence. Le Bordelais exige le châtiment des incitateurs qui ont poussé aux crimes, mais il excuse les exécutants de la base : «Le bon citoyen jette un voile sur ces désordres partiels».

***

C'est dans une atmosphère troublée que se déroulent les élections à la Convention.

Sur proposition de Vergniaud et de Guadet, la distinction des Français en citoyens actifs et non actifs a été supprimée. Si le vote se fait encore à deux degrés, le cens a été aboli. Pour être électeur, «il suffit d'être âgé de vingt-et-un ans, domicilié depuis un an, vivant de son revenu ou du produit de son travail et de ne pas être en état de domesticité.» Pour être éligible, il faut avoir vingt-cinq ans et répondre aux mêmes conditions que ci-dessus.

Le suffrage universel aurait dû conduire à plus de démocratie. Mais les opérations furent entachées de tant d'irrégularités graves, que la Convention nationale ne représentera pas les Français.

Ainsi, à Paris, l'assemblée primaire, qui se réunit à partir du 5 septembre 1792, au lendemain de la boucherie des prisons, accuse 90% d'abstentions. La campagne électorale est féroce, impitoyable. Collot d'Herbois donne le ton. Il ne faut pas élire les Brissotins, «ces hommes trop enclins à se croire d'une espèce supérieure». Les pétitionnaires essaient d'influencer les électeurs, qui subissent encore la pression jacobine. «Robespierre, déjà professeur de terrorisme, avait fait adopter par sa section de la place Vendôme que l'élection se ferait à haute voix et par appel nominal, et que les choix devraient être ratifiés par les sections et les municipalités», rapporte Michel Winock.

Le premier jour du scrutin, l'Incorruptible sera donc élu par 338 voix contre 525, alors que Pétion ne recueille que 136 suffrages. Ce dernier se fera néanmoins élire, par Chartres, sa ville natale. Brissot, de même, essuie un cruel échec dans la capitale, et se retourne, lui aussi, vers la province. En bref, Paris porte à l'Assemblée une majorité de Montagnards : outre Robespierre et son frère Augustin, Danton, Collot d'Herbois, Manuel, Billaud-Varennes et Marat, le principal ennemi des Girondins. Sur les 24 députés parisiens, 19 se déclarent d'emblée du parti de la Montagne, précise Albert Soboul. Tandis que l'historienne Françoise Brunel estime à 267 le nombre total des Montagnards sur les 749 députés élus en septembre 1792.

«Exécrable députation !» s'exclame La Révellière-Lépeaux, girondin de coeur, à l'annonce des résultats. La Révolution «est ternie par des scélérats, elle est devenue hideuse», confirme Manon Roland.

***

Selon Jacqueline Chaumié, on recense 136 députés de tendance girondine à la Convention. Chiffre contesté par d'autres auteurs. L'Anglais M.J.Sydenham, dans son ouvrage *The Girondins*, avance le nombre de 200 Girondins. Alison Patrick, anglo-saxonne elle aussi, n'en garde que 58, composant le «cercle intérieur» de la Gironde, mais y ajoute 102 députés formant la «nébuleuse» du parti.

Quoi qu'il en soit de ces comptages pointilleux, les Girondins sont loin d'avoir la majorité, puisque la Convention compte 749 députés.

«Les bons choix des départements nous raniment», s'était écriée Madame Roland, en apprenant la réélection de ses amis Brissot, Pétion ou Louvet. Et, bien sûr, de son époux. Un soulagement égoïste, qui ne révèle pas une grande lucidité. On voit surtout s'esquisser, à l'occasion des élections à la Convention, deux pôles politiques.

Au nombre des régions avancées, montagnardes, le Nord et l'Est de la France, en prise directe avec la guerre et l'invasion en cet automne 1792, les départements du Nord précisément, du Pas-de-Calais, de l'Aisne, du Bas-

Rhin, et du Haut-Rhin. Les départements traditionnellement antiféodaux, comme la Dordogne (7 élus sur 10 sont montagnards) et la Charente-Inférieure (7 sur 11). Les régions montagneuses et déshéritées, le Dauphiné, le Massif central, l'Ariège qui compte 5 Montagnards sur 6 députés, le Puy-de-Dôme (6 sur 12 élus).

Votent girondin, au contraire, la Normandie, la Bretagne ainsi que le département d'Eure-et-Loir, et, globalement, le Sud de la France. Autrement dit, les départements maritimes, de Boulogne à Bayonne, de Perpignan à Menton, les départements situés sur les grandes voies de communication, vallée de la Garonne, de la Loire et du Rhône, et les pays autrefois dits de droit écrit.

«Cette différence dans l'origine géographique des Girondins et des Montagnards eut une influence certaine sur leur comportement. Le Girondin a passé son enfance dans un pays fertile, heureux, de climat tempéré, aux longs printemps et aux automnes interminables. Il se distingue par un optimisme que les épreuves ne sauront vaincre, par un sens des nuances, une horreur de la démesure et de la violence. Né dans des terres de rencontre et d'échange, il a le goût des diversités et des contradictions, et un intérêt passionné de la découverte. Ces ports de la mer, ces vallées, ces carrefours sont des lieux d'antiques civilisations. Le Girondin se caractérise par le raffinement de sa culture et l'importance qu'il attribue à l'instruction publique pour élever l'homme. Enfin, originaire de pays de droit écrit, il a le respect de la Loi. Toute attaque contre la Constitution ou les libertés de la représentation nationale sont à ses yeux un sacrilège. Tout cela est bien connu», ajoute Madame Chaumié...

Pour ce qui concerne la Gironde, ni Barennes, ni Journu-Aubert, ni le curé Lacombe, ni Laffon-Ladébat, ni Pierre Sers, ni Servière n'ont été réélus. Mais Vergniaud, Ducos, Gensonné, Grangeneuve et Guadet retrouvent leur mandat. Complètent la liste Bergoeing, Boyer-Fonfrède, Deleyre, Duplantier, Lacaze, Garrau et Jay.

François Bergoeing, né à Saint-Macaire, est chirurgien. Jean-Baptiste Boyer-Fonfrède, 26 ans, beau-frère et ami de Ducos, a déjà pris part à tous les événements importants depuis 1789. Alexandre Deleyre, de Portets, 66 ans, est un lettré, philosophe et écrivain. Duplantier est avocat à Bordeaux sa ville natale. Lacaze est issu de la bourgeoisie de Libourne. Tous soutiennent le parti girondin, par conviction. Seuls Pierre-Anselme Garrau, né à Sainte-Foy, près de Monségur, et avocat de son métier, et Jay, de Sainte-Foy également, siégeront, à l'Assemblée, dans les rangs de la Montagne.

Il est à noter que Vergniaud a été reconduit sans avoir postulé à un nouveau mandat, avec le superbe score de 480 voix sur 671. Le chef de la Gironde se sent las, découragé et écoeuré, mais Bordeaux l'a plébiscité : il assumera !

*****

III - GIRONDINS ET MONTAGNARDS
20 septembre 1792 - 2 juin 1793

1 - LA REPUBLIQUE

C'est le 20 septembre 1792, en fin d'après-midi, que se réunit pour la première fois la Convention. Dans la salle dite des Cent Suisses, au premier étage du Pavillon de l'Horloge des Tuileries. La séance ne dure que quelques minutes, car l'aménagement des lieux n'est pas encore terminé. Mais les nouveaux représentants de la nation ont tenu, par ce geste symbolique, à montrer qu'ils occupaient bien le ci-devant palais royal. Qu'il n'existait dorénavant plus d'autre pouvoir, en France, que celui du peuple.

A l'autre bout du territoire, non loin de la frontière Nord, le même jour, en fin d'après-midi, les troupes françaises remportent leur première victoire sur les Prussiens. A Valmy. On a généralement embouché les trompettes de la Renommée pour célébrer l'événement. En vérité, l'engagement fut bref, les pertes peu élevées : 300 morts du côté français, moins de 200 dans les rangs adverses. Les ennemis, épuisés, décimés par «la diarrhée et l'affreuse dysenterie, ressemblaient à des spectres et avaient de la peine à se traîner.» Et la batterie, installée sur la butte de Valmy, les découragea vite de poursuivre. Le triomphe vient moins de la suprématie militaire, ou de la stratégie déployée par Dumouriez, que de l'effet psychologique produit. Une armée révolutionnaire, que l'on dit mal entraînée et désorganisée, a vaincu une armée de métier exercée et disciplinée. Grâce à sa motivation. Aux cris de «Vive la Nation !» Goethe, présent à la *Campagne de France*, s'exclame, au soir de la bataille : «De ce lieu et de ce jour, date une nouvelle époque de l'histoire du monde !»

***

«Le courrier qui portait à l'armée la nouvelle de la proclamation de la république et le courrier qui portait à Paris la nouvelle de l'échec de la coalition se croisèrent aux environs de Châlons. Ainsi la victoire et la liberté se rencontraient, comme pour présager à la France que la fortune lui serait fidèle si elle restait fidèle elle-même à la cause du peuple et aux principes de Quatre-Vingt-Neuf», écrit Lamartine, dans son *Histoire des Girondins*.

Le raccourci est littéraire, la réalité plus banale. La république n'a jamais été proclamée en France. Elle s'y est, comme le reconnaîtra Robespierre, «glissée furtivement».

Le 21 septembre, a lieu, à Paris, la passation des pouvoirs. «A midi, les portes de la salle du Manège s'ouvrirent, et l'on vit entrer lentement et solennellement tous ces hommes dont les plus illustres devaient en sortir pour l'échafaud... Les membres de l'Assemblée législative escortaient en corps la Convention pour venir abdiquer solennellement.» Ils déposèrent le gouvernement entre les mains des conventionnels, en les adjurant d'imprimer les trois mots de «liberté, lois et paix, sur le sol entier de la France».

La première motion, l'abolition de la royauté, est votée à l'unanimité et sans discussion par les députés. «Qu'est-il besoin de délibérer, s'est écrié l'abbé Grégoire, quand tout le monde est d'accord !» Appuyé par Jean-François Ducos, de Bordeaux : «Rédigeons à l'instant le décret, il n'a pas besoin de considérants après les lumières que le 10 août a répandues !»

Le soir même, Roland, toujours ministre de l'Intérieur, envoie une circulaire aux corps administratifs du pays : «Veuillez, Messieurs, proclamer la république, proclamez donc la fraternité, ce n'est qu'une même chose.»

Le lendemain, 22 septembre, sur proposition de Billaud-Varenne, on décidait, d'un commun accord, que désormais les actes de l'Assemblée seraient datés de l'an I de la République. Le 25, enfin, Couthon faisait remplacer la formule «la Royauté française une et indivisible», inscrite dans la Constitution de 1791, par «la République française une et indivisible».

Paradoxalement, le nouveau régime n'a pas fait l'objet d'une proclamation solennelle. Ce fut, souligne l'historien Pierre Nora, «un avènement par défaut».

Il est intéressant de lire à ce sujet l'avis envoyé par le Conseil général de la commune de Bordeaux à ses concitoyens, daté «du 25 septembre 1792 l'an quatrième de la Liberté et le premier de l'Egalité» :

> «La Convention nationale décrète que la Royauté est abolie en France...
> Le décret qui prononce l'abolition de la royauté sera proclamé solennellement dans toutes les municipalités...
> Citoyens, venez assister à la proclamation des premiers actes de la Convention que la souveraineté nationale vient de former, et qui doit assurer à jamais le bonheur de la France.
> Cette proclamation commencera demain, mercredi 26, à neuf heures du matin, par une salve de neuf coups de canon, après

laquelle il sera fait une première lecture, tant du procès-verbal que des décrets, sur la place de l'Arbre de la Liberté, vis-à-vis la maison commune.
Une seconde lecture se fera en la même forme sur la place d'Aquitaine, qui prendra dès ce moment le nom de place de la Convention.
Le cortège ira de là à la place du Marché-Neuf ;
Puis à la place de la Liberté ;
A la première fontaine des Chartrons ;
Au Champ de Mars ;
Et finalement à la place Nationale, ci-devant place Dauphine.
Citoyens, vivre libres ou mourir, liberté, égalité, soumission à la loi.
Fait à Bordeaux, en la séance du Conseil général de la commune, ouï et ce requérant le Procureur de la commune, le 25 septembre 1792, l'an quatrième de la Liberté, et le premier de l'Egalité.»

***

Valmy a marqué le coup d'envoi d'une série de victoires. Sur tous les fronts, des Alpes comme du Rhin, les armées françaises déferlent sur l'Europe, clamant haut et fort qu'elles vont libérer les peuples asservis par les despotes. «Nous ne faisons cette guerre que pour n'en plus faire à l'avenir, pour punir les iniquités qu'on a exercées contre nous, pour faire connaître aux peuples qui sont nés pour être libres les droits de l'homme.»

Du moins la France le prétend-elle. Car la libération est souvent le premier pas vers l'annexion pure et simple, la guerre sainte un masque à la conquête.

Dès le milieu de l'automne, la Savoie arbore la cocarde tricolore : elle deviendra bientôt le département du Mont Blanc. Nos troupes s'installent dans Nice et Villefranche : après un plébiscite de pure forme, les deux villes seront annexées et constitueront le département des Alpes-Maritimes.

Le général Custine entre en Rhénanie. Il est accueilli à bras ouverts par les sympathisants allemands. On plante des arbres de la Liberté, on coiffe le bonnet phrygien, on ouvre des clubs jacobins. La «république de Mayence» convoque une convention nationale rhénano-germanique, qui demandera la réunion à la France en mars 1793. «Nous municipalisons, lance Merlin de Douai, la France comptera bientôt un département de plus». «La nature, elle-même, a voulu que le Rhin fût la frontière de la France».

C'est à cette époque, en effet, que se développe la théorie des frontières naturelles. Girondins comme Montagnards, de Brissot à Danton, les bellicistes annoncent leur intention de donner pour bornes au pays «les limites anciennes et naturelles de la France» : le Rhin, l'Océan, les Alpes.

L'offensive de Dumouriez en Belgique se signale, dans un premier temps, par des scènes de fraternisation avec la population civile. Démonstratives certes, mais peu représentatives. La majorité des habitants désire l'instauration d'une république belge gouvernée par des Etats.

Mais les élus de la Convention ne l'entendent pas de cette oreille. Le 30 novembre, quatre commissaires seront envoyés en Belgique, parmi lesquels Danton. Les exactions commencent. «On contrarie mes plans, on tyrannise le pays», se plaint Dumouriez. Mais, la Belgique c'est 3 millions d'habitants, une armée de 40 000 soldats, des revenus de 400 millions de livres. «Le salut de la République est dans la Belgique ; ce n'est que par l'union de ce riche pays à notre territoire que nous pouvons rétablir nos finances et continuer la guerre».

Et Pierre Cambon, membre du comité des finances, de tendance robespierriste, renchérit : «Il faut nous déclarer pouvoir révolutionnaire dans les pays où nous entrons ; il est inutile de nous cacher ; les despotes savent ce que nous voulons. Point de demi-révolution ! Tout peuple qui ne voudra pas ce que nous proposons ici sera notre ennemi et méritera d'être traité comme tel !»

***

A la même période, sur le territoire national, les députés débattent âprement de la forme de ladite «république». Les discussions dureront tout l'automne.

«La royauté abolie, il nous faut cependant un pouvoir exécutif», témoigne Gorsas. «Comment conserver l'unité monarchique avec une Constitution républicaine ? Etes-vous fédéraliste ou non ? Voulez-vous un sénat intermédiaire ? Que veut le midi de la France ? Telles sont les questions agitées dans les groupes, dans les cafés, dans les sections.» Comme le souligne Michelet, pour les députés, «il s'agissait de savoir comment un grand Etat, non monarchique, peut obtenir l'unité. L'expérience ne leur en disait pas plus que les livres».

Il faut noter que la première tentation fédéraliste s'est fait jour dès 1791, au lendemain de la tentative de fuite du roi. Billaud-Varenne, à l'époque, voudrait voir confier aux 83 administrations départementales un pouvoir «sanctionnateur» tel qu'aucun décret n'aurait force de loi s'il n'était voté par les trois-quarts d'entre elles. C'est ce que le futur Montagnard à tout crin, appelle alors «l'acéphocratie», le gouvernement sans tête.

Buzot, Girondin, préconise un moment une thèse similaire. Le fédéralisme conjugue «les avantages d'une liberté bien ordonnée dans l'intérieur avec ceux d'une réunion puissante de toutes les forces de l'Etat à l'extérieur», explique-t-il, se fondant sur trois exemples historiques, la Grèce antique «composée de petites républiques», et «si féconde en grands hommes et en hauts faits», les Etats-Unis, et la Suisse. Mais, sa position n'engage que lui-même, prend-il la précaution de préciser...

En septembre 1792, lorsque le problème du système de gouvernement se pose de façon urgente aux députés, la situation du pays s'est considérablement modifiée. La guerre a ravivé la peur de voir éclater le royaume. Tandis que la pression des sans-culottes laisse peser la menace d'une dictature de la rue, orchestrée par un ou des démagogues.

Dès le premier jour, Danton pose la question de confiance à Brissot. Ce dernier en atteste : «Il me fit quelque question sur ma doctrine républicaine ; il craignait, disait-il, avec Robespierre, que je ne voulusse établir la république fédérative, que ce fût l'opinion de la Gironde. Je le rassurai.»

«Seulement, les Girondins redoutaient que la république ne tombât dans les mains d'une démagogie furieuse et insensée. Le 10 août et le 2 septembre les consternaient», note Lamartine. Les résultats des dernières élections montrent que leur ascendant a bien pâli dans la capitale : pas un seul d'entre eux n'a été élu par la ville de Paris à la Convention. Ils redoutent, écrit encore Lamartine, «l'audace de la Commune, la dictature de Danton, la démagogie de Marat et surtout l'ascendant de Robespierre.»

La crainte demeure, en effet, que les massacres du début du mois ne se reproduisent, frappant cette fois les représentants de la nation. Le breton Kersaint, ami de Roland, demande que l'on garantisse la sécurité de l'Assemblée. Dans ce but, on pourrait instaurer une force armée, une garde, à laquelle participeraient tous les départements. Ce serait le moyen de garantir l'indépendance de la Convention, ajoute Buzot.

Tollé des Montagnards, pourtant d'accord avec cette idée, naguère, lorsqu'il s'était agi de constituer une garde départementale susceptible de contrer la garde nationale du souverain.

Buzot insiste : une telle garde empêcherait que l'ensemble des députés «ne soient esclaves de certains députés de Paris».

C'est le triumvirat Danton, Marat et Robespierre qui est visé là...

Durant plus d'un mois, la polémique va occuper l'Assemblée, révélant deux conceptions diamétralement opposées, et irréconciliables, de l'exercice du pouvoir.

Successivement, Danton, Marat et Robespierre sont attaqués à la tribune. Louvet accuse ce dernier «d'avoir tyrannisé l'assemblée électorale du département de Paris», «d'avoir marché au suprême pouvoir».

A quoi l'Incorruptible a répondu par avance, dès le 24 septembre 1792 :

«On nous a dit sans preuves : vous aspirez à la dictature ; nous, nous avions soupçonné, d'après des faits, que nos accusateurs voulaient nous donner un gouvernement étranger à nos moeurs, étranger à nos principes d'égalité.»

Tactique oratoire, car, bien entendu, les «faits» annoncés ne sont pas énumérés. Robespierre accuse, lui aussi, «sans preuves».

Ou plutôt d'après une «preuve» forgée pour la circonstance. Un texte de Cloots, intitulé *Ni Marat ni Roland*, opportunément paru quelques jours plus tôt.

Sans doute Robespierre tient-il l'ex-baron Jean-Baptiste - alias Anacharsis - Cloots, pour un agité. Il le fera guillotiner en mars 1794. Mais, pour l'instant, le pamphlet du furieux le sert.

Cloots, qui a fréquenté un temps le salon de Madame Roland, n'a pas supporté de s'en voir chassé, parce qu'il y avait fait l'apologie des massacres de Septembre. *Ni Marat ni Roland* est sa vengeance. Il prétend avoir surpris, le 3 septembre dernier, au domicile du ministre, un véritable complot contre la République.

«Roland avait fait la jonction des Deux Mers par un canal moral qui unissait les Bouches-du-Rhône à la Gironde». Et d'accuser les provençaux Rebecqui et Barbaroux, et le bordelais Vergniaud, de vouloir diviser le pays en petites républiques bornées par les cours de la Loire, du Rhône, de la Garonne, ayant pour centres Lyon, Bordeaux, Bourges...

«Cette maison me devint fastidieuse par un commérage ridicule contre Paris et par le fédéralisme qu'on y professait pédantesquement», conclut ledit Anacharsis Cloots.

Ce qui permet à Robespierre d'insister, du haut de la tribune :

«Nous avons soupçonné qu'on voulait faire de la République française un amas de Républiques fédératives qui seraient sans cesse la proie des guerres civiles».

Fédéralisme. Le mot va cristalliser l'antagonisme entre Gironde et Montagne, et conduire les principaux membres du premier parti à l'échafaud.

«Fédéralisme» est un terme nouveau. L'Académie l'acceptera en son dictionnaire en 1798. Donnant du «gouvernement fédératif» la définition suivante : c'est «celui d'un Etat composé de plusieurs autres unis entre eux par une alliance générale, soumis en certains cas à des délibérations communes, mais dont chacun est régi par des lois particulières».

Ainsi en était-il alors des Etats-Unis ou de la Suisse. Ces modes de gouvernement, qui n'ont en eux-mêmes rien de condamnable, bien au contraire, choquaient profondément la conception de la majorité des Français, mal dégagés d'habitudes de penser séculaires. En fait, les Montagnards souhaiteraient voir se perpétuer le modèle monarchique, mais sans roi ! Alors que les Girondins essaient d'imaginer des structures nouvelles, un ordre politique qui tiendrait compte du pluralisme. Au nom des garanties institutionnelles et de la liberté.

Aujourd'hui, les historiens sont d'accord pour «laver» les Girondins de l'accusation de fédéralisme. De Jules Michelet à Mona Ozouf, en passant par Jacqueline Chaumié, tous les spécialistes de la Révolution reconnaissent que les Girondins n'avaient «aucun plan de fédéralisme à proprement parler». «Les orateurs de la Gironde (...) ont mieux fait que de professer l'unité, ils sont morts pour elle», insiste Michelet dans son *Histoire de la Révolution française*. «La fureur de la Montagne contre les fédéralistes fut si aveugle, si voisine de la rage et de l'épilepsie, qu'elle ne vit pas elle-même qu'elle tombait dans l'hérésie politique qu'elle reprochait à ses adversaires Si le fédéralisme est l'esprit de démembrement, d'isolement, d'exclusion, n'était-ce pas un fédéralisme de gouverner toute la France par la violence ?» ajoute-t-il, poussant le raisonnement à l'extrême.

Il n'y a pas de fédéralisme girondin, au sens strict du mot. L'insurrection des départements, consécutive à la proscription de 29 des Girondins, le 2 juin 1793, ne se fera pas dans le dessein de détruire l'unité de la République, mais pour permettre à la Convention de recouvrer son indépendance et aux députés arrêtés de retrouver leur liberté. Elle ne se prétendra pas définitive, mais temporaire, provisoire.

«Doit-on traiter les Montagnards de mauvaise foi quand ils accusent les Girondins de fédéralisme ?» s'interroge Jacqueline Chaumié, lors du Colloque Girondins et Montagnards, tenu à la Sorbonne en 1975. «Nous ne le pensons pas, répond-elle. Rien ne partage aussi profondément ces deux familles spirituelles comme le problème de l'unité et de la décentralisation. Les

Montagnards sont de la tradition centralisatrice de Louis XIV, Napoléon, Clémenceau et De Gaulle ; le jacobin se distingue par son sens de l'unité : il a voulu supprimer les différences, les exceptions, créer l'uniformité ; il rêve d'une France forte où la volonté de la capitale s'exerce sans résistance dans l'ensemble du pays. Les Girondins sont d'une toute autre tradition géographique et culturelle. Disciples de Montaigne, ils sont sensibles aux différences qui distinguent les personnalités. La contradiction chez leurs partenaires ne les irrite pas, mais satisfait leur goût des nuances et leur sens de l'humour. Ce sont des provinciaux originaires de provinces ayant leur histoire, leur langue, leur législation, Languedoc, Provence, Bretagne, Normandie»...

Nous ajouterons la Guyenne.

«La variété des coutumes, une certaine autonomie des départements sont pour eux une garantie du respect des libertés,» conclut Madame Chaumié.

Les Girondins sont ardemment partisans d'une politique que nous nommerions, selon notre terminologie contemporaine, de décentralisation. Au niveau des départements. «Il faut attribuer constitutionnellement aux corps administratifs des départements les détails de l'administration intérieure en ne laissant que la surveillance au centre», proclame Salles, député girondin de la Meurthe. Et Lanjuinais insiste, dénonçant «tout système centralisateur dans lequel un ministre voudrait, du fond de son cabinet, conduire toutes les parties de l'administration de plusieurs provinces».

Des paroles étrangement modernes...

Les Girondins, dans l'ensemble, se méfient du pouvoir central. «La centralisation totale est la monarchie et le despotisme», répète Buzot. A la lueur des événements de l'été 1792, tous sont unanimes pour dénoncer l'hégémonie de Paris. «Cette ville, qui se flatte d'avoir donné naissance à la liberté, prétend aujourd'hui enchaîner la nation française et se mettre à la place du despote qui n'est plus ? Non, Paris ne fera point la loi à l'univers français !»

Condorcet renchérit : La Montagne a doté Paris d'un «privilège outrageant pour les autres villes de la République, en fixant dans la capitale le lieu des séances de la Législature». Et l'on connaît la formule de Marc-David Lasource, pasteur calviniste et député du Tarn, de tendance girondine :

«Je ne veux pas que Paris, dirigé par des intrigants, devienne dans l'empire français ce que fut Rome dans l'Empire romain. Il faut que Paris soit réduit à un 83ème d'influence comme chacun des autres départements».

*****

2 - LE PROCES DU ROI

C'est au début de la Convention que le qualificatif de «Girondins» commence à faire son apparition. Robespierre fustige «la faction girondine». Mais, quelque temps encore, la terminologie demeure hésitante. On parle autant de brissotins et de rolandistes, voire de pétionistes et de «foutue clique à Capet», comme Hébert, dans son *Père Duchesne*, que de «girondistes», ou de «girondins». Autant de dénominations pour le même groupe, soudé, dit le publiciste Jacques-Antoine Dulaure, dans son journal *Le thermomètre du jour*, par l'horreur des massacres de septembre.

Quant à Billaud-Varenne, en octobre 1793, il s'obstinera toujours à taxer ses adversaires politiques de «meneurs du côté droit».

C'est à droite, en effet, que siègent les Girondins à présent, les Feuillants ayant été totalement éliminés aux dernières élections.

La faille qui s'était amorcée entre Girondins et Montagnards à propos de la déclaration de guerre à l'Autriche, au printemps dernier, s'est très vite creusée. En quelques jours, c'est un fossé qui sépare les deux partis. Bientôt un abîme.

Ce divorce rend perplexe la majorité des conventionnels, 376 hommes hésitant sur le camp à embrasser.

«Je ne pouvais comprendre comment des hommes qui avaient combattu ensemble le despotisme et l'aristocratie, et qui paraissaient également avoir à en craindre le retour et les coups, se trouvaient tout à coup opposés les uns aux autres», écrit Dechézeaux, élu de la Charente-Inférieure, à l'automne 1792. «Je blâmais l'entêtement, l'amour-propre des uns (les Girondins), mais je ne pouvais adopter les moyens qu'employaient les autres (les Montagnards)». Beaucoup de futurs Girondins, et beaucoup de députés du Centre - le fameux Marais, encore appelé Plaine - ne savaient comment résoudre le dilemme. «Je voulais la liberté aussi ardemment que la Montagne, mais par des moyens moins violents, car la terreur est le grand ressort du despotisme», avouera Boilleau, élu de l'Yonne.

Girondins et Montagnards sont, en effet, de la même origine sociale, la moyenne bourgeoisie : hommes de loi, avocats, notaires, médecins, commerçants. Jacqueline Chaumié, qui a dépouillé les archives notariales de 53 départements peut soutenir, lors du colloque *Girondins et Montagnards :* «les documents notariés font état d'une remarquable promotion sociale des familles girondines tout le long du XVIIIème siècle. Fils et petits-fils soit de laboureurs et d'artisans, soit de robins, avocats, médecins, commerçants et fabricants, ils parvinrent aux plus hautes charges de l'Etat grâce au travail et à l'intelligence de leurs aïeux».

De la même origine sociale, Girondins et Montagnards sont aussi de la même génération révolutionnaire, celle qui fut élue en septembre 1791 pour former l'Assemblée législative. Alors, comment des hommes, que tout semblait rapprocher, en arrivèrent-ils à devenir des ennemis acharnés, irréductibles ?

Les historiens constatent d'abord une différence d'âge entre les tenants des deux partis. Dans l'ensemble, les Girondins ont une dizaine d'années de plus que les Montagnards.

Dix ans, c'est à peine une demi génération. Mais, en ces temps de mutations, ces dix ans ont une importance capitale. Entre le moment où les Girondins vont à l'école et l'époque où les Montagnards sont à leur tour en âge d'être scolarisés, l'enseignement a changé. Beaucoup de Girondins ont été élevés dans les collèges des Jésuites, avant que cet ordre ne soit expulsé de France, en 1762 - c'est le cas de Pierre Vergniaud, le chef de file du mouvement. Au contraire, nombre de Montagnards ont suivi les cours des Oratoriens.

L'enseignement dispensé par les Jésuites était basé sur les lettres antiques, celui de l'Oratoire sur les sciences naturelles. Deux formations opposées. Certes les Montagnards connaissaient-ils, eux aussi, les auteurs grecs et anciens, ils ne se privaient d'ailleurs pas de truffer leurs discours de citations mythologiques ou historiques à l'antique. Mais la pensée stoïcienne et celle des tragiques grecs a imprégné plus profondément la mentalité des Girondins.

«La lecture des textes sortis de leur plume, constate Jacqueline Chaumié, une des rares historiennes à avoir étudié le sujet, fait apparaître un idéal très remarquable de maîtrise de soi, une volonté de dominer leur destin. D'autre part, tout le long de leur carrière politique, ils témoignent d'une très vive horreur de la démesure, directement inspirée des tragiques grecs.» Leur éthique a sa source dans leur culture antique et humaniste. Leur horreur de la démesure leur inspire un combat incessant contre les deux partis extrémistes, royaliste et terroriste, dont ils dénoncent la parenté fondamentale. On a vu Vergniaud, déjà, hésiter à l'instant de porter l'estocade à Louis XVI, en juillet 1792, de peur de tomber sous le joug des sans-culottes. Essayant de trouver un juste milieu entre l'aristocratie et l'anarchie, difficile, chimérique en ces temps de révolutions.

La différence de culture entre Girondins et Montagnards se traduit par le choix de leurs maîtres à penser. Les Girondins se réfèrent à Montesquieu et à Voltaire, et, par delà ces deux philosophes, à Montaigne, écrivains sceptiques qui prônent donc la tolérance, et qui sont foncièrement partisans des différences et de la liberté. Les Montagnards, eux, admirent plutôt Jean-Jacques Rousseau. L'auteur du *Contrat social* aura une influence déterminante, en particulier sur leur politique sociale.

***

La monarchie abolie, le pays doit se doter d'une nouvelle constitution. Dès le début de la session, un comité de Constitution est formé. A cette époque, Brissotins et Girondins bénéficient encore des retombées de Valmy. Leur prestige est grand auprès des députés indécis de la Plaine. Ils tiennent les leviers de commande de la nation.

Tout naturellement, ils obtiennent la majorité au sein de ce comité. Parmi les neuf membres, on remarque Vergniaud, Gensonné, Brissot, Condorcet et Pétion. Soit cinq Girondins purs et durs. Assistés de deux sympathisants du mouvement. Thomas Paine d'abord, un quaker anglais qui a joué un rôle de premier plan lors de l'indépendance des Etats-Unis. Grand admirateur de Quatre-Vingt-Neuf, il a rédigé *The rights of Man*. Mais cette brochure a causé tant de remous en Grande-Bretagne que Paine a jugé plus prudent de se réfugier en France afin d'échapper aux poursuites judiciaires. Proclamé citoyen français, sur intervention de Guadet, il a été élu à la Convention par le département du Pas-de-Calais, le plus proche de son pays natal. Le second sympathisant est un modéré, l'abbé Siéyès, qui avait déjà travaillé à la rédaction de la Constitution de 1791.

Sur la liste, deux montagnards seulement: Bertrand Barère, né à Tarbes, ancien avocat au parlement de Toulouse et représentant des Hautes-Pyrénées ; et Danton.

Les Jacobins crient aussitôt au scandale :

«Ce sont des gens fins, subtils, intrigants et surtout extrêmement ambitieux que ces Girondins, clame Couthon. Ils ne veulent la République que parce que l'opinion publique s'est expliquée. Mais ils veulent l'aristocratie. Ils veulent se perpétuer dans leur influence, avoir à leur disposition les places, les emplois, et surtout les trésors de la République. Voyez les places, elles coulent toutes à cette faction. Voyez la composition du comité de Constitution, c'est cela surtout qui m'a dessillé les yeux. C'est sur cette faction, qui ne veut la liberté que pour elle, qu'il faut tomber à bras raccourcis !»

Une circulaire du club des Jacobins de Paris, datée du 15 octobre, expose la situation aux sociétés soeurs à travers toute la France :

«Il n'y a aujourd'hui de ministres et d'agents, dans toutes les administrations, que de leurs mains. Dans la Convention nationale, dirigeant tout par leur scandaleuse influence, à l'aide des préventions dont ils ont environné les députés des départements, ils composent les bureaux et les comités, ils se sont surtout partagé celui de la Constitution. C'est sans contredit se frayer la route du despotisme.»

La réponse du berger à la bergère...

En bref, résume Camille Desmoulins, avec brutalité, «admirez le bel ordre, les alpha et les oméga : Brissot partout et Robespierre nulle part !»

Dès le 10 octobre, le nom de Brissot a été rayé de la liste des membres du club. Ses amis et partisans subiront bientôt le même sort. En riposte, les Amis de la Constitution de Marseille et de Bordeaux se désaffilient illico de la société mère parisienne.

Les Girondins haussent les épaules en apprenant cette sanction, car ils tirent gloire de ne pas «se prosterner devant la dictature de Robespierre».

Mais cette exclusion les coupe un peu plus de la base sans-culotte. Le club des Jacobins est désormais tout entier dévolu aux Montagnards. Sans contrepoids.

***

C'est dans ce contexte de lutte pour le pouvoir que s'inscrit le procès intenté à Louis XVI. Son enjeu dépasse le sort du malheureux souverain. A travers lui, ce sont leurs adversaires politiques que les Montagnards veulent abattre.

Les Girondins ne se font aucune illusion. Guadet écrira à sa femme, demeurée à Saint-Emilion : «Je ferai tout ce que je pourrai pour sauver la vie de Louis XVI : l'humanité ne le conseillerait-elle pas que l'intérêt du pays le commanderait encore. Il est la dernière barrière qui nous garantisse. Sa tête en tombant entraînerait les nôtres. Mais pour cela nous n'avons qu'un moyen : l'appel au peuple. Si nous l'acquittions, il serait égorgé sous nos yeux par la populace. Si l'appel au peuple ne passe pas, nous sommes perdus avec lui».

Une lettre d'une clairvoyance étonnante...

Que faire de Louis XVI ? La question s'était posée dès le 10 août. Suspendu, puis déchu, l'ex-monarque avait été enfermé au Temple, avec sa famille, deux jours plus tard. En attendant que la Convention statuât. Parmi les papiers saisis dans le palais des Tuileries, on avait trouvé la liste civile établie par le trésorier du souverain. Elle prouvait que celui-ci avait continué à payer leur solde à ses gardes du corps licenciés par décret de la Législative le 29 mai 1792, alors que beaucoup avaient émigré.

Voici donc démontré le caractère factice de son ralliement aux nouvelles institutions. Prouvé sa résolution de reconquérir, avec l'aide des soldats émigrés, ses prérogatives confisquées !

Les pièces les plus accablantes pourtant ont été enfermées par le roi dans une cache secrète. Mais le serrurier Gamain, qui a été jadis chargé de l'installer, soulage soudain sa conscience auprès du ministre de l'Intérieur. Roland s'empresse de faire fouiller les Tuileries. Découvre «l'armoire de fer». En apporte le contenu à l'Assemblée, le 20 novembre.

Cette fois les preuves sont là. Une correspondance avec Mirabeau révèle le double jeu et la corruption du premier héros de Quatre-Vingt-Neuf. L'Assemblée décide aussitôt de voiler de crêpe l'effigie du félon. Les Jacobins brisent son buste qui trônait en leur club. Et sa dépouille, exhumée du Panthéon, est jetée à la fosse commune.

D'autres papiers mettent en cause La Fayette, et même Dumouriez. La conclusion s'impose : on ne peut plus ajourner le procès.

Depuis le 10 août, en effet, les Girondins s'étaient efforcés d'atermoyer, et d'opposer des obstacles légaux aux demandes réitérées de mise en jugement déposées par les Montagnards. Eux-mêmes divisés, et, pour certains, persuadés de l'inopportunité d'un procès public.

Le premier à avoir soutenu cette thèse est un jeune député de vingt-cinq ans, au visage d'archange, Louis Saint-Just, représentant de Soissons :

«Nous avons moins à juger le roi qu'à le combattre, les formes de la procédure ne sont point dans la loi civile, mais dans le droit des gens... Ses crimes sont écrits avec le sang du peuple... On ne peut point régner innocemment. Tout roi est un rebelle et un usurpateur.»

Ce discours, tenu à la tribune de la Convention, le 13 novembre, a fait sensation. Mais il faudra attendre la providentielle découverte de l'armoire de fer pour voir Robespierre monter au créneau à son tour :

«Il n'y a point de procès à faire. Louis XVI n'est point accusé, vous n'êtes point ses juges. Vous n'êtes et ne pouvez être que des hommes d'Etat. Vous n'avez point de sentence à rendre pour ou contre un homme, mais une mesure de salut public à prendre, un acte de providence à rendre», affirme l'Incorruptible. «Louis doit mourir pour que la patrie vive !»

Paradoxalement, ses adversaires utilisent, eux aussi, un des arguments qu'il a employés ... pour arriver à des conclusions opposées. «La Convention ne peut être tout en même temps accusatrice et juge», proteste Roland.

Les Girondins multiplient les objections. Le procès d'un roi est-il juridiquement possible ? Si oui, quel tribunal est compétent ? Louis XVI peut-il invoquer son inviolabilité constitutionnelle ? Quelle peine doit-on lui infliger ? Enfin, question cruciale : sa condamnation serait-elle politiquement souhaitable ?

Elle serait une erreur, lourde de conséquences, soutient Brissot. Elle entraînerait de graves difficultés diplomatiques et militaires. Tandis que Vergniaud et Gensonné s'efforcent de retarder l'heure du jugement, moins par sympathie envers le monarque que pour empêcher le triomphe de leurs adversaires politiques. Leur victoire signifierait leur perte, ils le savent.

Mais Marat connaît la parade. Il possède l'arme absolue. Ce sont les traîtres qui parlent d'ajournement. Et, «pour connaître les traîtres, car il y en a dans cette assemblée, pour les connaître avec certitude, je propose un moyen infaillible, c'est que la mort du tyran soit votée par appel nominal et que cet appel soit publié dans L'*Ami du peuple*.»

Quel député peut, dans les circonstances présentes, oser se récuser ? Les représentants vont accepter de voter, comme le dit Lanjuinais, «sous le poignard des factieux».

***

«Le premier des principes veut qu'un accusé soit toujours présumé innocent aux yeux de la loi, jusqu'à ce que la sentence soit confirmée en dernier ressort.» C'est Louis XVI, en personne, qui avait fait cette déclaration. Le 1er mai 1788. Deux siècles après, on ne peut que saluer son actualité...

Louis XVI en effet - c'est un point trop souvent passé sous silence - a été un des grands réformateurs de la Justice en France. Il a supprimé la torture préparatoire, la fameuse «question», destinée à obtenir, sinon à extorquer l'aveu des prévenus. Réformé les prisons, et amélioré les conditions de la détention préventive. Formé le projet, enfin, en mai 1788, de remédier «à plusieurs abus». Il aurait voulu, en particulier, que les condamnations à mort soient décidées à une majorité supérieure à la majorité simple, et qu'on laisse un délai d'un mois entre la condamnation et l'exécution afin que la grâce du roi puisse intervenir. Enfin, répétait-il, tout accusé doit être présumé innocent...

La Révolution a bouleversé ses plans. Même si, le 8 octobre 1789, la

Constituante décrétait que «l'on ne peut entendre un inculpé qu'en présence de son avocat.»

Cependant, quand il s'agit d'accorder un «conseil», comme on dit à l'époque, au souverain déchu, les députés se scindent. D'aucuns lui dénient ce droit, car il est hors-la-loi. «Il ne s'agit point ici d'un procès ordinaire, il ne nous faut point de chicane de palais !» s'exclame l'incontournable Marat. L'instruction sera d'abord menée sur pièces. Le prévenu ne sera pas interrogé. Il ignorera les chefs d'accusation jusqu'à sa première comparution, le 11 décembre, après quatre mois de garde à vue dans la prison du Temple.

Ce même jour, après être resté sur la sellette plusieurs heures durant, l'ex-roi, que l'on ne nomme plus maintenant que Louis Capet, fait savoir son désir d'être défendu. Après un long débat, ce droit lui est reconnu, sous condition.

«Trois jours suffisent pour établir une culpabilité ou une innocence», affirment certains Montagnards.

D'autres répliquent, néanmoins, que les avocats n'auront pas le temps de prendre connaissance des pièces. «Il importe de donner à Louis Capet, pour l'honneur même de la Convention, tous les moyens de se défendre, rétorque Legendre. Ce n'est qu'après qu'il aura épuisé toutes les ressources de sa défense que notre détermination paraîtra juridique et qu'il tombera avec justice sous le glaive de la loi».

Sans humour aucun, Legendre ose proclamer haut et fort que le jeu est pipé d'avance !

***

«Je désigne Target, et à défaut Tronchet ; tous les deux si la Convention nationale y consent. Je pense que la loi me donne le droit d'en demander deux». Tel est le souhait formulé par Louis XVI.

Les deux hommes désignés sont des avocats renommés, spécialistes du droit public. Des juristes plus que des rhéteurs. Target a même travaillé naguère à la rédaction de la Constitution.

Mais, stupeur, ce dernier décline le périlleux honneur, sous prétexte qu'il est «fatigué de maux de nerfs, de douleurs de tête et d'étouffements.» La lettre qu'il adresse à l'Assemblée pour s'expliquer, signée «le républicain Target», révèle, entre les lignes, le véritable mobile de sa défection : la peur.

Le même 12 décembre, une autre missive est arrivée aux députés. Emanant de Chrétien-Guillaume de Lamoignon de Malesherbes, ancien président à la cour des Aides et ancien directeur de la Librairie royale : lui se porte volontaire pour défendre le roi.

Tronchet et Malesherbes, agréés et par la Convention et par Capet, s'adjoindront les services de Raymond Desèze, du barreau de Bordeaux.

***

Il convient de rendre justice à une femme qui, elle aussi, se proposa pour défendre le souverain. Olympe de Gouges.

«Je suis franche et loyale républicaine, sans tache et sans reproche, écrit-elle à l'Assemblée. Je crois Louis fautif comme roi ; mais, dépouillé de ce titre proscrit, il cesse d'être coupable aux yeux de la République.» Elle offre donc d'être l'assistante de Malesherbes.

Sa demande n'a aucune chance d'aboutir, la dame ne se fait sans doute aucune illusion. Mais quel formidable coup de «pub» avant la lettre ! Pour elle, et pour la cause qu'elle défend.

La cause des femmes.

Marie Olympe Gouze, fille naturelle d'Anne Olympe Mouisset et du marquis Jean-Jacques Lefranc de Pompignan, est un personnage attachant. Née à Montauban, en 1748, mariée à seize ans, elle fuit très vite sa ville natale et son époux, et vient s'établir à Paris, où elle s'essaie à la littérature. Sous le pseudonyme d'Olympe de Gouges, elle écrit et fait jouer plusieurs pièces de théâtre. En 1789, elle s'engage dans le combat politique. Mais elle s'inquiète bientôt de la dégradation de la condition féminine liée à la Révolution. Et publie son texte le plus célèbre : *Déclaration des droits de la femme et de la citoyenne*, qui prône l'égalité entre les sexes. «Bizarre, aveugle, boursouflé de sciences et dégénéré, dans ce siècle de lumières et de sagacité, dans l'ignorance la plus crasse, il (l'homme) veut commander en despote sur un sexe qui a reçu toutes les facultés intellectuelles».... Or, «la femme naît libre et demeure égale à l'homme en droits.»

Olympe de Gouges, sympathisante de la Gironde, n'éprouve que mépris pour les Montagnards, que haine pour Robespierre. Dans le même temps où elle brigue le titre de défenseur du roi, elle invite l'Incorruptible à plonger avec elle dans la Seine. «Nous attacherons des boulets de seize ou de vingt-quatre à nos pieds, et nous nous précipiterons ensemble dans les flots. Je suis utile à mon pays, tu le sais, mais ton trépas le délivrera du moins du plus grand fléau, et, peut-être, ne l'aurai-je jamais mieux servi».

Les Montagnards se sont en effet révélés antiféministes dès les premières heures. Par la bouche de Pierre Chaumette, ils blâment les prostituées, mais aussi les honnêtes mères de famille qui ont l'audace de suivre les affaires de l'Etat. Robespierre pousse plus loin encore le dédain : il n'a de cesse de répéter que les femmes sont incapables de comprendre les problèmes politiques. Elles sont de plus crédules, soumises par là même à l'influence pernicieuse des prêtres réfractaires.

La compagne idéale, aux yeux des Montagnards, n'est-ce pas la Sophie de L'*Emile*, de Jean-Jacques Rousseau, douce, cultivée sans pédantisme, et surtout effacée ? Le modèle de la femme au foyer.

Les Girondins, au contraire, ont drainé dans leur sillage les femmes les plus intéressantes de la Révolution. Olympe de Gouges au premier plan, mais aussi Sophie de Condorcet, Manon Roland ou Anne Therwagne dite Théroigne de Méricourt, l'amazone de la Liberté, pour n'en citer qu'une poignée.

Condorcet, le philosophe de la Gironde, a défendu, dans de nombreux écrits, les droits de la femme. «On a violé le principe de l'égalité des droits en privant tranquillement la moitié du genre humain du droit de concourir à la formation des lois», écrit-il en 1789. D'autres membres de son parti tiennent un langage semblable. Fauchet. Brissot. Le Breton Corbel. Lanthenas, partisan d'accorder le droit de vote aux femmes. Rouzet, qui, dans son *Projet de Constitution française*, en avril 1793, souhaiterait même les voir élues représentants du peuple.

Les Girondins veulent libérer la femme de la condition servile où les préjugés l'ont maintenue jusqu'alors. Leur féminisme est une des manifestations de leur amour de la liberté. Une passion qui les conduit bien souvent à être fort en avance sur leur temps !

Pour en revenir aux héroïnes précédemment citées, Théroigne de Méricourt sera fouettée en place publique par les tricoteuses, le 31 mai 1793, au soir de la proscription de ses amis girondins, si cruellement qu'elle en perdra la raison : elle traînera désormais une existence misérable d'asiles en hôpitaux psychiatriques, répétant dans son délire le seul mot de «liberté», jusqu'à sa mort, en 1817. Manon Roland sera condamnée à mort le 8 novembre 1793. Olympe de Gouges l'avait précédée sur l'échafaud le 3 du même mois.

***

L'audience a lieu le 26 décembre. Le roi comparaît devant ses juges et accusateurs à neuf heures du matin.

«Louis, il a été décrété que vous seriez entendu une seconde fois et de façon définitive, annonce le président.

- Mon conseil va vous lire ma défense», répond le souverain.

Desèze se dirige vers la barre.

On a souvent critiqué sa plaidoirie, fondée sur la non-culpabilité. Mais elle fait écho à la ligne de défense adoptée par Louis XVI lui-même lors de ses deux interrogatoires.

Cependant son discours contient de beaux morceaux :

«Représentants du peuple, je vous supplie de ne pas considérer dans ce moment les défenseurs de Louis comme des défenseurs. Nous avons notre conscience à nous. Nous aussi, nous faisons partie du peuple, nous sentons tous ce qu'il sent. Nous sommes citoyens, nous sommes français. Nous avons pleuré avec le peuple et nous pleurons encore avec lui sur tout le sang qui a coulé dans la journée du 10 août. Et si nous avions cru Louis coupable des inconcevables événements qui l'ont fait répandre, vous ne nous verriez pas aujourd'hui à cette barre».

Habileté suprême, Desèze montre alors combien l'insurrection du 10 août était préparée de longue date. «Il est impossible que Louis soit l'agresseur»...

Murmures dans les tribunes.

L'avocat ne se laisse pas impressionner : «Le peuple voulut la liberté, il la lui donna. Il vint même au-devant de lui par ses sacrifices, et cependant, c'est au nom de ce même peuple qu'on demande aujourd'hui... Citoyens, je n'achève pas... Je m'arrête devant l'Histoire. Songez qu'elle jugera votre jugement et que le sien sera celui des siècles !»

«Je prie Messieurs de Malesherbes, Tronchet et Desèze de recevoir ici l'expression de tous mes remerciements et l'expression de ma sensibilité pour tous les soins et les peines qu'ils se sont donnés pour moi», notera Louis XVI dans son testament.

***

La plaidoirie de Desèze a ému, mais elle n'a pas modifié la donne. Les Montagnards et les antiroyalistes sont aussi virulents.

Vergniaud et ses collègues bordelais vont imaginer un expédient de la dernière chance. Le 31 décembre, le chef de la Gironde demande que le sort du souverain soit soumis à un référendum populaire. Mais la Plaine hésite à se rallier à l'appel au peuple.

Gensonné revient à la charge, trois jours plus tard. Sans plus de succès. Ni Ducos, ni Boyer-Fonfrède, ni Condorcet par exemple ne le suivent.

La motion est enterrée.

Les Girondins ont montré leur incapacité à s'unir.

Leurs contemporains, et les historiens de la postérité, le leur reprocheront. Mais eux-mêmes s'en félicitaient. «Il n'y a jamais eu de coalition entre aucun de nous», avouera Jean-François Ducos à sa femme Agathe, à la veille de son exécution.

Meillan, des Basses-Pyrénées, corrobore cette parole : «Nous étions si peu disposés à former un «parti» que la seule pensée d'une démarche combinée nous révoltait. Chacun de nous voulait être indépendant et se conduire à sa manière». «Seule la liberté nous réunit», confirme Guadet.

Durant le scrutin, chacun va encore s'exprimer en toute indépendance.

Le 15, Louis Capet est reconnu coupable. Par 424 voix contre 287.

Le 16, débute le vote concernant la peine à infliger à l'ex-souverain. Les opérations, commencées à 20 heures, vont durer plus de trente heures d'affilée. Elles se termineront le lendemain, 17 janvier, dans la nuit. Tous les députés ont dû se prononcer nominalement, et justifier leur décision !

Le premier coup de théâtre se produit lorsque Vergniaud monte à la tribune. Pâle, vêtu de noir, il prononce la phrase fatidique : «J'ai déclaré hier que je reconnaissais Louis coupable de conspiration contre la liberté et la sûreté nationale, il ne m'est pas permis aujourd'hui d'hésiter sur la peine. La loi parle : c'est la mort».

Le Bordelais est un homme courageux, il l'a déjà montré et le prouvera encore. Pourquoi ce revirement ? Croit-il à un sursis, encore probable ? Ou abandonne-t-il soudain, trop las pour jouer plus longtemps les Don Quichotte ? Les historiens s'interrogent encore.

A son exemple, Guadet, Gensonné, Ducos et Boyer-Fonfrède vont eux aussi voter pour la peine capitale. Mais Lacaze, Bergoeing et Grangeneuve, leurs compatriotes, montrent moins d'empressement.

«Je m'arrête fermement à cette opinion : la réclusion de Louis. Et je le dis sans crainte», déclare François Bergoeing.

Prise de position accueillie par les vociférations, car la salle du Manège, envahie par la foule, ressemble à «une arène de gladiateurs», selon la propre expression du député Barère.

«S'il m'était démontré que la mort seule de Louis peut rendre la république florissante et libre, je voterais pour la mort, mais il est au contraire démontré à mes yeux que cet événement peut amener de grands maux», insiste

Grangeneuve.

Tandis que l'on trépigne de plus belle dans les tribunes.

Mais Barbaroux, Boilleau, La Revellière-Lépeaux, Brissot, Buzot et Lasource voteront, eux, pour la mort.

Vient le dépouillement.

Compte tenu des députés absents, en mission ou malades, il y a eu 721 votants. La majorité absolue est donc de 361. Le décompte initial, effectué dans la cohue, donne 366 voix pour la mort. Mais, vérification effectuée dans le calme, le chiffre s'avère être 361.

361, contre 360 partisans de la détention, des fers ou du bannissement.

Une voix de différence. Mais une voix capitale.

Louis XVI sera guillotiné le lundi 21 janvier, à 10 heures 22 du matin.

«Le procès de l'ex-roi sera jugé un jour par l'opinion publique», avait déclaré Buzot, tentant de faire adopter le sursis *in extremis*. Ni Vergniaud, ni Guadet, ni Barbaroux ne relevèrent.

En ce mois de janvier 1793, le parti de la Gironde s'est brisé.

*****

3 - LE DESPOTISME DE LA LIBERTE

Le procès expéditif et l'exécution précipitée de Louis XVI frappent de stupeur les souverains européens, déjà indisposés par les conquêtes de la jeune République française.

«Je suis obligé de vous prier de permettre que j'évite l'honneur de vous voir», écrit le ministre anglais Pitt à notre ambassadeur à Londres, un dénommé Chauvelin, le 24 janvier 1793, avant de rompre les relations diplomatiques avec notre pays. C'est la Convention qui prendra pourtant l'initiative de déclarer la guerre à la Grande-Bretagne, quelques jours plus tard.

L'Espagne, les princes de l'Empire germanique et les Etats italiens se proclament solidaires de l'Angleterre. Le Portugal entre à son tour dans la coalition. Prusse et Autriche relancent l'offensive militaire sur nos frontières du Nord et de l'Est. Nos troupes doivent reculer en Rhénanie. Cependant que la population belge, excédée par les exactions, se soulève. «Les missionnaires armés ne sont aimés de personne», constate Robespierre.

Le 17 mars 1793, la défaite du général Dumouriez à Neerwinden met fin aux espoirs d'annexion de la Belgique.

Révulsé par les malhonnêtetés des fournisseurs de l'armée et par le pillage systématique organisé par les commissaires de l'Assemblée - Danton en tête qu'il tient pour responsable de la révolte des Belges -, violemment mis en cause par les Montagnards, et écoeuré par la dictature des sans-culottes parisiens, le général songe d'abord à s'ériger en restaurateur de l'ordre. Avant de trahir. Le 3 avril, il passe à l'ennemi avec plusieurs membres de son état-major : onze généraux et le duc de Chartres, petit-cousin de Louis XVI et fils de Louis-Philippe d'Orléans. A qui cette défection coûtera la vie : Philippe-Egalité sera envoyé à l'échafaud, moins de trois cents jours après son royal cousin.

Cette trahison assène aussi un coup terrible aux Girondins. Prenant prétexte de ce que Dumouriez avait été porté au commandement suprême par les ministres de ce parti, Robespierre s'empresse d'accuser ses adversaires politiques de collusion avec l'ennemi : «Je déclare que la première mesure de salut public à prendre est de décréter d'accusation tous ceux qui sont prévenus de complicité avec Dumouriez, et notamment Brissot.»

A la grande inquiétude des Girondins, le comité de salut public, créé le 6 avril, est majoritairement montagnard.

«Je sais que les circonstances nécessitent des mesures extraordinaires, mais pour cela il ne faut pas tuer la liberté», proteste Buzot.

En vain.

La liberté agonise en ce printemps 1793. Sous les attaques des chefs Montagnards. Et de Marat en particulier. «C'est par la violence que l'on doit établir la liberté, rétorque «l'ami du peuple». Le moment est venu d'organiser le despotisme de la liberté.»

Une alliance de mots qui fait froid dans le dos !

***

Pour faire face à la coalition des nations européennes, l'Assemblée a voté, le 24 février, la levée de 300 000 hommes.

Jusqu'alors, le gouvernement n'avait fait appel qu'à des volontaires. La conscription bouleverse les habitudes des Français. Le tirage au sort est impopulaire. Quant aux désignations d'office, elles provoquent la colère des habitants concernés.

La Convention décide donc d'envoyer des représentants en mission surveiller le recrutement des nouveaux soldats. Ils ne peuvent empêcher que des troubles éclatent en Normandie, en Bretagne, dans le Sud-Ouest, ou en Languedoc. Et, dès le 3 mars, en Vendée et dans les Deux-Sèvres. Dans ces derniers départements, les paysans prennent les armes, s'organisent en bandes, malmènent gardes nationaux et représentants de l'autorité, au nom «du roi et des bons prêtres», convertissent les nobles à la cause de l'insurrection.

C'est l'engrenage de la violence. Qui embarrasse profondément le parti girondin. S'ils sont partisans de la répression, comme les Montagnards, les Girondins la souhaitent modérée. Ils redoutent que la situation ne favorise encore les mesures d'exception et la violation des libertés.

«C'est par des soldats que s'apaise une aussi vaste sédition, proclame Jean-François Ducos. Mais la cause des progrès des fanatiques est dans le défaut d'ensemble aux mesures que l'on a prises dès le commencement pour les réprimer», ajoute-t-il, rappelant les mises en garde de son compatriote Gensonné pour conjurer la crise vendéenne qui se profilait dès l'automne 1791.

«Est-ce à ceux qui menacent la Convention nationale qu'on peut confier le soin de défendre la Vendée ?» renchérit Boyer-Fonfrède, lorsque Santerre, l'ordonnateur de l'exécution de Louis XVI, est expédié dans les départements de l'Ouest, à la tête d'un bataillon de 12 000 hommes.

Sur le terrain, la rébellion se transforme vite en guerre. «Le signe de la croix de Jésus-Christ et l'étendard royal l'emportent de toutes parts sur les drapeaux sanglants de l'anarchie. Nous connaissons le coeur de la France, il est le nôtre ; c'est de retrouver et de conserver à jamais notre sainte religion catholique, apostolique et romaine, c'est d'avoir un roi qui nous serve de père».

Cette adresse aux Français, en forme de manifeste, lancée par les Vendéens, le 27 mai 1793, ne contribuera pas peu à la chute du parti girondin, le 31 du même mois.

***

La situation est aussi confuse sur le plan intérieur. Et explosive, en raison de la crise économique.

La France profonde a peur. A de rares exceptions près, les paysans n'ont pas profité de la nationalisation des biens du Clergé : ce sont les bourgeois et les artisans aisés des villes qui s'en sont portés acquéreurs. Sans doute ne paient-ils plus de redevances aux seigneurs depuis l'été 1789, et échappent-ils pour beaucoup aux nouvelles impositions de la République. Mais ce sont là des avantages en négatif, en quelque sorte. Que l'anarchie croissante remet en question.

Ils se défient surtout des assignats émis par l'Assemblée, qui se déprécient de semaine en semaine. Plutôt que de vendre leur blé contre ce papier monnaie qui ne vaudra bientôt plus rien, ils préfèrent le stocker, en attendant des jours meilleurs.

Les grains se font rares. Les grandes villes commencent à manquer de céréales. Partout le prix du pain augmente, dans des proportions qui donnent le vertige, quand on considère le salaire moyen des ouvriers.

La situation est particulièrement critique dans la capitale, où les queues s'allongent devant les boulangeries. Dans ce contexte, les Enragés ont beau jeu. Jacques Roux, le chef de ce mouvement, réclame à corps et à cri la taxation des grains, et l'établissement d'un maximum des prix.

Autant de mesures auxquelles s'opposent les Girondins, favorables à la libre circulation des marchandises et à la liberté des prix.

«Si vous ne payez pas le blé à son prix, le fermier ne sèmera pas, objecte Barbaroux. Que lui répondrez-vous s'il vous dit : vous avez taxé le grain, c'est fort bien, mais taxez aussi les charrues et les boeufs que j'achète pour labourer, les habits, les chemises, les sabots dont nous nous servons» ?

Les Girondins sont, en effet, partisans de la liberté totale et illimitée des échanges à l'intérieur des frontières du pays. «Laissez faire, laissez passer», telle est leur maxime, héritée de la doctrine des économistes et des physiocrates du XVIIIème siècle, Quesnay, Gournay ou Turgot.

«La libre circulation des grains est le plus sûr et le seul préservatif contre la disette, insiste Broussonet, agronome et économiste du groupe. Si le commerce jouit enfin d'une liberté plénière, alors la disette disparaîtra tout à fait». Ses explications sont nettes. «Le grain est-il rare dans un canton ? Reposez-vous sur l'intérêt du marchand du soin d'approvisionner», écrit-il dans son *Adresse aux Français sur la nécessité de favoriser la libre circulation des grains dans l'intérieur du royaume*.

On se plaint de l'avidité de ces marchands ? On veut en prévenir les effets ? «Laissez-leur à tous le champ libre. La concurrence vous servira mieux que les lois prohibitives.»

D'autres députés girondins, comme Kersaint ou Condorcet, se font, eux aussi, les chantres de «la liberté la plus entière». Ce dernier ne répète-t-il pas «que toutes les classes de la société n'ont qu'un même intérêt» ?

Liberté du commerce, liberté des prix, liberté d'initiative pour les négociants comme pour les industriels : une question éternelle, qui ne cesse de diviser la classe politique. Depuis des temps immémoriaux, et jusqu'à aujourd'hui !

Les Girondins font partie de la grande famille des Libéraux. Du moins en ce qui concerne commerce et économie intérieurs, car ils se révèlent plus protectionnistes sur le commerce extérieur.

La question économique sera, elle aussi, une des raisons de leur chute. Issus du même milieu social que les Girondins, formés à la même école politique, les Montagnards, d'abord partisans du libéralisme économique, se rangeront, au printemps 1793, du côté des taxateurs. Lucidité ? Démagogie ? Sans doute les deux facteurs se combinent-ils. Albert Mathiez, lui-même, est bien forcé de constater que, «pour lutter contre la Gironde, les Montagnards sont obligés de leur (aux Enragés) faire des concessions, de leur donner des satisfactions.»

Toujours est-il que, le 25 février 1793, Marat lance une proclamation incendiaire, dans les colonnes de sa gazette. «L'ami du peuple» invite ses lecteurs à piller les magasins d'alimentation et pendre aux devantures des boutiques les accapareurs. Des troubles éclatent à Paris le même jour. Des ménagères investissent les épiceries, font main basse sur le savon, le sucre, la chandelle, dévalisent les étals.

Marat, mis en cause par les députés modérés, décrété d'accusation et d'arrestation, sera relaxé par le Tribunal révolutionnaire, à l'issue d'un procès parodique. Et sacré par Fouquier-Tinville, l'accusateur public, défenseur des pauvres gens.

Ricanant, ledit «apôtre et martyr de la liberté» hausse encore le ton : «Nous avons un grand moyen de réduire les riches à la classe des sans-culottes : c'est de ne pas leur laisser de quoi se recouvrir le derrière ! Nous lèverons des contributions pour les frais de guerre et nous rendrons les sans-culottes les vrais propriétaires». Ce que d'aucuns nomment le grand nivellement social...

Toujours est-il que Robespierre, qui avait jusqu'alors répugné à s'appuyer sur le petit peuple, joue cette carte à son tour. Son parti, la Montagne, n'est pas assez puissant pour prendre le pouvoir par les moyens légaux. Mais il peut espérer y réussir en dressant les couches populaires - celles de Paris essentiellement, les départements se montrant plus modérés - contre les Girondins, présentés comme les représentants exclusifs de la classe aisée, comme des réactionnaires. Comme des bourgeois : on trouve ce terme dans les papiers de l'Incorruptible.

«Pour vaincre les bourgeois, il faut rallier le peuple, écrit-il, avec un cynisme confondant. Car, lorsque Robespierre n'aura plus besoin des mouvements démocratiques, il les «lâchera» l'un après l'autre, avant de les éliminer physiquement : les Enragés monteront sur l'échafaud dès septembre 1793, les Hébertistes en mars 1794, les Indulgents quelques semaines plus tard. En attendant, en ce printemps 1793, l'Incorruptible ne cesse de répéter : «Il faut que le peuple s'allie à la Convention et que la Convention se serve du peuple. Que les sans-culottes soient payés et restent dans les villes. Il faut leur procurer des armes, les colérer, les éclairer».

Et, lui que tous ses contemporains ont dépeint comme «élégant, méticuleux, client du grand marchand de drap d'Arras où il choisit les meilleures étoffes pour ses vêtements», va inventer un bien curieux argument pour épingler ses adversaires. L'élégance de Robespierre est, en effet, légendaire. Max Gallo, son dernier biographe, la souligne : «Les jabots, les dentelles, les perruquiers prévenants, le drap couleur de prunelle royale ou le croisé soyé vert anglais sont des preuves que Maximilien accumule chaque jour, qu'il ne se lasse pas de regarder et qui mesurent sa réussite.»

«Celui qui n'est pas pour le peuple, celui qui a des culottes dorées, est l'ennemi né de tous les sans-culottes», lance l'Incorruptible à la tribune du Club des Jacobins.

Certainement raille-t-il ici l'élégance politique et morale des Girondins...

***

Première victime de la jalousie haineuse des Montagnards, Roland de la Platière, attaqué et dans son oeuvre politique et dans sa vie personnelle. Taxé «d'entrepreneur de famine» et de «cocu», soumis à une surveillance politique incessante et indiscrète, et à une violente campagne de presse orchestrée par les journalistes de gauche, le ministre de l'Intérieur a démissionné dès le surlendemain de l'exécution du roi. Ce qui n'empêchera pas les sans-culottes de s'en prendre bientôt à son épouse Manon.

Ne demeurent plus de l'ancienne équipe gouvernementale que Lebrun et Clavière. Les Montagnards ont à présent le champ libre. Ils vont précipiter leurs coups contre les «appelants» : ainsi désigne-t-on les députés qui ont prôné l'appel au peuple au moment du jugement de Louis XVI.

Les Girondins tentent vainement de prêcher la masse hésitante de la Plaine, réclamant le châtiment des «septembriseurs» en riposte. La politique ne se fait plus à l'Assemblée, mais au Club des Jacobins, noyauté par les extrémistes. La légalité a cédé le pas à la dictature. Ce ne sont plus les députés qui gouvernent, c'est la rue qui dicte sa loi.

Durant tout le printemps, Marat réitère ses appels à l'insurrection :

«La contre-révolution est dans le gouvernement, dans la Convention nationale ! Levons-nous ! Oui, levons-nous tous ! Mettons en arrestation tous les ennemis de la Révolution et toutes les personnes suspectes. Exterminons sans pitié tous les conspirateurs si nous ne voulons pas être exterminés nous-mêmes. Aux armes !»

Les sections s'agitent : «Depuis assez longtemps, la voix publique vous désigne les Vergniaud, les Guadet, les Gensonné, les Brissot, les Barbaroux, les Louvet, les Buzot. Qu'attendez-vous pour les frapper du décret d'accusation ?» Et, sous-entendu, les faire passer devant le tribunal révolutionnaire récemment instauré contre l'avis des députés girondins et des modérés. Lanjuinais voyait là «la violation de tous les principes des droits de l'Homme», et Vergniaud le comparait à l'Inquisition...

«Quelque mauvais que soit ce tribunal, ont répliqué les Montagnards à ces critiques fondées, il est encore trop bon pour juger les scélérats !»

Autrement dit, ceux qui attentent à la liberté, à l'égalité, l'unité, l'indivisibilité de la République, la sûreté intérieure et extérieure de l'Etat. En bref, les Girondins.

Violences physiques et exactions s'ajoutent aux menaces verbales et aux calomnies. Le 9 mars, les sans-culottes parisiens s'assemblent dans les rues de la capitale, se dirigent d'abord contre l'atelier où Condorcet fait imprimer sa *Chronique de Paris*, rue Serpente, puis rue Tiquetonne, à l'imprimerie de Jean-Baptiste Gorsas, rédacteur du *Courrier des départements* de tendance modérée. Et, «le pistolet à la main, brisent les presses, déchirent et brûlent les journaux et le papier, dispersent les caractères, mettent tout au pillage, renversent des poêles allumés et lancent des chandelles ardentes sur des papiers et des matelas».

«Ainsi le pillage, horrible avant-coureur de plus grands maux, s'est exercé paisiblement, sous les yeux des autorités constituées et sans que la force armée secourût les lois expirantes. Et quelles étaient les victimes du brigandage ? s'interroge Brissot, dans *Le patriote français*. Les hommes dont le talent et le courage ont servi le plus utilement la Révolution ; les hommes qui ont fait la révolution du 10 août, car c'est en attaquant, en dévoilant sans cesse une cour conspiratrice que les journalistes maintenant proscrits ont mûri, ont créé cet événement qui a fondé la République.»

Mais la liberté de la presse, vue à l'aune de l'Incorruptible, est conditionnelle. «Il faut répandre de bons écrits avec profusion, encourager les journalistes patriotes auxquels une erreur ne peut être reprochée comme un crime», répète Robespierre. Dénonçant en revanche les «plumes et les langues perfides, les libellistes mercenaires soudoyés pour déshonorer la cause du peuple, pour tuer la vertu publique, pour attiser le feu des discordes civiles, et pour préparer la contre-révolution politique par la contre-révolution morale». En d'autres termes, la presse qui ne défend pas les opinions de son parti qu'il n'hésite pas à baptiser «la Sainte Montagne».

***

Tout le mois de mars, tout le mois d'avril, tout le mois de mai, à l'instigation des leaders montagnards, des pétitions sont présentées à l'Assemblée, exigeant le départ des Girondins. Plus virulentes chaque jour.

De nombreux témoins ont décrit ces pétitionnaires, dont la sincérité avait souvent été achetée ! Le témoignage de Buzot, aux première loges pour les observer, est le plus frappant : «Il semblait qu'on eût cherché dans tous les dégorgeoirs de Paris ce qu'ils avaient partout de plus sale, de plus hideux, de plus infect. De vilaines figures terreuses, noires ou couleur de cuivre, surmontées d'une grosse touffe de cheveux gras, avec des yeux enfoncés à mi-tête : ils jetaient avec leurs haleines nauséabondes les plus grossières injures au milieu de cris aigus de bêtes carnassières».

Le 8 avril, ces sans-culottes demandent donc aux députés de «désigner les traîtres et de les dépouiller de l'inviolabilité liberticide». Sur proposition de Marat, la majorité de la Plaine accepte d'accorder à la délégation les honneurs de la séance !

«Ne sentez-vous pas que les despotes s'avancent au milieu du désordre et de l'anarchie ? s'indigne Guadet. C'est la liberté que la patrie vous conjure de sauver.»

Tandis que Vergniaud adjure ses collègues de montrer moins de faiblesse envers les factieux : «Il y va du salut de la République. Si vous êtes dissous, l'anarchie vous succède, et le despotisme succède à l'anarchie !»

Avant d'en appeler à l'union de tous.

Mais les «débats scandaleux» ne se taisent pas. Au contraire. «Tout Paris est en convulsion», témoigne Gorsas.

Le 15 avril, les délégués de 35 sections, sur les 48 que compte la capitale, reviennent à la Convention exiger l'exclusion de vingt-deux députés de la nation. Barbaroux, Birotteau, Brissot, Buzot, Chambon, Doulcet de Pontécoulant, Fauchet, Gensonné, Gorsas, Grangeneuve, Guadet, Hardy (élu de la Seine-Inférieure), Lanjuinais, Lanthenas, Lasource, Lehardy (du Morbihan), Louvet, Pétion, Salles, Valady, Valazé, et, bien entendu Vergniaud. Tous anciens «appelants». Tous girondins, ou de tendance girondine.

Tollé sur les bancs de droite. Boyer-Fonfrède s'insurge contre cette motion, avec un courage remarquable : «Citoyens, si la modestie n'était pas un devoir plutôt qu'une vertu chez un homme public, je m'offenserais de ce que mon nom n'ait pas été inscrit sur la liste honorable qui vient de vous être présentée !»

Pendant que Lasource envisage une réplique des départements en réponse à la tyrannie des sans-culottes de la capitale :

«Qui vous dit que mon département ne viendra pas dénoncer ceux qui m'ont dénoncé moi-même ? Qui vous dit qu'au lieu de demander l'expulsion des vingt-deux membres désignés, il ne demandera pas vingt-deux membres qui siègent à gauche ? Si l'on fait expulser aujourd'hui vingt-deux membres pour une intrigue, rien n'empêchera que demain une nouvelle intrigue n'en expulse cent !»

C'est sur ce registre que vont se battre les députés girondins.

«Paris, 4 mai 1793. Sous le couteau.» Ainsi commence le célèbre appel de Pierre Vergniaud à ses commettants. «Hommes de la Gironde, levez-vous ! La Convention n'a été faible que parce qu'elle a été abandonnée, soutenez-la contre tous les furieux qui la menacent... Hommes de la Gironde, il n'y a pas un moment à perdre ! Si vous développez une grande énergie, vous forcerez à la paix des hommes qui provoquent à la guerre civile... Si vous demeurez dans l'apathie, tendez vos bras : les fers sont préparés et le crime règne».

Cet appel fait beaucoup de bruit sur les bords de la Garonne. Les sections de Bordeaux et la puissante Société des amis de la liberté et de l'égalité envoient aussitôt une délégation à l'Assemblée. Elle est reçue le mardi 14 mai.

Duvigneau, l'orateur de la députation, fait part des alarmes des habitants de sa ville et des corps administratifs de la cité :

«La ville de Bordeaux est frappée de consternation. Mais aussitôt tous les citoyens se lèvent à la fois. Ils s'indignent, accourent et se précipitent simultanément dans leurs sections. La représentation populaire est menacée, ils se pressent autour d'elle, ils l'environnent de leur énergie et de leur fidélité.»

La Gazette nationale, ou *Le Moniteur universel*, du jeudi 16 mai, a reproduit *in extenso* la lettre ouverte que ses compatriotes l'avaient chargé de lire à la barre de la Convention : «Législateurs, quel horrible cri vient de retentir jusqu'aux extrémités de la République ! Trois cents représentants du peuple voués aux proscriptions, vingt-deux à la hache liberticide des centumvirs !... Législateurs, lorsque nous choisîmes des députés, nous les mîmes sous la sauvegarde des lois, de la vertu et de tout ce qu'il y a de plus sacré sur la terre. Nous crûmes les envoyer parmi des hommes ; ils sont environnés de tigres altérés de sang.»

Le terme indispose les élus de la gauche. «Je soutiens que si tout l'argent employé pour de pareilles pétition était employé au bien général, le pain serait à six liards la livre !» gronde l'un d'entre eux. Tandis que la foule des tribunes conspue «les intrigants de Bordeaux».

En vain ceux-ci tentent-ils de se justifier : «Bordeaux n'est pas en contre-révolution ouverte, mais nous avons constamment voulu que l'ordre et la loi accompagnassent la liberté. Nous ne voulons pas d'une révolution qui imprimerait constamment à la République un mouvement convulsionnaire et désorganisateur. Sous le titre imposteur de révolution, nous ne voulons pas ériger l'assassinat en principe et constituer le crime en une sorte d'autorité légale. Sous le titre de révolution, nous ne voulons pas le fédéralisme et l'anarchie. Sous le titre de révolution, nous ne voulons pas un ordre de choses où l'effronterie supplée au courage, la violence au pouvoir, l'amour-propre en délire au talent, et les convulsions de l'esprit au génie».

La citation est un peu longue, mais capitale pour comprendre les suites de la proscription des députés de la Gironde, durant l'été 1793.

Mais l'incompréhension, et la mauvaise foi, sont totales, ce 14 mai. Legendre exprime le point de vue de la Montagne : «De jour en jour, nous acquérons la preuve qu'il existe un système pour brouiller les départements avec Paris»

Les Bordelais concluent avec fermeté, et non sans noblesse : «Nous jurons de sauver nos représentants ou de périr sur leur tombeau. Notre génération actuelle est prête à s'anéantir pour assurer la liberté et l'égalité à la génération future.»

***

C'est dans le même temps que les députés se transportent aux Tuileries. Les travaux entrepris pour transformer l'ancien palais royal en «palais national» sont enfin terminés. Le 10 mai, les députés peuvent s'installer dans leur nouvelle salle. Qui les laissent pourtant sur leur faim. «Il est impossible de rien entendre», affirme Défieux, furieux de l'acoustique. Mais la décoration est tout ce qu'il y a de plus patriotique. La Déclaration des Droits de l'Homme et du Citoyen trône à la place d'honneur, tendue sur panneau doré. Et, le long des murs décorés de drapeaux tricolores, s'entrecroisent des guirlandes de lauriers à l'antique.

Ce même 10 mai, la guillotine, jusque-là installée au Carrousel, est démontée, et remontée place de la Révolution - aujourd'hui place de la Concorde. Transfert symbolique : c'est sur la place de la Révolution, déjà, que Louis Capet, le seizième roi de France, avait été décapité, le 21 janvier dernier.

«Jamais l'infâme Capet n'a fait plus de mal à la France que les Brissotins et les Girondins, tonne Hébert dans son *Père Duchesne*. Oui, foutre, cette infâme clique est décidée à perdre la République et elle en viendra à bout si tous les patriotes ne se lèvent pour lui faire chasse».

***

«Je lutte, mais presque sans espoir, et j'attends la mort sans éprouver d'autres alarmes que pour ma patrie», avouait le 4 avril, Valazé à un de ses parents.

Tous les députés girondins ressentent la même inquiétude, sans savoir comment conjurer le péril efficacement.

Le 18 mai, Guadet propose que l'on casse les autorités parisiennes et que l'on réunisse les députés suppléants à Bourges, dans l'attente de nouvelles élections. Brissot demande la révocation de la Commune de Paris et la fermeture du Club des Jacobins. Barère fait décréter la création d'une commission de douze membres chargés de prendre les mesures nécessaires à la sécurité publique. Mais les députés qui y sont élus sont tous girondins ou du moins modérés : Bergoeing, Bertrand-Lahosdinière, Boilleau, Boyer-Fonfrède, Gardien, Gomaire, Kervélégan, Larivière, Mollevault, Rabaut Saint-Etienne, Saint-Martin-Valogne, Viger.

Leurs noms s'ajoutent à la liste des «vingt-deux».

L'épreuve de force s'engage le 24 mai. Les Douze ordonnent l'arrestation d'Hébert. Mais la Commune de Paris, dont il est le substitut, vient illico exiger sa libération.

«Si par ces insurrections toujours renaissantes il arrivait qu'on portât atteinte à la représentation nationale, je vous le déclare au nom de la France entière, Paris serait anéanti», rétorque Isnard. Et, d'insister maladroitement, avec sa faconde méridionale : «Bientôt on chercherait sur les rives de la Seine si Paris a existé !»

«Le moment est arrivé», riposte Robespierre aux Jacobins, le lendemain.

Une manifestation, organisée à son initiative, aboutit à la suppression de ladite commission le 27 mai. Mais, dès le 28, l'Assemblée la rétablit. Par 279 voix contre 238.

La réponse ne se fait pas attendre. Le 29 mai, trente-trois des sections de la capitale décident de créer un comité secret.

*****

4 - LA PROSCRIPTION DES GIRONDINS

30 mai 1793. Le comité soi-disant secret «colère» les sans-culottes au vu et au su de tout Paris. Avant de déclarer que la Commune de la capitale et le département qu'il représente sont désormais en état d'insurrection.

Le nouveau ministre de l'Intérieur, le bayonnais Dominique Garat, a vent des troubles qui se préparent. Ses informateurs lui livrent même l'identité du principal meneur, François Hanriot, de la section des sans-culottes du Jardin des Plantes, ancien commis de barrière, le bras de Robespierre, l'exécuteur de ses basses oeuvres. Mais il a peur de se compromettre s'il sévit, d'encourir à son tour la vindicte populaire. Il ne bronchera pas.

Les Douze, eux aussi, ont appris les conciliabules du nouveau Comité révolutionnaire. Mais, comment contre-attaquer ? La libération de Marat naguère, puis d'Hébert, arrêté sur leur ordre et relaxé sur injonction des sans-culottes, les dissuade d'essuyer un autre échec, dont ils ne se relèveraient pas.

Quant aux députés girondins - c'est leur faiblesse, mais c'est aussi leur grandeur -, ils refusent d'employer des moyens illégaux pour rétablir la tranquillité dans la ville et assurer leur propre sécurité. Ils tiennent à demeurer dans la légalité républicaine.

«Nous avions des renseignements certains sur la conjuration, mais comment prévenir le dénouement fatal ?, témoignera Brissot. Les bons patriotes dont on voulait verser le sang délibéraient dans le but de trouver un expédient. Mais quel expédient ? Repousser la force par la force ? De quelle force pouvions-nous disposer ? Nous n'en avions aucune, et la guerre civile nous faisait horreur.»

«Que veulent ceux qu'on appelle «modérés» aujourd'hui, sinon la pratique de la liberté et de l'égalité, qui ne peut exister sans le respect des lois, l'exercice de la souveraineté du peuple, que l'anarchie viole à chaque instant ?» insiste *Le patriote français*, paru, ironie du sort, le 31. Le jour de la proscription de son directeur.

Les personnalités les plus visées se contentent de se mettre à l'abri, pour la nuit, craignant d'être égorgées par des émules des «septembriseurs». Louvet, Buzot, Barbaroux, Bergoeing, Guadet et Rabaut-Saint-Etienne partagent ainsi la même chambre : trois lits pour six. Doit-on préciser qu'ils ne ferment pas l'oeil. Mais c'est moins l'inconfort que la préoccupation qui provoque leur insomnie.

***

Les mutins ne dorment pas plus. Réunis à l'Evêché, ils écoutent Marat : «Citoyens, ressasse «l'ami du peuple», vous voilà érigés en souverains. Paraissez demain à la Convention, et ne désemparez pas que vous n'ayez une réponse définitive : il faut que la Montagne écrase le Marais. Les Montagnards, seuls, ont eu le courage de voter la mort du tyran. Les autres sont des lâches factieux de l'Assemblée législative, qui ont eu besoin de nous pour détrôner le roi ; et pour se sauver, s'il y avait une contre-révolution, ils nous sacrifieraient. Ainsi, point de demi-mesures, il faut employer les grands moyens ! Tous les appelants ont voulu la guerre civile. Mon dernier mot est qu'il y a trois cents têtes de trop à la Convention !»

Les sans-culottes opinent, attendant le signal.

Il leur est donné à trois heures. Le tocsin sonne soudain, les tambours battent la générale. Au même moment, les gardes postés aux barrières de la capitale, tendent des chaînes en travers des voies d'accès. Jean-Théophile Leclerc, un agitateur quasi professionnel de vingt-deux ans, interrompt le service des postes. Paris se ferme comme un piège.

A l'aube, les neuf membres du comité secret se rendent à l'hôtel de ville, où le maire Pache veille, lui aussi, avec Jacques Hébert. Alléguant des pouvoirs illimités que leur auraient conférés les sections de la capitale, ils démettent les deux hommes de leurs fonctions, pour les réintégrer illico «révolutionnairement». Ce que Pache et Hébert acceptent «avec reconnaissance».

Des militants du Club des Jacobins sont venus se joindre à la fête. Tout ce joli monde s'emploie à fonder un Comité central révolutionnaire composé de vingt-cinq personnes. Et nomme le fameux Hanriot commandant général de la garde nationale.

Laquelle est aussitôt conduite aux Tuileries. Lorsque les députés, alertés par le vacarme des cloches, se rendent à l'Assemblée, dans le petit matin du 31 mai, ils découvrent le palais national cerné par des hommes en armes. Vergniaud, parvenu parmi les premiers sur les lieux, regarde Rabaut-Saint-Etienne. Celui-ci acquiesce douloureusement : *«Illa suprema dies»*, murmure-t-il. La meilleure traduction de cette expression latine pourrait être: «le dernier jour est arrivé», ou, «c'est la fin»...

La suite des événements lui donne raison. Garat, sommé de punir les coupables - seule la Convention, en effet, est habilitée à donner l'ordre de faire sonner le tocsin -, impute cette faute aux députés eux-mêmes. S'ils avaient consenti à la dissolution de la commission des Douze, la rue n'aurait pas bougé. Il ne s'agit que d'une «insurrection morale».

«Nous tenons la situation bien en main, confirme Pache. J'ai défendu de tirer le canon d'alarme.»

Un coup ébranle les murs à ce moment précis : le canon d'alarme !

Les députés modérés pâlissent. Valazé réclame l'arrestation immédiate de Hanriot. Vergniaud l'approuve :

«S'il y a un combat, ajoute-t-il, il signera, quel qu'en soit le succès, la perte de la République. Je demande que tous les membres de cette Assemblée jurent de mourir à leur poste !»

Ils jurent, de droite comme de gauche. Accord éphémère, brève accalmie. La dispute n'en reprend que de plus belle :

«Je demande que l'on donne satisfaction aux pétitionnaires. Que la commission des Douze soit cassée sur-le-champ ! s'écrie Thuriot.

- Je demande la suppression de la commission des Douze, fait écho Danton. Et le jugement de la conduite particulière de ses membres. Il faut accorder justice au peuple !

- Quel peuple ? proteste-t-on, sur les bancs de la Gironde.

- Quel peuple, dites-vous ? Ce peuple est immense, ce peuple est la sentinelle avancée de la République.»

Et Tallien de renchérir : «Je demande que le glaive de la loi frappe les conspirateurs qui sont dans le sein même de la Convention, comme l'ont dit les pétitionnaires.»

Guadet saisit la balle au bond : «Les pétitionnaires ne se sont trompés que d'un mot. Ce grand complot qu'ils dénoncent, ils ne l'ont pas découvert, ils ont voulu l'exécuter !»

Des cris de haine couvrent sa voix.

Le président de l'Assemblée intervient :

«Si les citoyens des tribunes n'ont pas pour la représentation nationale le respect qui lui est dû, j'userai de l'autorité qui m'est confiée pour que la Convention ne soit pas avilie !»

«A compter de ce moment, raconte le rédacteur du *Patriote français*, il n'y eut plus d'assemblée délibérante, il n'y eut plus de séance. Les députations se succédèrent et prirent place sur les bancs des membres de la Convention, la volonté des tribunes devint souveraine, les réclamations des députés furent étouffées par les hurlements des nouveaux représentants du peuple, et le plus grand nombre finit par se retirer.»

Essaya de le faire, du moins.

C'est Vergniaud qui lance le mouvement :

«La Convention ne peut pas délibérer dans l'état où elle est. Je demande qu'elle aille se joindre à la force armée qui est sur la place, et se mette sous sa protection», propose-t-il. Mais, sur le seuil de la salle, il apprend que les bataillons de la section de la Butte-des-Moulins, jusqu'alors favorables à la Gironde, ont rallié les sans-culottes de Hanriot. Il renonce. Regagne sa place, sous les huées.

C'est le moment que guettait Robespierre :

«Je n'occuperai pas l'Assemblée de la fuite ou du retour de ceux qui ont déserté les séances, lâche-t-il, venimeux. Supprimez la commission, prenez des mesures vigoureuses contre les membres qui la composent.» Et l'Incorruptible se lance dans une de ces interminables péroraisons dont il est coutumier.

Vergniaud s'impatiente :

«Concluez-donc !

-Oui, je vais conclure, jette brusquement Maximilien. Et contre vous !... Et ma conclusion, c'est le décret d'accusation contre tous les complices de Dumouriez et contre ceux qui sont désignés par les pétitionnaires.»

Mais, si les députés l'ont écouté en silence, ils ne retiendront pas tous ses arguments.

Car, entre temps, une motion est parvenue à l'Assemblée, émanant du conseil général et du comité révolutionnaire réunis, exigeant : un décret d'accusation contre 22 Girondins ; la mise en accusation des Douze ; la création d'une armée révolutionnaire des sans-culottes forte de 20 000 hommes, pas moins, à Paris ; la création d'ateliers de fabrication d'armes qui seront distribuées aux-dits sans-culottes ; la taxation du pain à trois sous la livre ; l'arrestation des ministres Lebrun et Clavière, d'obédience girondine ; la destitution de l'administration des postes et l'épuration de toutes les administrations ; l'arrestation et la condamnation de tous les suspects ; le droit de vote réservé aux seuls sans-culottes ; l'extension de la compétence du Tribunal révolutionnaire ; la création d'ateliers-asiles pour les vieillards et les infirmes ; un emprunt forcé sur les riches d'un total d'un milliard ; le paiement immédiat d'indemnités aux défenseurs de la patrie ; l'épuration du Comité de salut public et du conseil exécutif. Quatorze points qui préfigurent le règne de la Terreur.

La Convention, effrayée, cherche un compromis. Elle accepte de casser la commission des Douze et consent à ce que le Comité de salut public ouvre une enquête. Mais elle refuse de voter l'arrestation des leaders de la Gironde.

Les journaux montagnards relatent la séance à leur manière : «Dignes républicains ! c'en était fait. Encore un jour, et la liberté n'était plus ! clame

Le républicain, ou le journal des hommes libres, organe jacobin. Paris s'est levé et vos ennemis ont péri. Ils aspiraient à des crimes, ils ont été déçus. Ils ont vu le peuple n'ayant pour armes que sa gloire, et pour parure que ses armes... Le 31 mai, les vertus ont fait le siège des Tuileries et elles ont vaincu !»

Paris pavoise donc. Une procession aux flambeaux s'improvise. L'Assemblée au grand complet, président en tête, Girondins compris, est tenue de la suivre. «Sinistre promenade qui nous mènera à l'échafaud», prédit Vergniaud.

***

Les Montagnards purs et durs ne se contentent pas de cette demi-victoire. Ils veulent, comme le devine le chef bordelais, la chute complète de leurs adversaires politiques.

Le même soir, des sans-culottes se présentent au domicile des Roland. L'ex-ministre réussit à leur échapper. Mais Manon sera arrêtée par «ces messieurs de la section», en lieu et place de son époux, et conduite à l'Abbaye, de sinistre réputation ! Quant aux ministres Lebrun et Clavière, ils se voient placés sous surveillance.

***

La journée du 1er juin se déroule néanmoins sans incident majeur : «La dernière nuit a été calme, la matinée tranquille», rapporte Brissot dans son Patriote français. Aucun pétitionnaire ne s'est présenté à l'Assemblée. Les Girondins ne se font cependant aucune illusion. Louvet, Buzot, Barbaroux, Brissot, Pétion, Guadet, Gensonné passent la soirée à discuter de l'attitude à tenir. Doit-on prendre les devants et quitter Paris ? Le vrai courage consiste à affronter la guillotine, rétorque Buzot, que la détention de Manon Roland bouleverse.

Quand, subitement, des cloches lugubres trouent la nuit.

Brissot s'empresse de courir à l'imprimerie de son journal. Il rajoute quelques notes, rédigées à la hâte : «Tocsin dans quelques quartiers, générale dans plusieurs sections, rappel dans tous les autres. La Convention est de nouveau investie ; le Carrousel et les Tuileries se remplissent d'hommes armés ; des canons paraissent à toutes les avenues. L'instant décisif approche, Républicains, courage !»

***

«L'agonie des aristocrates commence, a déclaré Leclerc aux Jacobins. La Commune est debout, le peuple se porte à la Convention. Vous êtes peuple, vous devez vous y rendre.»

Tandis que le comité révolutionnaire adoptait une série de motions radicales. Des ordres sont donnés pour supprimer les journaux girondins et arrêter leurs rédacteurs. Quant au «commandant Hanriot, il fera dès demain matin environner la Convention d'une force armée respectable, de manière que les chefs de la faction puissent être arrêtés dans le jour, au cas où la Convention refuserait de faire droit sur la demande des citoyens de Paris».

A l'aube du dimanche 2 juin, donc, les 80 000 hommes de la garde nationale investissent les Tuileries. Et Hanriot braque ses canons vers l'Assemblée.

Lorsque les députés arrivent au palais national, ce matin-là, ils sont contraints de passer sous les fourches caudines. Entre deux rangs de sectionnaires gouailleurs, voire hostiles.

Du moins ceux qui ont eu le courage de venir siéger. Beaucoup de modérés ont renoncé, suivant l'avis de Louvet : «La Montagne et les tribunes ne nous permettront plus de dire un mot, et nous risquons de devenir otages entre leurs mains !» Mais, dans les rangs clairsemés des Girondins, on remarque Barbaroux et Lanjuinais, fidèles au poste, et Vergniaud, toujours sur la brèche.

La séance commence mal. Une série de mauvaises nouvelles alourdit encore l'atmosphère. Le chef-lieu du département de la Vendée, Fontenay-le-Peuple, est tombé aux mains des paysans révoltés. Des troubles ont éclaté dans le Cantal et en Lozère, à Marvejols et à Mende. A Lyon, les royalistes se sont emparés de l'hôtel de ville *manu militari*. Et l'Ardèche s'enflamme.

Jean Bon Saint-André tire la leçon de ces incidents : «Les torches de la guerre civile sont allumées, les brandons embrasés du fanatisme se manifestent. De toutes parts, les contre-révolutionnaires s'agitent. Il faut de grandes mesures révolutionnaires. Il faut avoir recours aux lois de la guerre. Cette mesure est sans doute terrible, mais elle est nécessaire.»

Lanjuinais en profite pour dénoncer les mouvements de troupes observés à proximité des Tuileries.

«A bas Lanjuinais !» crient les tribunes.

Le Breton ne s'en laisse pas imposer :

«Tant qu'il me sera permis de faire entendre ici une voix libre, je ne laisserai pas avilir dans ma personne le caractère de représentant du peuple. Je dirai la vérité. Il n'est que trop vrai que depuis trois jours vous délibérez sous le couteau. Une puissance rivale vous domine. Elle vous environne. Au-dedans, des spectateurs stipendiés, au-dehors, des canons. Des crimes que la loi punit de mort ont été commis, une autorité usurpatrice a fait tirer le canon d'alarme»...

Il ne peut achever sa phrase. Legendre et Augustin Robespierre, le frère de Maximilien, se sont élancés. Ils braquent leurs pistolets sur lui, le bousculent, le frappent, prétendent le jeter à bas de la tribune.

Boilleau et quelques amis volent au secours de l'élu de l'Ille-et-Vilaine. L'Assemblée se transforme en arène.

Le président tente de rétablir le calme :

«C'en est fait de la liberté, si les désordres continuent !

-Qu'avez-vous fait pour les conjurer les désordres depuis deux jours ? rétorque Lanjuinais, avec défi. Depuis deux jours, la dignité de la Convention est bafouée, l'inviolabilité de ses membres menacée. Ils sont attaqués jusque dans leur vie !

-A mort !» hurle la foule en réponse.

A ce moment, une députation des autorités révolutionnaires envahit la salle :

«Depuis quatre jours, on se joue des réclamations du peuple de Paris. Le flambeau de la liberté a pâli, les colonnes de l'égalité sont ébranlées. Que les contre-révolutionnaires tremblent enfin ! La foudre gronde et va les pulvériser !

-Cette pétition doit être renvoyée au Comité de salut public, déclare Billaud-Varennes. Passons à l'ordre du jour !»

Legendre bondit : «L'ordre du jour est de sauver la patrie !»

Ce mot sonne comme un signal. Assistants et assistantes quittent aussitôt les galeries, en appelant : «Aux armes !» Les portes cèdent sous leur pression.

La panique gagne les députés. Ils «lâchent» leurs collègues girondins. Levasseur de la Sarthe justifie l'arrestation des membres de ce parti : «Même si on ne peut prouver qu'ils sont coupables, dit-il, ils demeurent suspects, et cela seul suffit à les faire traduire en jugement !»

Barère propose alors une mesure d'apaisement : il invite les 22 Girondins incriminés et les 12 membres de la commission à se suspendre volontairement de leurs fonctions.

Un silence glacial accueille ses propos. La Montagne est furieuse, les

Girondins méprisants. Pourtant Isnard se lève soudain, gagne la tribune, la tête basse :

«Si mon sang était nécessaire pour sauver ma patrie, sans autre bourreau, je porterais ma tête sur l'échafaud et, moi-même je ferais filer le fer fatal qui devrait trancher le cours de ma vie. Je me suspends !»

Lanthenas l'imite. Puis Fauchet. Dusaulx.

«La Convention, satisfaite, croit échapper à la nécessité d'une épuration qui lui coûte, par l'épuration patriotique de ces abdications volontaires», écrit Lamartine.

Mais ni Vergniaud, ni Lanjuinais ni Barbaroux n'acceptent ce sacrifice qu'ils savent par ailleurs inutile.

«N'attendez de moi ni démission ni suspension», lance le député d'Ille-et-Villaine. Salué par les clameurs des tribunes.

«J'ai juré de mourir à mon poste, je tiendrai mon serment», ajoute Barbaroux.

D'ailleurs, les Montagnards à tout crin refusent cette solution de compromis :

«Des sacrifices à la patrie ! ricane Marat. Oublient-ils qu'il faut être pur pour offrir de tels sacrifices ?»

Cependant, la députation des autorités révolutionnaires du département fait de nouveau irruption dans la salle. Elle annonce que les gardes nationaux et la foule s'impatientent dehors : «Justice, ou le peuple va se la faire lui-même !»

Confirmant ces dires, plusieurs députés, qui avaient tenté de quitter l'Assemblée, reviennent à leurs bancs, les habits en lambeaux. Il est cinq heures en effet, la séance dure depuis plus de sept heures à présent, et ils auraient aimer rentrer chez eux. Mais la foule ne les a pas laissés passer. Dusaulx a été frappé, Boissy d'Anglas malmené. Lacroix lui-même, pourtant partisan de Danton, a dû rebrousser chemin.

Le président de la Convention, qui se trouve être alors Hérault de Séchelles, envoie un huissier protester auprès de Hanriot.

«Dis à ton foutu président que je me fous de lui et de son assemblée, fait répondre le commandant. Si dans une heure elle ne m'a pas livré les Girondins, je la ferai foudroyer !»

Barère exhorte ses collègues à ne pas céder au chantage :

«Prouvons que nous sommes libres. Allons délibérer au milieu de la force armée qui sans doute nous protégera.»

Hérault de Séchelles, qui se sent un peu débordé, acquiesce. Il descend de son fauteuil, se dirige vers la porte, suivi des députés modérés : Robespierre et ceux de son groupe n'ont pas quitté leur place, ostensiblement.

Mais le cortège solennel se heurte aux hommes en armes sur la place du Carrousel. Hanriot, qui joue les importants sur un cheval noir fougueux, ôte son chapeau empanaché, fait préparer les baïonnettes.

«La Convention ne sortira pas qu'elle n'ait fait justice au peuple.

- Que demande le peuple ? s'enquiert Hérault d'une voix presque inaudible. La Convention n'est occupée que de son bonheur...»

Hanriot renfonce son chapeau sur son front : «Le peuple n'est pas venu pour écouter des phrases. Il exige des victimes. Il veut qu'on lui livre les traîtres !»

Et comme le président le somme encore de dégager le passage :

«Non ! Personne ne sortira, réplique le commandant. Aux armes !

Canonniers à vos pièces !»

Son état-major tire le sabre, les fusiliers couchent en joue les députés.

Qui font marche arrière.

Ils veulent chercher une autre issue.

Mais Marat les en dissuade :

«Mandataires du peuple, je vous ordonne en son nom de rentrer dans le lieu ordinaire de vos séances et d'y reprendre vos fonctions !»

Alors ils réintègrent la salle, où les attendent les Montagnards.

Couthon, membre du Comité de salut public et robespierriste convaincu, résume la situation, non sans ironie :

«Citoyens, tous les membres de la Convention doivent être maintenant rassurés sur leur liberté. Vous avez marché vers le peuple ; partout vous l'avez trouvé bon, généreux et incapable d'attenter à la sûreté de ses mandataires, mais indigné contre les conspirateurs qui veulent l'asservir. Maintenant donc que vous reconnaissez que vous êtes libres dans vos délibérations, je demande non pas un décret d'accusation mais un ordre d'arrestation contre les 22 membres dénoncés, ainsi que contre les membres de la commission des Douze et les ministres Roland, Lebrun et Clavière.»

C'est le prélude à l'échafaud, Vergniaud ne s'y trompe pas :

«Donnez un verre de sang à Couthon, il a soif !»

Mais les Montagnards applaudissent à tout rompre leur collègue.

Moins d'une heure plus tard, «l'Assemblée décrète qu'elle met en état d'arrestation chez eux : Gensonné, Vergniaud, Brissot, Guadet, Gorsas, Pétion, Salles, Chambon, Barbaroux, Buzot, Birotteau, Rabaut-Saint-Etienne, Lasource, Lanjuinais, Grangeneuve, Valazé, Doulcet, Lidon, Lehardy (du

Morbihan), Ducos, Lanthenas, Dusaulx, tous les membres de la commission des Douze - Boyer-Fonfrède et Saint-Martin exceptés - et les ministres Clavière et Lebrun.» C'est l'ordre des noms, tel que rapporté par *Le moniteur universel*. Mais des corrections de dernière minute épargnent Ducos, Dussaulx et Lanthenas. Pour l'instant.

La liste définitive des proscrits au soir du 2 juin est la suivante :

Barbaroux, Bergoeing, Bertrand-Lahosdinière, Birotteau, Boilleau, Brissot, Buzot, Chambon, Gardien, Gensonné, Gomaire, Gorsas, Grangeneuve, Guadet, Henry Larivière, Kervélégan, Lanjuinais, Lasource, Lehardy, Lesage, Lidon, Louvet, Mollevault, Pétion, Rabaut-Saint-Etienne, Salles, Valazé, Vergniaud, Viger, et les deux ministres Clavière et Lebrun.

Tous, ou presque, sont voués à une mort annoncée.

Au soir du 2 juin 1793, la Gironde se trouve décapitée.

*****

IV - LA FIN DU PARTI DE LA GIRONDE
3 juin 1793 - 27 juillet 1794

1 - LA CONSTITUTION BACLÉE

«Moi, Arnaud Gensonné, représentant du peuple français, convaincu que nous touchons au moment où je vais être victime des conspirations qui se nouent contre la liberté et contre la République par une faction dont je n'ai cessé de combattre les coupables efforts [...], considérant qu'au moment où je trace ces lignes je dois m'attendre à devenir la victime d'un mouvement populaire ou d'un assassinat juridique, je déclare aux citoyens de mon département et à la France entière que je bénirais mon sort si ma mort peut être utile à l'établissement de la République. [...] Sous les poignards des conspirateurs et sous la hache des factieux, mon dernier soupir sera pour ma patrie».

C'est le 2 juin même, à trois heures de l'après-midi, que Gensonné écrit ces lignes, après avoir appris la proscription qui frappe son parti.

En vain son ami Meillan, député des Basses-Pyrénées, lui propose-t-il de le cacher. «Résigné à tout, sûr de sa conscience», comme il l'a précisé dans ce que les historiens ont convenu d'appeler son «testament», il refuse : «Mes commettants m'ont envoyé ici ; je dois mourir au poste qu'ils m'ont assigné.»

Il retourne à l'hôtel Necker, rue de Richelieu, où il a loué un appartement pour lui-même et sa famille. Une sentinelle a été postée devant l'entrée. Gensonné n'a pas une hésitation. Il monte l'escalier.

Les députés Valazé et Vergniaud auront la même attitude. «Mes amis sont habitués à me voir marcher avec eux vers l'objectif de la Révolution. Si je meurs pour la liberté, ma tête gardera la couronne du martyre», lance ce dernier. Avant de réintégrer son appartement de la rue de Clichy, déjà gardé, lui aussi. L'avocat salue plaisamment le gendarme :

«C'est le prisonnier qui vient trouver son gardien ! Cela doit vous rassurer sur mes projets d'évasion»...

Sans doute, les Girondins ne croient-ils pas la situation désespérée, au lendemain du 2 juin.

Dès que le calme a été revenu à l'Assemblée, en effet, leurs collègues modérés se sont inquiétés du décret qu'on leur avait extorqué sous la violence. Et ils essaient de faire marche arrière. Le 4, l'abbé Grégoire monte à la tribune protester contre l'exclusion de ses collègues et la violation de la représentation nationale. Le 5, c'est au tour de Boyer-Fonfrède de prendre la défense des victimes du coup de force : «Ne craignez-vous pas que l'arrestation des représentants du peuple ne produise une véritable insurrection en France ?» insiste-t-il. A la grande colère des Montagnards qui le traitent «d'ennemi de la tranquillité publique».

Dans les semaines suivantes, le député Lauze de Perret fait circuler une pétition que signeront 75 parlementaires. En raison d'une erreur d'un copiste de l'époque, la postérité connaît cet appel sous le nom de «protestation des 73».

Quant aux membres du Comité du salut public, embarrassés par la tournure que prennent les événements, ils somment le maire de Paris, le dénommé Pache, de leur fournir au plus vite les pièces à charge contre les élus incriminés, «faute de quoi ils seraient forcés d'annoncer à la Convention qu'il n'en existe aucune». Pache ne peut les satisfaire. Et pour cause !

Barère et Danton, les modérés du Comité, proposent alors des mesures d'apaisement. Mais les Girondins sont les premiers à s'y opposer.

«Je déclare à mes commettants, à la Convention nationale, à la France et à l'Europe que je repousse avec horreur l'ammnistie qu'on voudrait m'offrir !» rétorque Valazé avec hauteur. La lettre que Vergniaud rédige du fond de son appartement surveillé en permanence va dans le même sens : «Je demande à être jugé. Si je suis coupable, je me suis mis volontairement en état d'arrestation pour offrir ma tête en expiation des trahisons dont je serais convaincu. Si mes calomniateurs ne produisent pas leurs preuves contre moi, je demande à mon tour qu'ils aillent à l'échafaud. Citoyens mes collègues, je m'en rapporte à votre conscience. Votre justice sera jugée à son tour par la postérité.»

A la lecture publique de cette lettre, certains conventionnels s'émeuvent :

«Je demande qu'on n'étouffe pas la voix de ceux qui voudront prouver les crimes de cinq ou six bandits qui, depuis six mois désolent Paris», s'écrie Doulcet de Pontécoulant.

Le sort paraît un moment devoir balancer en faveur des Girondins. Mais Robespierre intervient. Il veut éliminer à jamais ses adversaires : «Parlons plutôt des crimes de la faction girondine. Leurs crimes, citoyens ! sont les calamités publiques, l'audace des conspirateurs, la coalition des tyrans de l'Europe, les lois et la Constitution sainte qu'ils nous ont empêchées de faire. Citoyens ! qu'aucune pusillanimité ne vous engage à ménager les coupables ; le peuple est à vous !» Et, de répéter que l'insurrection est nécessaire et «qu'il faut une volonté une».

Un nouveau Comité est créé, aux Jacobins, pour rechercher les «preuves» de la conspiration girondine. Tandis que l'extrémiste Leclerc excite les sections : «Pourquoi craignez-vous donc tant de répandre quelques gouttes de sang ?»

***

Dès que le compte-rendu de la journée du 2 juin 1793 a été connu dans les provinces, la France s'est scindée en deux.

La carte du schisme se calque peu ou prou sur la carte des élections à la Convention, de l'été 1792. Les départements proches de la capitale - Seine-et-Oise, Seine-et-Marne, Marne, Oise, Somme, Ardennes, Aube, Yonne se proclament indéfectiblement fidèles à la Convention montagnarde. Ainsi que les départements de l'Est et ceux du Nord, où sévit toujours la guerre. Philippe Ruhl, du Bas-Rhin, doyen d'âge de la Convention résume le sentiment de ses compatriotes : «Il y a désaccord momentané et profond entre Paris et la France, clame-t-il. L'insurrection fédéraliste met aux prises patriotes contre patriotes. Le bloc révolutionnaire se brise et les aristocrates s'insinuent dans tous les intervalles de rupture».

La Normandie, la Bretagne, le Sud-Ouest et le Sud-Est, au contraire, se déclarent pro-girondins, refusant d'acquiescer aux pressions des sans-culottes de la rue parisienne. Le Jura demande la convocation des députés suppléants de la Convention, mais à Bourges et non plus à Paris, afin d'assurer l'indépendance des délibérations. Marseille tient un langage semblable, préconisant la réunion, dans la même métropole berrichonne, d'une commission de 170 membres sous la protection d'une force armée qui viendrait de tous les départements. Bayonne s'agite. Bordeaux ose menacer la Convention :

«Les détails de votre séance du 2 viennent d'être connus ici. Des cris de fureur et de vengeance retentissent sur toutes les places publiques et jusque dans notre enceinte ; un mouvement général d'indignation et de désespoir précipite tous les citoyens dans leurs sections, les députations viennent nous proposer les mesures les plus extrêmes... Nous vous devons la vérité, citoyens représentants, et nous redoutons le moment où nous serons forcés de vous la dire toute entière !»

Pire, Lyon entre en insurrection. Et, à Toulon, les royalistes profitent de l'aubaine pour relever la tête : les aristocrates entament des pourparlers avec les Anglais. Pour conjurer le péril, les Montagnards cherchent à accréditer l'idée d'un vaste complot anti-républicain, fomenté dès avant les événements et dont l'exclusion des Girondins de l'Assemblée serait l'aboutissement logique. Souhaitable et souhaité. «Ce n'est pas au 31 mai qu'il faut rapporter le projet de fédéralisme, il remonte à une époque bien plus reculée : un plan concerté et uniforme, des commissions secrètes, des agents ambulants et la calomnie, voilà les grands moyens employés dès avant le jugement du dernier tyran», soutient le député Jullien devant le Comité de sûreté générale.

***

C'est dans cette ambiance que va être hâtivement préparée la nouvelle constitution. Ou plutôt qu'elle va être «bâclée», comme le dit justement Boyer-Fonfrède.

Le comité de Constitution, fondé en octobre 1792, comprenait à l'origine neuf membres, dont le philosophe Condorcet qui devait y avoir une influence prépondérante. Retardé par le procès de Louis XVI, il n'avait pu rendre son rapport qu'en février 1793. Condorcet, puis Gensonné, avaient alors lu à la tribune le projet élaboré et une version revue et corrigée de la Déclaration des Droits de l'Homme.

La constitution de 1793, version girondine, se révélait beaucoup plus révolutionnaire que la constitution de 1791. Le pouvoir exécutif aurait été aux mains de sept membres, élus au suffrage universel pour deux ans et choisis hors de l'Assemblée. Celle-ci, qui aurait assumé le pouvoir législatif, aurait également été élue au suffrage universel. Trois commissaires de la République, élus, eux aussi, au suffrage universel, auraient assuré le pouvoir financier. A la base de la souveraineté populaire, la constitution prévoyait des assemblées primaires de 400 à 900 citoyens où ceux-ci se seraient prononcés sur les nouvelles lois : les habitants du moindre hameau auraient ainsi pu participer au gouvernement de la nation.

«Le comité de Constitution a senti qu'il n'était pas appelé à préparer un code de lois seulement pour la France mais pour tout le genre humain», soulignaient les sages, conscients de la noblesse de leur mission. Egalité entre tous les citoyens, liberté des individus, souveraineté du peuple, unité et indivisibilité de la république, droit à l'instruction, droit à l'assistance publique, mesures en faveur des femmes... Leur projet s'avérait, en effet, un modèle pour toutes les démocraties.

Mais, les Montagnards le repoussèrent en bloc. «L'égalité des droits n'est qu'une chimère», avait lancé Robespierre aux Jacobins, le 21 avril 1793. Seul le riche qui a du temps à perdre pourrait participer aux scrutins répétés, remarquait l'Incorruptible, qui aurait voulu par contre voir rajouter, parmi les droits naturels reconnus de par la Constitution, le droit au travail : «La société est obligée de pourvoir à la subsistance de tous ses membres, soit en leur procurant du travail, soit en assurant des moyens de subsistance à ceux qui sont hors d'état de travailler. La misère des citoyens n'est autre chose que le crime des gouvernements, ajoutait-il. Jamais les maux de la société ne viennent du peuple, mais du gouvernement». Et encore : «Toute institution qui ne suppose pas que le peuple est bon est vicieuse.»

Il donna pour mot d'ordre à ses partisans de retarder les discussions le plus possible, escomptant avoir éliminé ses adversaires avant le vote définitif. «C'est de la Montagne seule que sortira la Constitution et l'attente du peuple ne sera pas trompée», avouait Marat, plus cynique.

Au lendemain du 2 juin, un nouveau comité est donc mis en place. Il va sans dire qu'il est exclusivement montagnard. Rédigée en quelques jours, par Hérault de Séchelles, Couthon et Saint-Just, la Constitution de 1793, version Montagne, prévoit que le pouvoir législatif sera confié à une assemblée unique, dont les membres seront élus pour un an au suffrage universel. Le pouvoir exécutif appartiendra à un conseil de 24 membres, choisi pour deux ans par l'assemblée. Des droits «sociaux» sont par ailleurs accordés aux citoyens, tels que la subsistance aux indigents, le droit à l'instruction publique ou le droit au travail, tandis que la révolte à l'oppression se voit qualifiée «le plus sacré des droits et le plus indispensable des devoirs».

«La voilà, cette Constitution tant désirée et qui, comme les tables de Moïse, n'a pu sortir de la Montagne sainte qu'au milieu des foudres et des éclairs !» s'exclame Barère, lyrique, à la lecture du petit chef-d'oeuvre tardif.

Doit-on préciser que Condorcet a une vision diamétralement opposée ? Dans sa maison d'Auteuil, où il s'est retiré après le 2 juin, le philosophe a étudié le projet rival, et fulmine. Il ne peut s'empêcher d'en démolir les articles, systématiquement mais scientifiquement, dans une brochure qui ne reste pas longtemps anonyme : son style est reconnaissable entre tous ! Le vieil homme est aussitôt dénoncé à la Convention. Et Chabot demande son arrestation en termes virulents : «Parce qu'il a siégé à côté de quelques savants à l'Académie, monsieur le marquis de Condorcet s'imagine devoir donner des lois à la République !»

Prévenu par un député demeuré de ses amis fidèles, le philosophe réussira cependant à échapper aux hommes du Comité de sûreté générale. Il se cache à Paris chez Madame Helvétius, avant d'être hébergé par la veuve du sculpteur Vernet. Ce ne sera qu'un répit...

Votée par l'Assemblée épurée le 24 juin, la Constitution est soumise au référendum populaire. Paris votera du 2 au 4 juillet. Le reste de la France dans les semaines suivantes, à mesure que les départements en proie à la guerre civile retomberont sous la coupe du gouvernement. Les opérations se poursuivront jusqu'au printemps 1794 : le dernier vote aura lieu à Châteaulin, le 4 avril.

7 millions d'électeurs, en tout, auront été appelés aux urnes. Mais, peur, trouble, difficultés des communications, le quart seulement se rendra à la convocation. On comptera plus de 5 millions d'abstentions. Sur les 1 868 924 votants, comme prévu, le oui arrivera majoritaire, avec 1 714 266 suffrages.

Malgré ce succès, les conventionnels différeront l'application de la Constitution, en raison de l'état d'urgence, de la guerre avec l'étranger et de la guerre civile. Solennellement déposée dans une arche en bois de cèdre, placée aux pieds du président de l'Assemblée, la Constitution de 1793 ne sortira jamais de sa boîte !

Dès le 10 octobre 1793, un de ses pères, le jeune Saint-Just avait déclaré : «Dans les circonstances où se trouve la République, la Constitution ne peut être établie ; on l'immolerait par elle-même, elle deviendrait la garantie des attentats contre la liberté parce qu'elle manquerait de la violence nécessaire pour les réprimer».

Autrement dit, le gouvernement de la France «serait révolutionnaire jusqu'à la paix».

C'était institutionnaliser l'illégalité...

***

Le 7 juin, une lettre de Boyer-Fonfrède avait averti ses commettants de Bordeaux «d'une constitution qui se bâcle en ce moment, en quarante ou cinquante articles». «Grand Dieu ! Est-ce là le code qui doit régir une nation de 25 millions d'hommes ? C'est à vous de voir si vous voulez accepter une Constitution à laquelle tous vos représentants n'ont pas concouru».

Une autre petite bombe littéraire double l'avertissement du jeune député. Le 8 juin, en effet, Pierre Sers donne lecture à la municipalité de la ville du «testament» d'Arnaud Gensonné qu'il vient de recevoir par courrier de Paris.

La riposte ne se fait pas attendre. Les membres du conseil général du département et les commissaires délégués par tous les corps constitués de la Gironde, assemblés dans l'ancien archevêché, prennent la décision de se constituer en «Commission populaire de salut public». Le serment de ses 49 membres est sans équivoque : «Je jure guerre éternelle aux tyrans, aux traîtres, aux anarchistes. Je jure de maintenir la Liberté, l'Egalité, la République une et indivisible, la sûreté des personnes et des propriétés. Je jure de n'employer les pouvoirs qui m'ont été confiés par le peuple que pour faire respecter la souveraineté nationale».

Les deux représentants en mission de la Convention, Ichon et Dartigoeyte, menacés par la foule, sont contraints de quitter la ville.

Au nom de la légalité, Bordeaux s'insurge contre la dictature parisienne. Mais, la révolte à l'oppression, pourtant reconnue par constitution, n'est, aux yeux des Montagnards, «le plus sacré des droits et le plus indispensable des devoirs» que lorsqu'elle émane de leurs partisans sans-culottes. Le gouvernement va mettre tout en oeuvre pour mater les velléités d'insurrection girondines au plus vite.

Le 17 juin, la Convention expédie de nouveaux commissaires, Treilhard et Mathieu, qui débarquent sur les bords de la Garonne le 24. Pour une mission impossible. Trois jours plus tard, les deux hommes doivent se replier dans le département de Dordogne, pro-montagnard, où ils s'empressent de concocter le *Récit exact de la conduite tenue à l'égard des membres de la Convention nationale, délégués dans le département de la Gironde, par les membres des autorités constituées, se disant réunis en Commission populaire de salut public à Bordeaux*.

Dans le même temps, ils s'efforcent de dissuader les autres villes de la Gironde et les départements voisins de rejoindre l'insurrection bordelaise. Avec succès. En vain Grangeneuve jeune, frère cadet du député et président des Amis de la liberté et de l'égalité, appelle-t-il les hommes de la Gironde à marcher sur Paris. L'effectif de son armée, qui aurait dû se monter à 80 000 hommes, se trouve réduit à 400 recrues.

La Commission populaire de salut public réalise qu'elle a échoué. Elle finit par accepter de soumettre la Constitution montagnarde aux votes de ses concitoyens. Avant de prononcer, le 2 août, sa propre dissolution.

Mais l'acharnement des robespierristes ne cesse pas pour autant. Le 6, les membres de ladite Commission sont déclarés traîtres à la patrie et hors la loi. Et deux nouveaux commissaires sont expédiés à Bordeaux : Baudot et Ysabeau.

Comme leurs collègues, ils doivent se réfugier hors les murs, tant l'effervescence est grande encore dans la ville. Repliés à La Réole, petite place forte en amont sur la Garonne, ils élaborent un plan de bataille impitoyable pour réduire les rebelles. Première mesure : arrêter les convois de céréales, pour affamer la ville. Deuxièmement : inviter les Montagnards bordelais à «opérer dans leurs murs une heureuse révolution». «Nous sommes là pour vous soutenir», affirment-ils, de leur quartier général.

*****

2 - *LE VOEU DES NORMANDS*

Tous les Girondins n'ont pas montré le stoïcisme désabusé d'un Vergniaud ou d'un Gensonné. Plusieurs des députés visés par la proscription ont pris la fuite, dès le 2 juin ou les jours suivants, certains pour sauver leur tête, les autres pour continuer la lutte. Les barrières de Paris étant sévèrement contrôlées, leur évasion relève souvent du miracle ou du Grand Guignol ! Birotteau tresse ses draps en forme de corde, les accroche à sa fenêtre, et fausse compagnie à la sentinelle qui surveille sa porte. Kervélégan réussit à enfermer ses deux gardes à double tour dans sa cuisine, alors que sa fille vient le chercher avec une voiture. Guadet se déguise en garçon tapissier, afin d'échapper à la vigilance des sans-culottes postés aux barrières. Pétion, lui, offre une bonne bouteille à son cerbère, et profite de l'ébriété de celui-ci pour emprunter un uniforme de garde national et prendre la clef des champs. Quant à Barbaroux, il s'est procuré un faux passeport, simplement.

C'est dans le Calvados que se regroupent la majorité de ceux qui veulent combattre. Ce département a l'avantage d'être proche de la capitale et favorable aux idées girondines, ayant toujours prôné une révolution modérée et penché en faveur d'un gouvernement décentralisé. Dès le 31 mai, en particulier, le conseil du département s'était prononcé pour la formation d'une armée départementale qui aurait eu pour mission de protéger la Convention, menacée par les extrémistes parisiens, et d'assurer la liberté des délibérations. Le coup de force de la Commune insurrectionnelle de la capitale, le 2 juin, devait l'entraîner plus loin sur la pente de la révolte. Le département du Calvados, le district, et la commune de Caen décident de se constituer en assemblée insurrectionnelle, et invitent les proscrits girondins à Caen.

Dans les semaines qui suivent, arrivent donc Cussy, député du Calvados, Buzot, Barbaroux, Duchastel, Salles, Izarn de Valady, Lanjuinais, Lesage, Pétion, Guadet, Louvet, Bergoeing et Kervélégan, entre autres, auxquels se joignent des journalistes tels le publiciste-député Gorsas et Girey-Dupré, collaborateur au *Patriote français* de Brissot, ainsi que le jeune Honoré Riouffe, avocat et polygraphe. Tout ce beau monde s'installe à l'hôtel de l'Intendance, au centre de la ville.

Désireux de rallier les départements voisins à leur cause, les Girondins leur envoient des ambassadeurs. La Manche, l'Ille-et-Vilaine, les Côtes-du-Nord, et bientôt le Finistère répondent présents : «L'illustre postérité des Armoriques prétend, comme le Calvados, à l'invincible honneur d'écarter du nom français la flétrissure dont il est menacé». Rennes les rejoint à son tour. Puis Nantes. «L'assemblée générale de résistance à l'oppression» vote la «sainte croisade».

Le 15 juin, une proclamation est expédiée à tous les départements de la République au nom des hommes libres de la nation :

«Français, la patrie outragée nous appelle. Nous partons. Une Commune conspiratrice, gorgée de sang et d'or, tient nos représentants captifs. C'est au milieu des baïonnettes qu'elle a osé dicter ses volontés. Trente-deux députés dépositaires de notre confiance sont expulsés du lieu de leurs fonctions par l'effet de cette audacieuse révolte. La représentation nationale n'existe plus. Français ! Le dépôt de notre liberté est violé. Les hommes libres de la Neustrie ne souffriront pas cet outrage ; ils mourront tous, ou les brigands seront punis.»

Pour les lecteurs contemporains, on appelait Neustrie le royaume franc constitué en 561, à la mort de Clotaire Ier, et limité par la mer du Nord, la Meuse et la Loire. Il avait pour villes principales Paris et Soissons...

Trois jours plus tard, le 18 juin, Barbaroux en appelle également à ses commettants du Sud-Est : «Marseillais, le rendez-vous est à Paris !»

La révolte des provinces, de l'été 1793, a été taxée de «fédéraliste» par les Montagnards. Un crime à leurs yeux, le fédéralisme visant, selon eux, à briser l'unité de la France. Les historiens du XIXème siècle, comme les spécialistes modernes, ont montré combien cette accusation reposait sur un malentendu, «complet» selon Mona Ozouf. «Si l'hostilité contre Paris est indéniable, elle est dirigée moins contre la capitale que contre les «anarchistes» qui y font la loi. Partout on cherche l'unité républicaine et nullement une sécession, et la diversité des réactions départementales trouve son explication dans la vie politique locale, les violences des émissaires jacobins, les rivalités de pouvoir», précise Laurence Cornu. Jean Tulard constate pour sa part que, «loin d'encourager un mouvement centrifuge des provinces, les Girondins tentèrent une reconquête du pouvoir central à partir de leurs bases régionales».

«Républicains, votre énergie
A-t-elle triomphé des rois
Pour voir une autre tyrannie
Vous dicter de honteuses lois ?
Quoi, le farouche Robespierre
Serait l'arbitre de l'Etat ?
Quoi, Danton ! quoi, le vil Marat
Règneraient sur la France entière ?

«Aux armes, citoyens ! Terrassez les brigands !»

La loi c'est le seul cri, c'est le voeu des Normands. «Telle est la nouvelle *Marseillaise*, réécrite par Girey-Dupré, dont les couplets vengeurs résonnent entre les maisons à colombages de Caen.

***

Dans l'une d'elles, habite une jeune fille de vingt-cinq ans, Marie-Anne-Charlotte de Corday, ancienne pensionnaire de l'Abbaye-aux-Dames, fermée en 1791, avec tous les couvents et monastères. Comme ses concitoyens, Charlotte éprouve de la curiosité pour les Girondins. Mais, s'y ajoute, en plus, une ferveur patriotique. «J'étais républicaine bien avant la Révolution», avouera-t-elle, reconnaissant avoir lu «plus de cinq cents brochures pour et contre la Révolution».

Conviée par la bonne société aux déjeuners que le Tout-Caen donne en l'honneur des proscrits, la jeune fille se conforte dans ses sentiments. L'auréole du martyre qui les pare l'attire. Mademoiselle de Corday aime les héros. Atavisme : elle est l'arrière-petite-nièce du grand Pierre Corneille, l'auteur du *Cid*, et ne renie pas ce «lourd héritage spirituel», comme l'écrit Jeanne Grall dans son ouvrage *Girondins et Montagnards, les dessous d'une insurrection* (1793). Aussi s'irrite-t-elle des plaisanteries que Pétion ne manque pas de lui lancer lorsqu'elle s'enflamme, au détour d'une conversation. A tous ces députés qui ne la prennent pas au sérieux, elle brûle de prouver qu'elle n'est pas seulement une «belle aristocrate qui vient voir des républicains», mais une héroïne, elle aussi.

Elle le désire chaque jour davantage, en écoutant le brillant Barbaroux narrer les malheurs de Paris soumis à la dictature de l'infâme Marat. Et elle s'indigne, dans son for intérieur, que les paroles du jeune député marseillais ne soient pas suivies d'actions.

Sans doute n'est-elle pas loin de penser, comme Manon Roland au fond de sa prison parisienne, «qu'on a tant fait qu'attendre». En vérité, les députés girondins, fidèles à leur doctrine, restent convaincus que, juges et parties, ils ne peuvent prendre part personnellement à la révolte, que celle-ci doit d'abord être le fait des départements et de leurs représentants.

La direction des troupes insurrectionnelles a été confiée au baron Félix de Wimpffen, ancien commandant de l'armée des côtes de Cherbourg. Lequel ne passe pas pour un franc républicain : Louvet le soupçonne même de monarchisme. En outre, ladite armée insurrectionnelle, elle-même, ne laisse pas de donner des inquiétudes. On espérait 60 000 soldats. Moins de 3 000 seulement ont répondu : 800 hommes de l'Eure et du Calvados, 500 de l'Ille-et-Vilaine, 600 du Finistère, 300 de la Manche, 200 du Morbihan et autant de la Mayenne, d'après les estimations. Les registres d'enrôlement, ouverts dans les églises, demeurent vierges. Au point que Wimpffen doit se résoudre à solliciter des volontaires.

Le 7 juillet, a lieu une grande revue sur le Cours-la-Reine. Un drapeau tricolore, spécialement cousu pour la circonstance, doit éveiller les mâles courages. «Unité et indivisibilité de la République. Guerre aux tyrans et aux anarchistes !», proclament les broderies. Sonneries de cuivre, batteries de tambours, hymnes guerriers, sermons patriotiques sont de la fête. Mais le bilan est bien maigre : 17 volontaires, en tout et pour tout, viennent ce jour-là renforcer la «formidable armée».

Pétion apostrophe Charlotte de Corday, au premier rang de la cérémonie :

«Est-ce que vous seriez bien fâchée s'ils ne partaient pas ?

-Vous me jugez aujourd'hui sans me connaître, citoyen Pétion. Un jour, vous saurez qui je suis !» rétorque la jeune fille.

Dès le lendemain, elle adresse un billet à Barbaroux : «Adieu, mon cher député, je pars pour Paris. Je veux voir les tyrans en face.»

***

Les forces des insurgés ont beau être symboliques, l'alarme gagne Paris, où les Jacobins incitent à plus de sévérité envers les «factieux», exigeant que la surveillance des Girondins retenus dans la capitale soit doublée, voire qu'ils soient jetés en prison.

«Il est contre toutes les règles de la justice de décréter que des hommes qui sont restés chez eux en état d'arrestation, contre lesquels il n'y a aucun acte d'accusation, aucune inculpation, soient mis au secret, proteste Ducos. Il serait beaucoup plus juste de les décréter d'accusation !»

C'est ce que Saint-Just va prôner, précisément. Le 8 juillet, le bras droit de Robespierre lit à l'Assemblée un long rapport accablant ses adversaires politiques. «L'erreur ne doit pas être confondue avec le crime», déclare-t-il en préambule. Avant de réclamer le châtiment des députés qui agitent les provinces. «Les représentants mis en rébellion dans le but d'empêcher l'établissement de la République et de rétablir la royauté» devraient être décrétés d'accusation, et les élus consignés chez eux «prévenus de complicité avec ceux qui ont pris la fuite».

Sur la liste noire, neuf hors-la-loi : Barbaroux, Bergoeing, Birotteau, Buzot, Gorsas, Lanjuinais, Louvet, Pétion et Salles, flanqués de cinq prétendus complices : Gardien, Gensonné, Guadet, Mollevault et Vergniaud.

Boyer-Fonfrède réussira à retarder le vote du décret.

Jusqu'à la mi-juillet...

***

Mademoiselle de Corday est arrivée à Paris le 11.

Une canicule catastrophique frappe alors la capitale. Les gazettes n'hésitent pas à parler de calamité publique. Pas un souffle d'air. On étouffe. Les établissements de bains, le long de la Seine, et les cafés sont pris d'assaut.

Marat, atteint d'une maladie de peau insidieuse, souffre particulièrement de la chaleur. «Je donnerais toutes les dignités de la terre pour quelques jours de santé !» confie-t-il à l'époque. Il a dû renoncer à assister aux séances de l'Assemblée. Cloîtré dans son appartement, rue des Cordeliers, il passe le plus clair de son temps dans sa baignoire sabot en métal. Mais il ne cesse pas la lutte pour autant. Une planche posée sur le rebord de la cuve, il continue à écrire, inlassablement, les vitupérations et imprécations incendiaires qui rempliront les colonnes de L'*Ami du peuple.*

Charlotte, qui comptait le rencontrer à la Convention nationale, doit modifier ses plans. Le 13 juillet, elle se lève à l'aube, six heures du matin peut-être. Elle quitte l'hôtel où elle est descendue, se rend au jardin du Palais-Egalité, ci-devant Palais-Royal, dont elle fait dix fois le tour. On imagine le débat qui se livre en elle. La jeune femme est pieuse, et les mémorialistes qui l'ont approchée ont été unanimes à louer sa droiture. «Ce qui m'a surtout frappé en elle, témoignera un de ses contemporains, c'était l'expression de sa physionomie, toute empreinte de calme, de décence et de gravité». De l'avis général, elle est «modeste» et «d'une simplicité noble». «L'accent de sa voix presque enfantine s'accordait bien peu avec les pensées et les sentiments qu'elle nourrissait», notera son défenseur Chauveau-Lagarde.

Car la douce personne a conçu le projet d'éliminer le monstre qui désole la France et persécute ses amis girondins ! Elle est venue pour cette unique raison à Paris, et personne n'est au courant du geste héroïque qu'elle se prépare à accomplir. A la fin de son interminable promenade, ce samedi 13 juillet 1793, elle achète un petit couteau de cuisine à manche noir. Elle hèle un fiacre.

«Rue des Cordeliers, cocher !»

Notre Normande, proprement éconduite par Simone Evrard, la compagne de Marat, ne renonce pas. Trois fois, au cours de la journée, elle sonnera à la porte de l'ami du peuple, avant d'avoir une idée de génie : elle annonce être venue de Caen lui révéler l'existence d'un complot. Pas de meilleur sésame...

On connaît la suite. Son interlocuteur griffonne hâtivement sous sa dictée l'identité des conspirateurs. Il ricane sous le madras crasseux qui serre ses cheveux gras :

«Dans quelques jours, je les ferai tous guillotiner à Paris !»

Charlotte lève le bras.

Le coup est précis.

C'est à la prison de l'Abbaye que l'on conduit la meurtrière.

Les enquêteurs s'évertuent à découvrir les noms de ses complices. Car elle ne peut avoir agi de sa propre initiative, c'est évident pour eux ! Le crime est trop lourd. Ils soupçonnent Fauchet, député du Calvados, évêque constitutionnel de Caen de son métier et pro-girondin de coeur. Le pauvre homme, déjà consigné à son domicile depuis le 2 juin, est jeté en prison malgré les dénégations de Charlotte. On arrête également le député Lauze de Perret à qui la jeune Normande avait apporté quelques papiers et brochures de la part des Girondins à sa descente de la diligence. «On n'est guère content de n'avoir qu'une femme sans conséquence à offrir au mânes du grand homme», remarque Mademoiselle de Corday, avant de monter sur l'échafaud, le 17 juillet, au terme d'un procès expéditif.

La veille, Marat avait reçu des obsèques nationales, orchestrées par le peintre David, mais quelque peu perturbées par la canicule : la foule qui suivait les funérailles était «très peu considérable», relate un journaliste.

Doit-on préciser que les Montagnards suspectent surtout les Girondins présentement dans le Calvados ? «Il est mathématiquement démontré que ce monstre auquel la nature a donné les formes d'une femme est un envoyé de Buzot, Barbaroux, Salles et de tous les autres conspirateurs installés à Caen !» répète Couthon.

Leur ligne de conduite se durcit. Les membres du Comité de salut public jugés trop modérés, comme Danton, sont remplacés par des Jacobins plus orthodoxes : Saint-Just, Jean Bon Saint André, Prieur, Thuriot. Robespierre lui-même y sera nommé, le 27 juillet 1793.

«Charlotte de Corday nous tue, mais elle nous apprend à mourir», déclare Vergniaud, lucide.

***

Par un de ces hasards dont l'Histoire est coutumière, ce même 13 juillet 1793 voit la fin de l'insurrection normande.

L'avant-garde envoyée par Wimpffen en direction de Vernon, dans le but de redonner confiance aux citoyens de la région trop enclins à écouter la propagande montagnarde, se heurte, à Pacy-sur-Eure, à un petit détachement de gardes nationaux. Une détonation retentit, qui frappe de terreur et les soldats de la Convention et les insurgés, chacun des partis ignorant la force exacte de l'adversaire. On dénombre pour toutes victimes quelques branches de pommier, brisées par les obus. Mais la panique est indescriptible. Les régiments prennent la poudre d'escampette. «Les deux armées se tournaient si bien le dos que pour se rencontrer encore il eût fallu qu'elles fissent le tour du monde !», ironisera un lieutenant de Wimpffen. Tandis que ce dernier se dévoile enfin, et propose aux Girondins de négocier avec l'Angleterre.

Rétablir la monarchie ne souriait guère à nos républicains, mais offrir le trône à un souverain de nationalité britannique passait les bornes ! «Nous avons juré la république, nous mourrons pour elle !», répliqua Pétion.

Les troupes insurgées, réunies avec tant de difficultés, prirent le parti de se débander. Et les villes d'Evreux et de Caen firent allégeance au gouvernement montagnard. Qui plus est, le 16 juillet, les autorités d'Evreux - cité natale de Buzot - décidaient de raser la maison de leur député. Quelques jours plus tard, les proscrits découvraient un avis, placardé sur le portail de l'hôtel de l'Intendance de Caen : la copie du décret les déclarant hors-la-loi.

Il ne leur restait plus qu'à fuir de nouveau. Le bataillon du Finistère regagnait son département. Habillés, comme les militaires, de vareuses en toile et coiffés de couvre-chefs ronds ornés de glands d'or à la bretonne, les députés girondins intégrèrent les rangs à la hâte.

*****

3 - LA TRAQUE

C'est en chemin de croix que se termine l'épopée normande. Partis de Caen avec les régiments bretons, Barbaroux, Bergoeing, Buzot, Cussy, Duchastel, Gorsas, Giroust, Guadet, Kervélégan, Larivière, Lesage, Louvet, Meillan, Mollevault, Pétion, Salles, Valady doivent bientôt se séparer de leurs protecteurs. Le centre de la Bretagne est resté fidèle à la Convention montagnarde, et les soldats, désabusés par l'équipée inutile, et ridicule, de Pacy-sur-Eure, écoutent d'une oreille trop favorable les mots d'ordre sans-culottes pour qu'ils se sentent vraiment en sécurité dans leurs rangs. A Dinan, les Girondins abandonnent le bataillon du Finistère et poursuivent, seuls, leur route vers Quimper.

Ils traversent des bourgs de plus en plus hostiles, prennent les chemins creux, marchent de nuit, se reposent la journée d'un mauvais sommeil entrecoupé par les perquisitions. La chaleur, les pierres des routes, la fatigue, la faim, la maladie même - Barbaroux attrapera la petite vérole - n'abattent cependant pas leur courage. Leur but est Bordeaux la Girondine. D'après les nouvelles reçues par Guadet, le grand port de la Garonne a levé une armée pour défendre ses représentants bafoués par les sans-culottes et libérer la Convention nationale. Avec son aide, les proscrits pensent pouvoir aisément reconquérir la France, délivrer leurs collègues emprisonnés à Paris, restaurer l'Assemblée dans sa dignité.

Au terme d'une marche forcée semée d'embûches, Bergoeing Cussy, Duchastel, Meillan, Salles, Girey-Dupré, Riouffe, l'Espagnol Marchena, et l'adjudant-général Boisguyon réussissent à trouver une grosse barque pontée à Quimper. *La Diligente* largue les amarres le 22 août. Cap le Bec d'Ambès, dans l'embouchure de l'estuaire de la Gironde, où elle accoste le 25 août à six heures du matin.

Mais, une triste surprise attend les fugitifs. Meillan et Bergoeing, partis en éclaireurs à Bordeaux, doivent se rendre à l'évidence : la flambée fédéraliste n'a été qu'un feu de paille. L'armée insurrectionnelle s'est déjà dissoute, ainsi que la Commission populaire de salut public. Les représentants en mission, Ysabeau et Baudot, travaillent, de leur quartier général de La Réole, à convertir la population à la Montagne. Ainsi, le Club national, fermé le 8 mars dernier sur ordre de la municipalité pro-girondine, vient-il d'être réintégré dans ses droits. Et ses membres font preuve d'une hargne virulente. La Convention a, en outre, envoyé un bataillon de soldats aux portes de Bordeaux.

Les proscrits prennent le parti de se disperser. Seuls Meillan et Bergoeing, originaires de la région, réchapperont de l'aventure. Le premier parvient à gagner sa Bayonne natale et à se cacher dans un hameau des Pyrénées. Le second se dirigera vers Saint-Macaire, où réside sa famille, et passera la Terreur, dissimulé dans une des nombreuses grottes du pays.

Leurs compagnons ont moins de chance. Ils sont bientôt reconnus et arrêtés un à un. Duchastel, Riouffe et Marchena sont conduits à La Réole, où les commissaires de la Convention décident leur transfert dans la capitale. Un douloureux calvaire : les bras liés de cordes, des boulets rivés à leurs pieds, tenus en laisse par des gendarmes, les malheureux sont entassés dans une vieille berline pour un trajet de 149 heures ! Au terme duquel ils sont traînés de prison en prison, toutes surchargées, avant d'atterrir à la Conciergerie. Duchastel, envoyé devant le tribunal militaire le 24 octobre, avec 20 autres Girondins, sera guillotiné le 31 octobre 1793.

Cussy, appréhendé fin octobre, est, lui aussi, transféré à Paris, sur ordre de la Commission de Bordeaux. Il y sera condamné à mort par le Tribunal révolutionnaire, le 25 brumaire an II - autrement dit le 15 novembre 1793.

Girey-Dupré et Boisguyon, également conduits à Paris quelques jours plus tard, comparaissent devant l'accusateur public le 15 novembre. Boisguyon est accusé d'avoir trahi la Convention : adjudant général aux armées des côtes de Bretagne, il a quitté son poste et rejoint l'armée insurrectionnelle de Wimpffen à Caen. Quant à Girey-Dupré, journaliste au *Patriote français*, n'a-t-il pas vendu à Brissot «sa plume vénale et trempée dans le fiel de la corruption et de l'imposture pour induire en erreur leurs frères des départements, allumer la guerre civile et faire écraser sous l'écroulement de la sainte Montagne les courageux et incorruptibles mandataires qui avaient juré de périr ou de sauver la liberté ?»

«Oui, je respectais et j'admirais Brissot, rétorque le jeune publiciste - il a à peine vingt-quatre ans. J'ai fui Paris parce que je n'ai pas voulu habiter une ville opprimée par une municipalité composée de scélérats», ajoute-t-il, sans se faire d'illusion sur le sort qui l'attend.

Le soir même, les deux accusés montent sur l'échafaud. Jusque sous le couteau de la guillotine, Girey-Dupré se permet de narguer ses bourreaux :

«Mourons pour la patrie
C'est le sort le plus beau, le plus digne
d'envie !»

chante-t-il d'une voix assurée.

«On ne meurt pas comme cela sans être républicain», murmure Camille

Desmoulins, pensif. «Malheureusement, il ne l'était pas comme nous»...

***

Dans la nuit du 20 septembre, le second groupe des proscrits s'était embarqué à son tour de Bretagne, sur *L'Industrie*, un petit brick commandé par le capitaine Granger, d'origine irlandaise. Après une traversée de quatre jours, Buzot, Barbaroux, Pétion, Louvet, Izarn de Valady, Guadet, accompagnés de l'imprimeur Aubert, voyaient se profiler les côtes de la Gironde.

«Il ne tint qu'à nous que nous ne baisions cette terre désirée, écrit Louvet dans ses *Mémoires*. Ô malheureux humains, vos joies sont quelquefois aussi follement placées que vos tristesses !»

Car la situation a encore empiré à Bordeaux, en cette fin septembre. Un troisième représentant en mission, Jean Lambert Tallien, a été adjoint à Ysabeau et Baudot. La municipalité girondine a été remplacée. L'ex-maire, François-Armand de Saige, sera d'ailleurs un des premiers à monter sur l'échafaud, dressé sur la place Nationale, en plein centre de la ville, dès le 23 octobre 1793.

Marguerite-Elie Guadet propose à ses amis de les héberger à Saint-Emilion, sa ville natale. Mais le débarquement des proscrits a éveillé des curiosités malveillantes. Guettés, dénoncés, poursuivis, les fugitifs doivent affronter plus de dangers encore qu'ils n'en ont courus en Bretagne. Car, en ces temps incertains, les représentants en mission jouent leur tête, eux aussi. S'ils laissent échapper leur proie, ils risquent d'être taxés de mollesse, voire de traîtrise par Robespierre !

Tallien a deviné les intentions des Girondins. Il les devance à Saint-Emilion, avec un détachement de cavalerie, démissionne la municipalité modérée, «régénère» la cité en arrêtant quelques notables suspects de fédéralisme, et fait surveiller la maison de Guadet père, où ses adversaires, pense-t-il, ne manqueront pas de sonner.

Saint-Brice, le jeune frère de Guadet, réussit à avertir Marguerite-Elie du piège. «Personne ne voudra vous accueillir», ajoute-t-il. Et, en effet, lorsque les malheureux parviennent à leur tour sur les lieux, la population terrifiée par les visites domiciliaires des sans-culottes, leur ferme ses portes. Les paysans hésitent à leur donner asile dans une grange, quand ils ne leur refusent pas le verre de lait ou le quignon de pain qu'ils mendient.

Une seule personne va défier la Terreur. Une jeune femme de trenteet-un ans ; Thérèse Bouquey, née Dupeyrat, la belle-soeur de Marguerite-Elie Guadet. Elle offre aux proscrits de les dissimuler dans un souterrain creusé sous le jardinet de sa maison, rue du Chapitre.

La butte calcaire de Saint-Emilion a longtemps servi de carrière, en effet, et le sous-sol de la ville est truffé d'un labyrinthe d'anciennes galeries aujourd'hui désaffectées. C'est dans l'une d'entre elles, que vont se cacher Guadet, Salles, Louvet, Barbaroux, Valady, puis Buzot et Pétion, le 12 octobre. Ils empruntent le puits d'aération qui s'ouvre aux pieds de la vigne de Thérèse Bouquey. Descendent dans le noir, à plus de trente pieds de profondeur, grâce aux encoches taillées à même la roche, couvertes de mousse, périlleuses. Débouchent dans la grotte basse que leur généreuse hôtesse a meublée de deux matelas, deux chaises, une table, et garnie de linge et de couvertures. Bientôt, elle leur fera parvenir des livres, de l'argenterie, une lanterne, et même une chaufferette, pour dissiper l'humidité de leur couche.

C'est dans ce caveau, que les sept Girondins passeront plus de quatre semaines, ponctuées de brèves incursions dans le monde des vivants : lorsque les patrouilles de la Montagne s'éloignent de Saint-Emilion, Madame Bouquey les autorise à remonter dans sa maison, se dégourdir les jambes.

On imagine l'ingéniosité que la brave femme dut déployer et les privations qu'elle s'infligea à elle-même pour ravitailler ses invités, à une époque où céréales et viande étaient rationnées. La citoyenne Bouquey, pour lors officiellement célibataire - son époux était resté à Paris - n'avait droit qu'à une livre de pain par jour ! Mais son abnégation était sans bornes. La seule fois où les Girondins l'entendirent gémir, ce fut sur leur sort à eux :

«Mon Dieu ! si on m'arrêtait, que deviendriez-vous ?» murmura-t-elle, un soir.

Mais les parents et relations de Madame Bouquey ne cessaient de lui représenter les dangers qu'elle faisait encourir aux siens et à la ville toute entière en bravant les autorités de la Montagne. Tallien ne manquerait pas de punir tous ses habitants en représailles.

Lorsque s'ouvrit le procès des Girondins dans la capitale, les pressions s'accrurent encore sur la pauvre femme. Elles devinrent intenables à l'annonce du verdict. La mort. Le 31 octobre, vingt-et-un des Girondins montaient sur l'échafaud, au milieu des cris de joie de la populace parisienne.

«Ils ne sont plus ! Talent, patriotisme, vertu, le crime a dévoré tout. Ô mes amis, que votre mort fut belle !» s'exclama Buzot. Et d'ajouter : «La vengeance est une espèce de justice sauvage : voilà celle qui nous reste, si celle de la loi ne vient pas à notre aide !»

Mais sa colère était impuissante. A Bordeaux aussi, la Terreur s'intensifiait. Le député Birotteau, appréhendé par les Montagnards, avait été supplicié sur ordre de Tallien, le 24 octobre.

Les proscrits renoncent à compromettre la courageuse Madame Bouquey plus avant. Ils retrouvent le grand air. Et l'errance.

***

Louvet seul devait survivre. Il prit pourtant la route la plus dangereuse : désespéré d'avoir laissé sa jeune épouse Lodoïska dans la capitale, il résolut de rentrer à Paris. Cette décision lui sauva la vie. Les sans-culottes ne pouvaient imaginer que leur proie allait revenir de son plein gré se jeter dans la gueule du loup. Le couple parviendra à fuir en Suisse, où il demeurera durant toute la Terreur.

Izarn de Valady, qui avait dirigé ses pas vers Périgueux, est vite repéré. Traduit devant les juges du chef-lieu de la Dordogne, le 5 décembre, il est guillotiné le même jour, place de la Clautre.

***

Monsieur Guadet a fini par consentir à héberger son fils avec un de ses compagnons, Salles. Les deux députés restèrent tapis dans son grenier tout l'hiver et tout le printemps. De moins en moins confiants à mesure que les semaines passaient, apportant leurs moissons de victimes.

Le 8 novembre 1793, Manon Roland a été condamnée à l'échafaud. «Liberté, que de crimes on commet en ton nom !» a-t-elle lancé à l'instant suprême. Dès qu'il a appris son supplice, son époux, le vieux Roland de La Platière, s'est suicidé.

Le député Rabaut Saint-Etienne, appréhendé le 6 décembre à Paris, a été exécuté le même jour.

Grangeneuve, réfugié chez lui à Bordeaux, au numéro 329 Chartrons Saint-André, a été dénoncé par le menuisier qui a aménagé la double cloison derrière laquelle il s'abrite. Il périra, en même temps que son frère cadet, naguère membre de la Société populaire bordelaise, le 21 décembre 1793.

Le même mois, disparaissent aussi les anciens ministres Lebrun et Clavière. Le premier est exécuté dans la capitale le 27 décembre. Son collègue choisit quant à lui de se transpercer le coeur pour échapper à l'échafaud.

La liste n'est pas exhaustive. Ainsi, le 2 mars 1794, s'y ajoute le décès de Condorcet, trouvé mort dans sa prison parisienne.

On devine l'état d'esprit des reclus à toutes ces nouvelles.

***

Et voici que le 17 juin 1794, Saint-Emilion se réveille encerclé par le 10ème bataillon du ci-devant département de la Gironde, rebaptisé département du Bec d'Ambès, sur ordre de Tallien désireux d'effacer jusqu'au nom de ses adversaires politiques.

Mais ce n'est pas Jean Lambert qui dirige les opérations. Depuis quelques mois, en effet, le vent a tourné au sein des autorités montagnardes de la région. Tallien s'est laissé séduire par une aventurière, Jeanne Marie Ignace Thérésia Cabarrus. Née en Espagne, mariée à un aristocrate français, Monsieur de Fontenay, dont elle a vite divorcé, la jeune femme est venue se mettre à l'abri des troubles dans sa famille bordelaise, les négociants Cabarrus, au début de l'année 1793. Mais la loi du 17 septembre, concernant les suspects, l'a frappée. Menée en prison, elle a comparu devant Tallien. Lequel n'a pas résisté à la beauté de la «ci-devant noble»...

Leur liaison défraie la chronique et suscite des jalousies. Le représentant en mission ne tarde pas à être dénoncé à Robespierre. S'il «saigne fortement la bourse des riches égoïstes», selon ses propres termes, n'est-ce pas d'abord pour entretenir sa maîtresse ? Quant à sa «régénération» de Bordeaux, elle est bien molle : depuis qu'il fréquente l'ex-Madame de Fontenay, le bourreau chôme.

Fin février, Tallien est donc sommé de venir se justifier de son «modérantisme» devant l'Assemblée. Et remplacé par Marc-Antoine Jullien.

Surnommé «l'oeil» ou «l'espion de Robespierre», ce jeune homme de dix-neuf ans voue un véritable culte à son maître, et son zèle est immense. A peine arrivé sur les bords de la Gironde, il obtient le rappel d'Ysabeau, et, demeuré le tyranneau absolu à Bordeaux, y fait régner une terreur sans précédent.

«Bordeaux est un foyer de négociantisme et d'égoïsme. L'esprit public est toujours modéré et bien égoïste», explique-t-il à l'Incorruptible.

Dans une lettre à Saint-Just, datée du 13 juin, soit quatre jours avant d'entreprendre la traque des proscrits, Jullien précise sa vision de la révolte bordelaise et son opinion sur les Girondins :

«Dans l'origine de la Révolution, les négociants à fortunes brillantes, à palais dorés, à laquais et voitures, qui ne portaient envie qu'aux parchemins de la caste privilégiée des nobles, ne demandèrent pas mieux que de la détruire pour la remplacer, et s'intitulèrent patriotes. On vit sortir de Bordeaux et de riches offrandes et des bataillons nombreux. Arriva bientôt la crise fédéraliste ; les hommes à barreau, dont les hommes à argent avaient mis le talent et l'influence à contribution, et qui s'étaient tous coalisés pour supplanter les défunts parlements et la noblesse, voulurent déchirer une république dont les principes naissants effrayaient leurs vues ambitieuses; ils cherchèrent à former plusieurs principautés départementales, qu'ils se partageaient d'avance entre eux et dont ils croyaient devoir être les heureux et paisibles possesseurs. Mais l'égalité voulait tout abaisser sous son niveau, et les fédéralistes et les sectateurs de la tyrannie virent s'éteindre leurs espérances».

En même temps, le jeune représentant par intérim, a l'honnêteté de constater que la situation dans le Bec d'Ambès est désastreuse, que la famine fait rage : «Le pauvre trouvait à peine des fèves ou un mauvais morceau de pain noir. Le malheureux agriculteur parcourait paisiblement des landes stériles et dévorait des herbes et des racines qu'eût dédaignées la dent de ses troupeaux.»

Marc-Antoine Jullien reprend la traque des proscrits. Avec des chiens cette fois. Une meute de dogues spécialement dressés à la chasse aux bestiaux, qu'il fait lâcher dans les rues et les carrières de Saint-Emilion.

Le soir même, les sans-culottes découvrent Guadet et Salles terrés dans la soupente de Guadet père. Les deux hommes sont aussitôt garrottés. Dans la foulée, on arrête le vieux Guadet, la tante Marie, Madame Bouquey, son époux qui l'a enfin rejointe, et même sa petite servante, ainsi que Monsieur Dupeyrat, beau-père de Marguerite-Elie.

L'ancien député Guadet comparaîtra le 19 juin devant la Commission militaire de Bordeaux. Avec une noblesse insolente :

«Je me nomme Guadet. Bourreaux, faîtes votre office. Et allez, ma tête à la main, demander votre salaire aux tyrans de ma patrie !»

Imité par Salles :

«Je suis Salles, représentant du peuple.

-Ci-devant représentant, objecte le président de la Commission, le dénommé Lacombe.

-Non ! rétorque Salles. Représentant.»

Les deux hommes seront condamnés à l'échafaud.

Dans l'assistance, un petit garçon de quatre ans. Guadet junior n'oubliera jamais le roulement de tambour qui couvrit la voix de son père, comme celui-ci tentait d'haranguer la foule une dernière fois...

***

Barbaroux, Pétion et Buzot, cachés par le perruquier Troquart de Saint-Emilion, depuis janvier, ont été prévenus de l'arrestation de leurs compagnons. Le 17 juin au soir, ils quittent la soupente au-dessus de l'échoppe. Leur hôte leur remet une miche de pain, quelques tranches de viande et un couteau de chasse. Et ils s'enfoncent dans la nuit.

Mais leur dernier repaire a été particulièrement pénible. Dans le réduit malsain, «un taudis infect», sans air, où ils n'avaient même pas le loisir d'étirer leurs membres, pour ne pas éveiller l'attention des clients de Troquart, leurs muscles ont fondu. Leurs jambes, déshabituées de l'exercice, refusent de les porter.

A l'aube, essoufflés et épuisés, ils doivent se reposer dans un champ de blé.

Soudain, ils entendent des voix, et un roulement de tambour. Ce ne sont que des volontaires en goguette, mais comment les proscrits le sauraient-ils ? Ils se croient pistés à leur tour.

Tandis que Pétion et Buzot détalent dans un bois de sapin, Barbaroux que l'inactivité a rendu obèse, pense sa dernière heure venue. Il ne veut pas tomber vivant entre les mains de ses ennemis. Il sort son pistolet, l'applique contre son oreille droite.

Les volontaires ont entendu le coup de feu. Ils se précipitent, découvrent le blessé «soufflant très fort et se retournant en tous sens comme s'il agonisait». Les officiers municipaux de Saint-Magne de Castillon feront transporter le blessé jusqu'à Castillon, et, de là, à Bordeaux, par gabare. Là, le Comité de surveillance de la ville le questionne. Jusqu'au moment où «l'état de démence» - autrement dit de faiblesse - du malheureux fit cesser cette inquisition. Raffinement de cruauté, Lacombe ordonna de mener quand même le moribond à échafaud. Barbaroux finit de rendre l'âme place Nationale, le 24 juin 1794.

Pétion et Buzot, eux, s'étaient à cette date, suicidés. Le 25 juin, un laboureur retrouvait leurs corps à demi dévorés par les loups dans un champ, et déjà rongés par les vers. Tellement mutilés que personne n'osa les toucher. Les enquêteurs prirent des pincettes pour retirer les menus objets de leurs poches : la montre en or de Buzot, la tabatière en écaille de Pétion. On décida de les enterrer sur place, à la sauvette. Mais un paysan tint à leur fracasser la mâchoire à coups de pioche, avant de pousser leurs cadavres dans la fosse !

***

Le Comité de salut public a félicité Marc-Antoine Jullien pour sa victoire sur les Girondins.

Mais le jeune fanatique ne se contente pas de ces illustres victimes. La famille Guadet est interrogée à son tour.

Le père assume l'entière responsabilité des faits, prétendant que tout le monde ignorait la présence de son fils et de Salles : «Seul, je leur portais des aliments, du linge, et je descendais pour eux aux soins les plus vils de la domesticité». «C'est le sentiment paternel qui a dicté ma conduite, ajoute-t-il, il est bien difficile d'étouffer un pareil sentiment.

Jean Guadet, 70 ans, sa soeur Marie, 65 ans, son fils cadet Saint-Brice, 30 ans, François Dupeyrat, 77 ans, beau-père de Marguerite-Elie, François Bouquey, son beau-frère, et Thérèse Bouquey furent décapités les 20 et 21 juillet.

En apprenant la sentence, Thérèse avait laissé éclater sa colère :

«Monstres ! Si l'humanité est un crime, nous méritons la mort !» s'était-elle écriée.

***

Les Guadet furent parmi les dernières victimes de la terreur bordelaise. Le 30 juillet 1794, Jullien annonça son départ pour Paris.

Ils furent parmi les dernières victimes de la Terreur nationale. Dans la nuit du 31, parvenait en Gironde la nouvelle de la chute de Robespierre, survenue le 27 - le 9 thermidor - et de l'exécution, le lendemain, de l'Incorruptible !

*****

4 - LE PROCES DES GIRONDINS

Le jugement des chefs girondins demeurés à Paris a précédé l'exécution de leurs compagnons qui avaient quitté la capitale au lendemain du 2 juin. Mais l'entorse à la chronologie est volontaire. Leur procès, en effet, eut un tel retentissement que, bien souvent, il retint seul l'attention de la postérité. Il sanctionne tout ensemble l'échec du mouvement girondin et son triomphe...

***

La mort de Marat et l'insurrection fédéraliste avaient provoqué l'aggravation des conditions de détention des députés, jusqu'alors simplement consignés à leurs domiciles parisiens. Ainsi, le 25 juin, Vergniaud était-il arraché à son appartement de la rue de Clichy, où une crise de rhumatismes le tenait cloué au lit, et précipité au Luxembourg, l'ancien palais royal récemment transformé en prison. Gensonné et Valazé devenaient ses voisins de cellule. Ainsi que Lasource, le député du Tarn, revenu se constituer prisonnier de son propre chef.

Dans les jours ou semaines qui suivirent, on ramena également dans les geôles de la capitale le journaliste Carra, Duchastel et Riouffe appréhendés à Bordeaux, ou Brissot, arrêté à Moulins alors qu'il tentait de gagner la Suisse.

Mais la prison du Luxembourg semblait trop confortable aux extrémistes sans-culottes. Ils s'irritaient par exemple que Vergniaud puisse continuer de correspondre avec ses belles amies qui ne manquaient pas de lui faire parvenir quelques douceurs et de ce vin de Saint-Emilion dont raffolait l'avocat bordelais. Ils obtinrent bientôt que les Girondins soient transférés dans des lieux plus sévères.

Vergniaud fut amené à La Force. «Malgré les persécutions, je me porte bien. Il est glorieux de souffrir pour son pays et pour la liberté, fait-il savoir à sa famille. Je ne suis inquiet que pour la chose publique.»

A la fin du mois d'août, il aura le bonheur de recevoir la visite de son neveu Francis Alluaud, venu tout exprès de Limoges l'embrasser une dernière fois.

L'adolescent, âgé de quatorze ans à l'époque, franchit en tremblant «l'entrée du guichet de La Force, gardée par une foule d'employés à figures sinistres et couverts de bonnets rouges». Dans un «logement étroit, sept ou huit Girondins étaient entassés.» Parmi lesquels son oncle, faisant preuve d'une «courageuse résignation». Il n'oubliera jamais cette rencontre, dont il laissera une relation émouvante.

Ils devaient se revoir une ultime fois, au greffe de la Conciergerie...

***

A mesure que les semaines s'écoulent, les sans-culottes sont plus nombreux à réclamer le prompt châtiment des détenus. Dans toute la France.

Un exemple en témoigne. Le 21 août 1793, la société populaire de Toulouse rend compte devant l'Assemblée de la cérémonie qui a eu lieu dans cette ville à l'occasion de la commémoration du 10 août 1792. «On avait élevé une montagne, au bas de laquelle était un marais où étaient placées les effigies de Vergniaud, Buzot, Gorsas, Pétion etc. Après un discours du procureur-syndic contre le fédéralisme, la foudre lancée du haut de la montagne réduisit au néant les personnages du marais.»

L'Assemblée applaudit au récit de cette fête on ne peut plus symbolique.

Un peu partout, le peuple commence à murmurer :

«Les députés s'entendent, ils cherchent à les sauver. Il faudra que nous nous montrions encore.»

La presse se fait l'écho de la colère grandissante des Montagnards de la base contre les chefs girondins. Il faut leur faire «mettre la tête à la fenêtre», tonne *Le père Duchesne*. «Nous aurons fort souvent des têtes à la lucarne patriotique», répète *L'ami des sans-culottes*. Ces expressions, typiques de l'époque de la Terreur, désignent la machine du docteur Guillotin, on l'aura deviné...

«Placez la Terreur à l'ordre du jour», insiste Hébert à l'Assemblée, le 5 septembre. Sous les acclamations des tricoteuses et des tape-dur qui font la loi dans les tribunes.

«Il ne s'élevait pas un échafaud dans Paris que la multitude ne demandât pourquoi les Girondins n'y montaient pas. Le Comité de salut public tremblait de laisser plus longtemps ce grief contre sa prétendue faiblesse aux Montagnards exaltés et à la Commune. Les Jacobins avaient arraché aux Girondins la tête de Louis XVI ; la démagogie d'Hébert et de Pache sommait les Jacobins de donner à la République le gage des vingt-et-une têtes de leurs collègues», écrit Lamartine dans son *Histoire des Girondins*.

Le 3 octobre, Jean-Pierre André Amar, député de Grenoble, rapporteur du Comité de Sûreté générale, lit enfin à l'Assemblée les conclusions du groupe concernant la «faction girondine». Inutile de préciser que tous les actes, tous les discours des députés emprisonnés ont été déformés jusqu'à la caricature. Il les présente comme des aristocrates, complices des émigrés et de l'Angleterre, voire de la Prusse, des agents du despotisme royal.

En conclusion, devront être déclarés coupables de conspiration contre l'unité et l'indivisibilité de la République, les députés Brissot, Vergniaud, Gensonné, Lauze de Perret, Carra, Mollevault, Gardien, Dufriche-Valazé, Vallée, Duprat, Brulard ci-devant marquis de Sillery, Caritat ci-devant marquis de Condorcet, Fauchet, Doulcet ci-devant marquis de Pontécoulant, Ducos, Boyer-Fonfrède, Lasource, Lesterpt-Beauvais, Isnard, Duchastel, Duval, Devérité, Mainvieille, Delahaye, Bonnet, Lacaze, Mazuyer, Savary, Hardy, Lehardy, Boilleau, Rouyer, Antiboul (du Var), Bresson, Noël, Coustard, Andréi (de la Corse), Grangeneuve, Viger. Ainsi que Philippe-Egalité ci-devant duc d'Orléans.

Et, traîtres à la patrie, les fugitifs Buzot, Barbaroux, Gorsas, Lanjuinais, Salles, Louvet, Bergoeing, Pétion, Guadet, Chasset, Chambon, Lidon, Valady, Kervélegan, Henri Larivière, Rabaut Saint-Etienne, Lesage, Cussy, Meillan et Birotteau.

Mais, coup de théâtre ! Amar ne limite pas ses anathèmes à cette soixantaine de noms. Ayant pris la précaution de faire fermer les portes de la salle, il s'en prend soudain aux 75 signataires de la protestation contre les journées des 31 mai et 2 juin 1793, réclamant qu'ils soient également mis en état d'arrestation.

Un silence écrasant se fait à l'énumération de cette nouvelle liste. Billaud-Varenne le rompt le premier, pour suggérer que le vote se fasse par appel nominal, pensant adoucir le sort de ses collègues. Mais Robespierre objecte et obtient que le décret soit simplement mis aux voix.

Dès lors, le résultat est acquis d'avance. Les malheureux signataires, accablés, se parquent dans l'enceinte de la barre, «comme des agneaux destinés à la boucherie», témoigne le député Dulaure.

Cependant, l'Incorruptible empêchera qu'ils ne soient décrétés d'accusation avec les hors-la-loi de la Gironde. «L'avenir montra qu'il les réservait peut-être comme contrepoids contre l'omnipotence de la Montagne, pour le moment où il aurait à dominer seul la Convention», estime Lamartine. Mais l'expulsion de près de 127 députés d'un coup change la physionomie de l'Assemblée. Les robespierristes sont à présent maîtres absolus des délibérations. La dictature est enclenchée...

Le même soir, lesdits «conspirateurs» sont regroupés à la Conciergerie, «l'antichambre de la guillotine».

***

C'est dans un secteur à part que les Girondins ont été installés. Dans des cachots collectifs contigus. Les murs suintent d'humidité. La pénombre est quasi totale, deux étroites fenêtres seulement, creusées très haut dans les murs épais, éclairent l'ancienne chapelle du bâtiment où dix-huit des malheureux sont entassés. Barreaux de fer, triples guichets, verrous et sentinelles rendent toute tentative d'évasion impossible. Réduits à l'impuissance, les Girondins sont cependant autorisés à écrire, on leur donne du papier et une plume s'ils le réclament. Ils ont le droit de lire les journaux et peuvent même recevoir des visites.

Francis Alluaud revient voir Vergniaud. Mais il a peine à reconnaître son oncle dans le détenu au teint hâve et aux habits salis.

L'ancien avocat lui tend les bras : «Mon enfant, rassure-toi. Et regarde-moi bien. Quand tu seras un homme, tu diras que tu as vu Vergniaud, le fondateur de la République, dans le plus beau temps et dans le plus glorieux costume de sa vie. Celui où il souffrait la persécution des scélérats et où il se préparait à mourir pour les hommes libres».

Car les Girondins n'ont pas abandonné leur foi politique, aux portes de l'échafaud. On voit même les plus convaincus s'indigner d'être enfermés sous le même toit que «la veuve Capet». Marie-Antoinette attend, en effet, dans une cellule de la Conciergerie le terme de son procès, commencé le 14 octobre 1793. Une issue fatale : le 16, la reine déchue montera dans la charrette des condamnés. Direction la place de la Révolution...

On a souvent décrit l'existence des Girondins dans leur prison, l'affection attendrissante des jeunes Ducos et Boyer-Fonfrède, les plaisanteries sereines de Valazé, le stoïcisme de Gensonné, les prières de l'évêque Fauchet converti à un catholicisme plus orthodoxe, les lamentations de Boilleau aussi, faiblesse humaine bien compréhensible.

Les accusés ne se leurraient pas. Le 7 octobre, ils avaient appris l'arrestation de Gorsas, revenu à Paris sous une fausse identité : le député-journaliste avait été conduit à l'échafaud, sans autre forme de procès, comme traître à la république et hors-la-loi. Premier conventionnel guillotiné, il allait inaugurer une longue série d'exécutions.

***

Auraient-ils encore conservé un espoir, l'instruction, bouclée à la hâte, en quelques jours, et leurs interrogatoires les auraient détrompés. Dumas, le vice-président du tribunal pose des questions pièges et partiales : il reconnaîtra d'ailleurs plus tard avoir tronqué, dans son rapport, les réponses des inculpés, et les explications trop logiques et trop républicaines de Vergniaud en particulier.

***

Le 24 octobre, s'ouvre enfin le procès public.

Une foule hostile occupe dès l'aube le Tribunal révolutionnaire, gardé par les canons de la garde nationale. Sur l'estrade, le président Herman, ami de Robespierre, et ses assistants. A la table de l'accusation publique, Fouquier-Tinville, assisté du greffier Fabricius. Derrière les magistrats aux bicornes empanachés, trône le buste du Romain Brutus, encadré par les effigies des deux martyrs de la Révolution française : Marat et Le Peletier de Saint-Fargeau.

Un à un les accusés sont introduits dans la salle :

Brissot *(Eure-et-Loir)*, 39 ans
Vergniaud *(Gironde)*, 40 ans
Gensonné *(Gironde)* 35 ans
Lauze de Perret *(Bouches-du-Rhône)*, 46 ans
Carra *(Saône-et-Loire)*, 51 ans
Gardien *(Indre-et-Loire)* 39 ans
Dufriche-Valazé *(Orne)*, 42 ans
Duprat *(Bouches-du-Rhône)* 33 ans
Brulard-Sillery *(Somme)* 57 ans
Fauchet *(Calvados)* 49 ans
Ducos *(Gironde)*, 28 ans
Boyer-Fonfrède *(Gironde)* 27 ans
Lasource *(Tarn)* 39 ans
Lesterpt-Beauvais *(Haute-Vienne)* 43 ans
Duchastel *(Deux-Sèvres)* 27 ans
Mainvielle *(Bouches-du-Rhône)* 28 ans
Lacaze *(Gironde)* 42 ans
Lehardy *(Morbihan)* 35 ans
Boilleau *(Yonne)* 41 ans

Antiboul *(Var)* 40 ans
Viger *(Mayenne-et-Loire)* 36 ans.

Ils ont sept défenseurs, dont Chauveau-Lagarde, qui a déjà plaidé pour Charlotte de Corday et pour Marie-Antoinette, ce qui ne dispose pas les Montagnards en sa faveur.

Comme le souligne Chauveau-Lagarde, «les pièces à charge des accusés ne leur ont point encore été communiquées. Ce retard empêche de proposer leurs moyens de justification».

Intervention inutile. Le procès s'avère une parodie de justice. Tous les témoins cités à la barre sont des témoins à charge, exclusivement, dont les dépositions constituent autant de terribles réquisitoires.

Pendant cinq jours, du 24 au 29, pourtant, les accusés vont s'employer à réfuter les arguments de leurs adversaires, généralement avancés sans preuves. «Le témoin n'a cité aucun fait !» ne cesse de répéter Vergniaud, dont l'éloquence commence à ébranler la foule.

«Vous aviez des langues bien dorées, le miel était sur vos lèvres et le poison dans votre coeur, fulmine *Le père Duchesne*. Vous avez voulu péter plus haut que le cul, et vous n'avez pas réfléchi que la guillotine était au bout de la route !»

Seuls des fragments des plaidoiries sont parvenues jusqu'à nous, la presse de l'époque ayant pratiqué de larges coupures dans les discours des accusés. On sait par contre que l'un des jurés, brisant la réserve exigée de son titre, s'écria un jour : «J'observe que Marat a été assassiné et que Vergniaud respire encore !»

L'ultime discours de ce dernier, est, de l'avis des publicistes du temps, un chef-d'oeuvre. Pendant une heure et quart d'affilée, l'avocat bordelais tient en haleine l'assistance. Le respect qu'elle lui témoigne spontanément inquiète les Montagnards. Ils craignent un revirement des Parisiens, dont beaucoup se montrent las de la Terreur. Le maire Pache s'alarme de voir les curieux se presser autour du Palais de Justice, et invite le commandant de la garde nationale, Hanriot, à doubler les troupes.

Fouquier-Tinville, outrepassant ses attributions, écrit au président de l'Assemblée pour réclamer que l'on bâillonne les accusés :

«La lenteur avec laquelle marchent les procédures nous force à vous présenter quelques réflexions.... On se demande pourquoi des témoins ? La Convention, la France entière, accusent ceux dont le procès s'instruit. Les preuves de leurs crimes sont évidentes, chacun a dans son âme la conviction qu'ils sont coupables. Le tribunal ne peut rien faire par lui-même, il est obligé de suivre la loi. C'est à la Convention à faire disparaître toutes les formalités qui entravent sa marche».

Une délégation de Jacobins se rend à l'Assemblée nationale, appuyer sa demande : «Il faut débarrasser le tribunal des formes qui étouffent la conscience et empêchent la conviction. Il faut ajouter une loi donnant aux juges la faculté de déclarer qu'ils sont assez instruits. Alors, et seulement alors, les traîtres seront déçus et la Terreur sera à l'ordre du jour.»

Robespierre, ayant approuvé la proposition, la Convention se hâte de rédiger un décret décidant l'accélération des procès criminels : au bout de trois jours les débats peuvent être clos, si les jurés se déclarent suffisamment informés.

Le 30 octobre, à six heures du soir, forts de cette loi, les jurés du procès des Girondins estiment donc «leur conscience suffisamment éclairée». Et les jurés déclarent à l'unanimité les prévenus coupables de conspiration contre l'unité et l'indivisibilité de la République, et contre la liberté et la sûreté du peuple français. Qualifiant même les Girondins de «serpents venimeux».

On fait rentrer les malheureux dans la salle pour leur annoncer le verdict : la mort. Pour tous.

«Nous sommes innocents, peuple. On vous trompe !» rétorquent-ils en choeur.

Tandis que Lasource se tourne vers ses juges :

«Je meurs au moment où le peuple a perdu la raison, mais vous mourrez le jour où il l'aura retrouvée.»

Soudain, Valazé chancelle.

«Qu'as-tu donc ? Tu as peur ?» murmure Vergniaud, en le soutenant.

«Je meurs», réplique le député, dont la voix n'est déjà plus qu'un murmure : il vient de s'enfoncer un stylet dans le coeur.

Cela n'empêchera pas ses bourreaux d'ordonner que son cadavre soit conduit à la guillotine le lendemain.

***

C'est aux accents de *la Marseillaise*, que les condamnés regagnent la Conciergerie. A ce chant, les détenus des cellules voisines comprennent, et applaudissent, pour saluer les glorieuses victimes.

Il est plus de minuit. Les vingt-et-un Girondins ne dormiront pas. Un ultime repas les réunit, qui n'a rien du banquet imaginé par Lamartine avec «mets recherchés, vins rares, fleurs chères, flambeaux nombreux», jonchant «la table de chêne des prisons». Les Girondins emploient leurs derniers moments à parler entre eux ou à écrire à leurs familles.

L'adieu de Vergniaud est pour une femme, la jeune Adèle Sauvan. L'avocat ôte sa montre en or et émail bleu. A l'aide d'une épingle, il parvient à graver à l'intérieur du boîtier cinq mots :

«Vergniaud à Adèle
10 brumaire».

Il confie la précieuse relique à un garde, qui la remettra à sa destinataire. Puis, le chef de la Gironde brise la fiole de poison qu'il gardait sur lui. Il ne commettra pas la lâcheté d'abandonner ses compagnons à l'instant suprême.

***

L'aurore point lentement. Aux premières heures de la matinée, le bourreau fait irruption dans le cachot. Il coupe les cheveux, échancre les chemises, lie les mains des condamnés.

Quatre charrettes les attendent dans la cour de la Conciergerie. Ils se hissent dans les trois premières. La quatrième est réservée au cadavre de leur ami Valazé.

Il pleut à verse ce matin-là, mais les rues, les quais de la capitale sont noirs de monde.

Aux têtes qui se pressent, curieuses, aux fenêtres, à la foule avide de sensationnel, et de sang, les Girondins opposent un courage tranquille. Ils chantent des hymnes patriotiques. Aux cris de haine, ils répondent : «Vive la République !»

Le sinistre convoi s'arrête place de la Révolution, aux pieds de la Liberté, gigantesque statue de plâtre oeuvre de David. Sanson et ses aides attendent sur l'échafaud dressé auprès.

Ducos serre le bras de son beau-frère :

«Il y a un moyen de nous sauver encore, chuchote-t-il.

-Lequel ? murmure Boyer-Fonfrède, le coeur battant.

-Que la Convention décrète l'unité et l'indivisibilité de nos vingt-et-une têtes», rétorque le jeune Bordelais. Ultime boutade...

Sillery aura le triste privilège de monter sur l'échafaud le premier. Viger y grimpera le dernier, n'en déplaise à Lamartine.

Pour l'exemple, le chantre du romantisme a supplicié Vergniaud le dernier. Une entorse à la vérité historique aisément excusable, au nom de la force du récit.

«Comme ses compagnons, il ne mourait pas, il s'évanouissait dans l'enthousiasme, et sa vie, commencée par des discours immortels, finissait par un hymne à l'éternité de la Révolution».

*****

V - LES GIRONDINS APRES LA GIRONDE

Robespierre tombé, la spirale de la Révolution s'arrêta d'elle-même. Le mouvement des sans-culottes, discrédité par la Terreur, ne fit plus long feu. Les dernières journées insurrectionnelles des faubourgs parisiens furent facilement écrasées. Une réaction politique et économique s'amorça. Mais il n'y eut pas de retour à l'Ancien régime. Les aristocrates et les royalistes ne revinrent pas au pouvoir. Les bourgeois demeurèrent les grands vainqueurs.

Dès le 21 août 1794, soit moins d'un mois après la chute de l'Incorruptible, Bourdon de l'Oise évoquait, à la Convention, la nécessité de réintégrer les Girondins à l'Assemblée. Il fallut attendre le 8 décembre néanmoins, pour que les 75 protestataires, enfin libérés de prison, puissent faire leur rentrée. Dusaulx, le doyen d'âge, prononça le discours de remerciement au nom de tous ses collègues :

«Notre patriotisme constant, et même antérieur à la Révolution, notre vigilance dans ces conditions désastreuses dont la France gémit encore, notre infatigable vigilance, suivie d'un dévouement dont l'histoire parlera, n'ont-ils pas été reconnus et avérés dès que la Convention a triomphé de ses tyrans ?»

Il fallut plus de temps encore pour que fût réglée la douloureuse question des députés proscrits et déclarés hors-la-loi. Et Louvet, le seul rescapé de l'épopée de Saint-Emilion, s'irritait de ce retard.

La Convention fit un nouveau pas en avant, en décrétant de ne plus fêter l'anniversaire du 31 mai 1793. Mais c'est au printemps 1795, seulement, que l'Assemblée déclara par décret que les citoyens naguère poursuivis pour cause de fédéralisme «avaient bien mérité de la patrie».

Un hommage funèbre célèbre alors la réhabilitation des Girondins. Les représentants de la nation y assistent dans leur costume d'apparat, ceints de l'écharpe et coiffés du panache tricolore, mais un crêpe noir au bras gauche. Des guirlandes de chêne décorent ce jour-là fenêtres et portes. Un orchestre a été installé aux places où jadis siégeait la Montagne, «à l'endroit même où le volcan jacobite vomit si longtemps sur la France entière les fureurs et les crimes», rapporte un témoin.

Des urnes funéraires toutes noires, parsemées d'étoiles dorées, glorifient la mémoire des martyrs :

«Aux magnanimes défenseurs de la liberté, morts dans les prisons et sur les échafauds, pendant la tyrannie.»

«Aux intrépides défenseurs de la liberté, morts dans les combats pendant la guerre»...

Louvet prononce l'éloge de ses compagnons disparus :

«L'anniversaire du 2 juin 1793, c'est aujourd'hui. Eh ! qui nous rendra d'autres représentants non moins courageux et non moins fidèles ? Nos amis, qui nous les rendra ? Qui pourra rendre à la République la plupart de ses fondateurs ? Qui consolera cette tribune, veuve de ses plus grands orateurs ? cette tribune qu'ils honoraient de tant de talents, de tant de savoir, et d'où ils sont descendus pour monter sur l'échafaud ? Echafaud glorieux sans doute, à jamais glorieux, mais qui nous a causé des pertes longtemps irréparables.»

Thibaudeau prend ensuite la parole :

«Le 31 octobre 1793 fut le jour affreux où le complot des assassins de la patrie se dévoila entièrement, où ils traînèrent à l'échafaud des représentants fidèles. L'échafaud fut pour eux le chemin de l'immortalité... Ombres de Vergniaud et des républicains qui l'accompagnèrent au supplice, que ce jour puisse vous apaiser !»

On doit remarquer que l'histoire a déjà rendu justice à l'avocat bordelais. Quelques mois de recul ont suffi pour déboulonner Brissot et reconnaître en Pierre Vergniaud le chef incontesté de la Gironde...

«Je demande, poursuit l'orateur, que, dans toute la République, il soit célébré, le 31 octobre prochain, une pompe funèbre, en l'honneur des amis de la liberté qui ont péri sur l'échafaud.»

Elle aura lieu en présence des «restes de l'infortunée Gironde», 97 députés sur les 137 que comptait le groupe, d'après les estimations de Jacqueline Chaumié.

Au rythme du chant funèbre de Coupigny, intitulé *Aux mânes de la Gironde*, composition de Gossec :

«La liberté, de vos tombeaux,
Doit s'élever plus brillante et plus belle».

Suivi de l'*Hymne des Vingt-Deux*, de Marie-Joseph Chénier :

«Votre mort vous rend immortels.
Votre défaite est la victoire,
Vos échafauds sont des autels !»

***

Voilà la Gironde désormais érigée en symbole. Du moins pour les écrivains et historiens post-révolutionnaires, et les chefs du romantisme. Premier en date, Charles Nodier, auteur d'un vibrant *Dernier banquet des Girondins*. Dumas lui emboîte le pas avec son *Chevalier de Maison Rouge*. Ponsard célèbre les :

> «Grand Vergniaud, fier Louvet, généreux Barbaroux.
> Et vous tous, Girondins, jeune et vaillante armée.
> Où la vertu trouvait sa garde accoutumée».

Les frémissements de la révolution de février 1848 donnent une nouvelle accélération à la réhabilitation. Dans son *Histoire de la Révolution*, commencée en 1847, Michelet entreprend «l'apologie de la Gironde», sans passer sous silence, pour autant, les erreurs et faiblesses de ce parti : «Fondateurs de la République, dignes de la reconnaissance du monde pour avoir voulu la croisade de 1792 et la liberté pour toute la terre, ils (les Girondins) avaient besoin de laver leur tache de 1793, d'entrer par l'expiation dans l'immortalité».

Mais le grand chantre des Girondins, demeure Alphonse de Lamartine, le leader malheureux de février 1848. Son *Histoire des Girondins*, best-seller s'il en est de la littérature française, devint l'étendard des républicains quarante-huitards...

On sait que la vision des professeurs de l'Université, chargés de la commémoration du Centenaire de la Révolution, sera bien différente. Alphonse Aulard, premier détenteur de la chaire d'histoire de la Révolution, s'acharna à détruire l'image romantique des Girondins. Tout en avouant l'échec de la science face à la maîtrise du verbe des Girondins, qui vécurent «dans le feu de l'imagination» et virent «l'histoire en romanciers».

On a vu, au cours de cet ouvrage, que l'historiographie officielle du début du XXème siècle, elle aussi imprégnée de jacobinisme - Albert Mathiez, Georges Lefebvre, Albert Soboul - critiquait à l'envi ces «idéalistes enivrés de donner la liberté au monde», selon l'expression de Lefebvre. Une position dont Michel Vovelle, chargé par Jean-Pierre Chevènement, en 1982, de «mener une enquête exploratoire sur la participation de la Recherche à la célébration du Bicentenaire», se veut l'héritier.

«Il n'y a pas, ou quasiment pas d'historiens universitaires des Girondins», estime aujourd'hui Antoine de Baecque, de l'Université de Paris 1. Tout ce qui a été écrit à leur sujet a toujours été plus polémique que scientifique.

***

A la fin des années 1870, lorsqu'il devint certain que le régime républicain avait définitivement triomphé en France, départements et cités rivalisèrent dans la «grande commémoration plastique de ses vertus.» Ce fut, de Paris à Lyon, en passant par Bordeaux, une orgie de monuments à la gloire de la République. Mais la glorification bordelaise prit un aspect particulier. Girondin...

Le Conseil municipal émit à l'unanimité le voeu «d'édifier un monument qui, en même temps qu'il célébrerait le triomphe de la République, consacrerait la mémoire de nos grands aïeux de la Révolution les Girondins, dont le groupe tout entier prit une si grande part à la fondation de la liberté française».

Le 14 novembre 1893, la municipalité choisissait pour emplacement la place des Quinconces. Et, après maintes discussions, optait pour le projet du sculpteur Achille Dumilâtre, originaire de Bordeaux. L'artiste avait un caractère difficile, et des dissensions ne manquèrent pas de s'élever. D'autant que le coût de travaux atteignit vite un chiffre astronomique. Le budget initial avait été pratiquement triplé, alors que l'on n'avait toujours pas exécuté ce qui devait faire l'originalité bordelaise de la célébration de la République française : les deux groupes de Girondins prévus sur la maquette.

Guadet, Gensonné, Grangeneuve et Boyer-Fonfrède, côté Jardin Public auxquels Dumilâtre voulait adjoindre Brissot. Buzot, Pétion, Barbaroux et Vergniaud, bien entendu, côté Grand-Théâtre.

Les mauvaises langues chuchotaient que des raisons politiques étaient venues se greffer sur les considérations d'ordre financier. A l'aube du XXème siècle, les Girondins n'étaient plus dans l'air du temps. Voire il devenait suspect de se réclamer de leur exemple. Après tout, «la colonne élevée à leur mémoire suffit à les représenter !» conclut un adjoint au maire, en 1899. Sans rire.

Le couperet tomba une nouvelle fois sur les héros de la liberté. Il fut décidé que l'on ferait la colonne des Girondins ... sans Girondins !

Mais, bien qu'amputé de ses héros, le Monument aux Girondins, avec ses 50 mètres de hauteur, couronnés par le «Génie de la Liberté brisant ses fers», reste un symbole. Celui de «l'esprit girondin, esprit de mesure et de raison, avec le respect de la loi, mais aussi esprit de sacrifice, avec l'enthousiasme pour les idées, et tout particulièrement pour la Liberté... La «vraie» liberté», précise Michel Lhéritier.

«Bordeaux et sa région ont eu le privilège de donner un nom, «la Gironde», non seulement à une époque de la Révolution, mais en quelque sorte à une doctrine, à l'une des réponses que comporte cette «quête de la

Liberté» qui fut l'objet du grand mouvement politique et social de la fin du XVIIIème siècle. La Gironde et les Girondins c'est, écrivait l'historien Pierre-Louis Berthaud, en 1945, la liberté libérale en face de la liberté dirigée des Jacobins et du centralisme ; c'est la liberté, associée, fédérale, en face de la liberté imposée, niveleuse et unitaire, qui tourne souvent en despotisme.»

La Gironde et les Girondins, enfin, selon la superbe expression de l'historien polonais Konopczinski, citée par Lhéritier, c'est :

«la liberté éclairée».

****

Chronologie des principaux événements

1787

22 juin : opposition du parlement de Bordeaux que le roi exile à Libourne.

1788

18 juin : émeute grenobloise dite «Journée des tuiles».
8 août : le roi Louis XVI convoque les Etats généraux pour le 1er mai 1789.
25 août : rappel du ministre Necker

1789

Mars : élections aux Etats généraux.
5 mai : le roi ouvre les Etats généraux à Versailles.
17 juin : le Tiers état se déclare Assemblée nationale.
20 juin : serment du jeu de Paume
9 juillet : l'Assemblée se déclare «Assemblée nationale constituante».
11 juillet : le roi renvoie Necker.
12 juillet : émeutes à Paris suite au renvoi de Necker
14 juillet : prise de la Bastille.
16 juillet : le roi rappelle Necker.
Nuit du 4 août : abandon des privilèges et abolition de la féodalité.
26 août : vote de la Déclaration des Droits de l'Homme et du Citoyen.
5 octobre : marche des femmes de Paris sur Versailles , le roi est ramené à Paris où s'installe l'Assemblée.
2 novembre : les biens du Clergé sont mis à la disposition de la nation.

1790

5 janvier : la municipalité de Bordeaux demande à l'Assemblée nationale d'instituer une fête commémorative du 14 juillet.
7 janvier : émeutes à Versailles pour faire baisser le prix du pain.
21 janvier : le docteur Guillotin présente à l'Assemblée une machine à décapiter les condamnés à mort.
26 février : institution des 83 départements de France.
8 mars : décret maintenant l'esclavage.
16 mars : suppression des lettres de cachet.
17 mars : décision de vendre les biens du clergé.
21 mars : suppression de la gabelle.
5 avril : émeutes à Vannes.
17 avril : l'assignat reçoit valeur de monnaie.
21 mai : Paris est divisé en 48 sections.
17 juin : fête de la Fédération à Bordeaux.
19 juin : abolition des titres de noblesse.
12 juillet : texte définitif de la Constitution civile du Clergé.
14 juillet : fête de la Fédération au Champ de Mars à Paris.
4 septembre : démission de Necker.
6 septembre : suppression des Parlements.
21 octobre : adoption du drapeau tricolore par l'Assemblée.

29 octobre : soulèvement des mulâtres du Nord de Saint-Domingue.
4 novembre : insurrection à l'île de France (île Maurice).
22 novembre : l'armée autrichienne entre en Belgique.
25 novembre : soulèvement des esclaves noirs à Saint-Domingue.

1791

3 janvier : sommation aux ecclésiastiques de prêter serment à la Constitution civile sous 24 heures.
2 avril : mort de Mirabeau.
4 avril : Mirabeau au Panthéon.
20 juin : fuite de la famille royale.
21 juin : arrestation du roi à Varennes.
17 juillet : émeutes à Paris dispersées par la Garde nationale.
27 août : entrevue entre l'empereur d'Autriche et le roi de Prusse : déclaration de Pillnitz.
14 septembre : le roi prête serment à la nouvelle Constitution.
1er octobre : ouverture de l'Assemblée législative.
9 novembre : décret contre les émigrés.
29 novembre : décret contre les prêtres réfractaires.
28 décembre : décret de l'Assemblée organisant des bataillons de volontaires.
29 décembre : vote d'un crédit de 20 millions pour la guerre.

1792

23 janvier : pillages d'épiceries à Paris.
23 février : émeutes à Beauvais en raison du manque de grains.
15 avril : adoption de la devise «Liberté, Egalité, Fraternité».
20 avril : déclaration de guerre au «roi de Bohême et de Hongrie».
25 avril : Rouget de Lisle crée *La Marseillaise* à Strasbourg.
27 mai : décret de déportation des prêtres réfractaires.
4 juin : demande de levée de 20 000 «fédérés».
20 juin : le peuple de Paris envahit les Tuileries.
Le roi est contraint de porter le bonnet rouge.
11 juillet : l'Assemblée législative déclare «La Patrie en danger».
20 juillet : les «Brissotins» se rapprochent du roi.
10 août : prise des Tuileries et chute de la royauté.
Convocation d'une Convention nationale.
13 août : internement de la famille royale au Temple
23 août : prise de Longwy par les Prussiens.
2/6 septembre : massacre dans les prisons à Paris et en province.
20 septembre : fin de l'Assemblée législative.
Victoire de Valmy. La Convention nationale élit son bureau.
21 septembre : abolition de la royauté.
Proclamation de l'an I de la République.
25 septembre : La République est déclarée «une et indivisible».
21 octobre : prise de Mayence.
23 octobre : prise de Francfort.
6 novembre : victoire de Dumouriez à Jemmapes. Occupation de la Belgique.

19 novembre : la France accorde «fraternité et secours» à tous les peuples.
20 novembre : découverte des papiers secrets du roi dans l'armoire de fer des Tuileries.
27 novembre : décret d'annexion de la Savoie.
11 décembre : début du procès du roi.

1793

7 janvier : clôture du procès du roi.
21 janvier : le roi est guillotiné à Paris, place de la Révolution (aujourd'hui Concorde) à 10 heures 22 du matin.
1er février : déclaration de guerre à l'Angleterre et à la Hollande.
24 février : levée de 300 000 hommes avec des résistances en province.
7 mars : déclaration de guerre à l'Espagne.
10 mars : création du Tribunal révolutionnaire avec Fouquier-Tinville comme accusateur public.
11 mars : début de la rébellion en Vendée.
12 avril : vote de l'arrestation de Marat par la Convention.
15 avril : Pache, maire de Paris demande la destitution de 22 députés girondins.
18 mars : défaite de Dumouriez à Neerwinden.
3 avril : trahison de Dumouriez.
Arrestation de Philippe Egalité, duc d'Orléans.
6 avril : formation du comité de Salut public par la Convention.
29 avril : insurrection à Marseille.
29 mai : insurrection à Lyon.
31 mai : manifestation contre les députés girondins devant la Convention.
2 juin : arrestation de 27 députés et de deux ministres girondins sur pression de la Commune de Paris.
7 juin : insurrection à Bordeaux et dans le Calvados.
24 juin : Vote de la Constitution de l'an I.
13 juillet : assassinat de Marat par Charlotte Corday.
17 septembre : loi des suspects et début de la Terreur.
5 octobre : adoption du calendrier révolutionnaire.
16 octobre : Victoire de Wattignies contre les Autrichiens.
Exécution de la reine Marie-Antoinette.
24 octobre : procès de 21 députés girondins
31 octobre : les Girondins sont exécutés.
10 novembre : fête de la Liberté et de la Raison.
25 novembre : expulsion des cendres de Mirabeau du Panthéon.
29 novembre : nomination de Turreau à l'armée de Vendée : constitution des colonnes infernales.
12 décembre : les Vendéens sont écrasés par Marceau.
29 décembre : Toulon est repris aux Anglais.

1794

4 février : suppression de l'esclavage dans les colonies françaises.
26 février : mise sous séquestre des biens des «suspects».
13 mars : arrestation des hébertistes.
24 mars : exécution des hébertistes.

30 mars : arrestation des dantonistes.
14 avril : les cendres de Rousseau sont transférées au Panthéon.
8 juin : fête de l'Etre suprême sous la présidence de Robespierre.
26 juin : victoire de Fleurus contre les Autrichiens.
8 juillet : occupation de Bruxelles par les troupes françaises.
26 juillet : dernier discours de Robespierre à la Convention.
27 juillet : (*9 thermidor an II*) Robespierre et Saint-Just sont décrétés d'accusation et hors la loi.
28/30 juillet : exécution de 105 robespierristes.
1er août : arrestation de Fouquier-Tinville.
12 novembre : fermeture du club des Jacobins.

1795

20 janvier : les troupes françaises occupent Amsterdam.
17 février : signature des accords de la Jaunaye avec les Vendéens.
7 février : arrestation de Babeuf.
8 février : les cendres de Marat enlevées du Panthéon.
21 février : liberté des cultes.
2 mars : arrestation de Barère, Billaud-Varenne et Collot d'Herbois.
1er avril : insurrection des sans-culottes à Paris.
4 mai : massacre des Jacobins emprisonnés à Lyon.
20 mai : émeutes à Paris.
8 juin : mort de Louis XVII au Temple.
15 août : création du franc.
23 septembre : proclamation de la Constitution de l'an III.
1er octobre : annexion de la Belgique.
5 octobre : insurrection royaliste à Paris réprimée par Bonaparte.
26 octobre : amnistie sauf pour les émigrés.
31 octobre : Nomination des membres du Directoire après les élections aux Conseil des Cinq-Cents et des Anciens.

1796

19 février : suppression des assignats.
2 mars : Bonaparte nommé général en chef de l'armée d'Italie.
6 avril : manifeste des Egaux de Babeuf.
27 mai : Babeuf et ses amis sont guillotinés.
10 novembre : Bonaparte est nommé Consul avec Sieyès et Ducos.

****

NOTICES BIOGRAPHIQUES

Remarques
La graphie des noms propres présentant de multiples variantes au XVIIIème siècle, nous avons choisi l'orthographe la plus usitée. Par ailleurs, nous avons volontairement actualisé les noms des départements pour les lieux de naissance des personnages répertoriés dans cette notice.

Allut Antoine
Montpellier (Hérault) 1743, guillotiné le 25 juin 1794 à Paris.
Avocat à Uzès. Collabore à l'*Encyclopédie*. Député du Gard à la Législative. Reprend ses activités d'avocat après le 10 août 1792. S'étant prononcé pour les Girondins, il est accusé de fédéralisme, traduit devant le Tribunal révolutionnaire de Paris, condamné à mort.

Amar-Durivier Jean Augustin
Paris 1765 - 25 janvier 1837
Ecrivain, professeur à Bourges et à La Flèche. Est à Lyon pendant le siège de la ville par Kellermann (14 août-9 octobre 1793). Echappe à la répression contre les «fédéralistes». Reprend ses cours avant de devenir conservateur de la bibliothèque Mazarine.

Amyon Jean-Claude
Poligny (Jura) 3 avril 1735 - 17 juin 1803.
Député à la Convention. Ayant protesté contre l'insurrection parisienne du 31 mai 1793, il est arrêté avec 74 autres élus. Il reprend sa place à l'Assemblée fin 1794, avant de se retirer de la vie politique en 1797.

Andréi Antoine-François
Moïta (près de Bastia) 1733 - 1815.
Vicaire, puis traducteur d'opéras italiens, il sera élu à la Convention. Siégeant sur les bancs girondins, il est arrêté avec ses amis. Sauvé par la chute de Robespierre, il retournera à l'Assemblée jusqu'en 1797, puis se retirera en Corse.

Anthoine François Paul Nicolas
17 mars 1758 Boulay (Moselle). 17 août 1793 Metz (Moselle).
Avocat. Elu aux Etats généraux. Membre du club des Jacobins. Député de la Moselle à la Convention. Siège avec les Girondins, et dénonce la «tartuferie» de Robespierre en décembre 1792. Envoyé en mission en Moselle, il tombe malade le 10 mai 1793 et meurt en août.

Antiboul Charles Louis
Saint-Tropez (Var) 20 mai 1752, guillotiné à Paris le 31 octobre 1793.
Avocat. Administrateur du département du Var. Sympathisant des Girondins. Durant la révolte de Marseille, il est arrêté par les insurgés, relâché le 25 août 1793. Il est alors accusé d'avoir pactisé avec les factieux, transféré à Paris, traduit devant le Tribunal révolutionnaire et condamné à mort avec 20 Girondins.

Asselin Eustache Benoît
14 novembre 1735 Nesle (Somme). 5 décembre 1793.
Notaire. Député de la Somme à la Convention. Vote contre la mort du roi. Ami des Girondins, il proteste contre leur arrestation, mais n'est point inquiété. Disparaît ensuite de la vie publique.

Aubry François
Paris 1747 - Déméraray (Guyane hollandaise) 1798.
Militaire. Elu à la Convention par le département du Gard. Député de la Plaine, il est arrêté le 3 octobre 1793 pour avoir protesté contre l'arrestation des Girondins. Il sera libéré après la chute de Robespierre, reprendra son activité politique, mais sera exilé en Guyane à la suite du coup d'état du 18 fructidor an V.
Babey Pierre-Athanase-Marie
Orgelet (Jura) 2 mai 1743 - Salins (Jura) 9 novembre 1815.
Avocat, député du Jura à la Convention, il se prononce contre la mort du roi. Il proteste contre le 31 mai 1793, et, menacé d'arrestation le 2 octobre, se réfugie en Suisse. Il rentrera en France en décembre 1794.
Bailleul Jacques-Charles
Bordeaux-Saint-Clair (Seine-Maritime) 1762 - Paris 1843.
Avocat. Elu à la Convention, il siège dans les rangs de la Plaine. Vote contre la mort du roi, et proteste contre la journée du 31 mai 1793. Arrêté le 3 octobre, il échappe à la mort et reprend son poste dc député en décembre 1794.
Bailly Jean-Sylvain
15 septembre 1736 Paris. Guillotiné à Paris le 12 novembre 1793.
Savant illustre, il est élu député du tiers état aux Etats généraux, et devient maire de Paris en 1789. Chargé du maintien de l'ordre, il ordonne à La Fayette de disperser les manifestants du Champ-de-Mars le 17 juillet 1791. Il se retire à Nantes en novembre 1791. Mais il est arrêté le 5 septembre 1793, transféré à Paris, condamné à mort et exécuté.
Bancal des Issarts Jean-Henri
Saint-Martin-de-Londres (Hérault) 1750 - Paris 1826.
Notaire. Elu du Puy-de-Dôme à la Convention, il se prononce contre la mort du roi et pour l'expulsion de Marat de l'Assemblée. Les Montagnards l'accusaient de «rolandiser» la France. Envoyé auprès de Dumouriez, il est livré par ce dernier aux Autrichiens (2 avril 1793). Il sera échangé en décembre 1795 avec la fille de Louis XVI.
Baras Marie-Marc-Antoine
Toulouse (Haute-Garonne) 1754, guillotiné à Paris le 13 avril 1794.
Avocat, ami de Bailly, de Condorcet et de Rabaut-Saint-Etienne, il est accusé de fédéralisme et condamné à mort par le Tribunal révolutionnaire.
Barbaroux Charles-Jean-Marie
Marseille 6 mars 1767. Exécuté à Bordeaux le 25 juin 1794.
Avocat. Secrétaire de la commune de sa ville natale, il participe à la formation du bataillon des Marseillais. Assiste au 10 août 1792 à Paris. Est élu à la Convention par le département des Bouches-du-Rhône. Il devient l'ami de Roland. Dénonce la dictature de Robespierre. Après le 31 mai 1793, il se réfugie en Normandie, fait la connaissance de Charlotte Corday à Caen. Puis il gagne la Gironde avec Buzot et Pétion. Sur le point d'être pris, il tente de se suicider. Il sera porté moribond sur l'échafaud, à Bordeaux.
Barras Paul-François-Jean-Nicolas, comte de -
Fox-Amphoux (Var) 30 juin 1755 - Chaillot 29 janvier 1829.
Capitaine dans les armées du roi. Elu député suppléant du Var à la Convention, il siégera à partir de novembre 1792. Envoyé mettre un terme aux menées contre-révolutionnaires à Marseille, il veut «sauver Marseille en 1793 et raser Toulon» (13 octobre). Il contribuera à renverser Robespierre. Devenu membre du Directoire il est exilé en Belgique par

Bonaparte.
Barthélémy Jean-André
Le Puy (Haute-Loire) 1742 - Saint-Quentin-de-Chaspinhac (Haute-Loire) 1817.
Avocat. Député à la Convention. Favorable aux Girondins, soupçonné de fédéralisme, il préfère démissionner. Il ne sera pas inquiété par la Terreur. Après 1798 il redeviendra avocat.
Basire Claude
Dijon (Côte d'Or) 21 octobre 1761, guillotiné à Paris le 5 avril 1794. Montagnard, accusé de «modérantisme» pour s'être élevé contre la «boucherie», il est arrêté le 17 novembre 1793, jugé et condamné à mort.
Baudin Pierre-Charles-Louis
Sedan (Ardennes) 18 décembre 1748 - Paris 14 octobre 1799.
Maire de Sedan en 1790, élu à la Convention, il vote contre la mort de Louis XVI et pour la mise en accusation de Marat. Après le 9 Thermidor il participera à la réaction antimontagnarde.
Baudouin François-Jean
Paris 1759 - Antony (Hauts-de-Seine) 1838.
Imprimeur de l'Assemblée nationale, il refuse d'imprimer la pétition du Champ-de-Mars le 17 juillet 1792, publie *Le logographe*, journal satirique antirévolutionnaire, supprimé le 15 août 1792, puis *Le Journal des débats* qu'il est obligé de céder à Louvet, sur ordre des Girondins.
Béraud Marcellin
Valbenoite (Saint-Etienne) 1741 - 1809.
Juge de paix. Elu de Saône-et-Loire à la Convention. Sympathisant des Girondins, il fait partie du Comité de division et prépare un plan de division administrative de la France à tendance fédéraliste.
Bergoeing François
Saint-Macaire (Gironde) 31 mars 1750 - 28 novembre 1829.
Médecin. Elu député suppléant à la Convention, il siège en remplacement de Siéyès qui a opté pour la Sarthe. Il vote la mise en accusation de Marat. Fait partie de la Commission des Douze, et publie une brochure intitulée *La longue conspiration des Jacobins pour dissoudre la Convention nationale, prouvée par Bergoeing.* Décrété d'arrestation le 2 juin 1793, il parvient à s'enfuir en Bretagne, avant de se cacher en Gironde. Il reprit son siège à la Convention en mars 1795. Poursuivit sa carrière jusqu'au 18 brumaire, avant de servir Murat.
Bernard Claude (dit Bernard des Sablons)
Les Sablons (Seine-et-Marne) 1757 - 1831.
Fils d'un maçon, député de Seine-et-Marne à la Convention, il siège avec les Girondins. Quasi analphabète, il présente sa démission le 31 mai 1793, mais celle-ci est refusée.
Bernard Marc-Antoine
Cadenet (Vaucluse) 29 octobre 1755, guillotiné à Paris le 22 janvier 1794.
Chirurgien. Député suppléant des Bouches-du-Rhône, il prend part à la révolte fédéraliste du Midi contre la Convention en juin 1793. Appelé à l'Assemblée après la mort de Barbaroux, il est dénoncé comme fédéraliste par la société populaire de Tarascon, arrêté le 10 novembre 1793, et exécuté.

Bertrand-Lahosdinière Charles Ambroise
La Carneille (Orne) 1756 - Le Hamel (Orne) 1819.
Député à la Convention, siège aux côtés des Girondins. Démissionne après le 31 mai 1793. Arrêté le 2 juin, il est libéré, et sera rappelé à l'Assemblée le 8 juillet suivant. Il sera emprisonné durant quelques mois à la Restauration.
Billemaz François Billiemas, dit -
Belley (Ain) vers 1750. Guillotiné le 5 décembre 1793.
Magistrat. Ouvre le Club central à Lyon en mai 1790. Après la prise de la ville par les armées de la Convention, il est accusé d'être girondin et condamné à mort.
Birotteau Jean-Bonaventure-Blaise-Hilarion
Perpignan (Pyrénées-Orientales) 21 octobre 1758. Exécuté à Bordeaux le 24 octobre 1793.
Avocat. Député girondin à la Convention. Vote la mise en accusation de Marat. Décrété d'arrestation le 2 juin 1793, il parvient à s'échapper. Se joint au Comité insurrectionnel de Lyon, avant de gagner Bordeaux. Il est arrêté, guillotiné en présence de Tallien.
Blad Claude-Antoine-Augustin
Brest (Finistére) 20 août 1764 - Toulon (Var) 10 décembre 1802.
Fils de pharmacien, député du Finistère à la Convention. Ayant protesté contre la journée du 31 mai, il est décrété d'arrestation le 3 octobre 1793. Il ne retournera à l'Assemblée qu'après Thermidor. Il prône alors la révision de la Constitution : «le peuple n'ignore pas que la Constitution de 1793 a été décrétée au milieu des éclairs et des foudres de la Sainte Montagne».
Blanqui Jean Dominique
Drap (Alpes-Maritimes) 23 avril 1757 - Paris 31 mai 1832.
Homme de loi, élu à la Convention après la réunion du Comté de Nice à la France. Girondin, il proteste contre les journées du 31 mai et du 2 juin, et est arrêté le 3 octobre 1793. Il sera libéré après 10 mois d'emprisonnement et poursuivra sa carrière politique.
Blaux Nicolas-François
Rambervillers (Vosges) 1729 - Ancy-sur-Moselle (Moselle)1822.
Fils d'un cabaretier, il fait de solides études, devient conseiller du roi de Pologne, puis procureur et ensuite maire de Sarreguemines. Elu à la Convention, il signe la protestation contre les 31 mai et 2 juin, et est décrété d'arrestation le 3 octobre 1793. Libéré après 14 mois de prison, il retrouvera sa place à la Convention et se spécialisera dans la législation.
Blaviel Antoine-Innocent
Cajarc (Lot) 9 février 1757 - 25 août 1842.
Avocat. Proteste contre les 31 mai et 2 juin, est décrété d'arrestation le 3 octobre. Il retrouvera son siège après Thermidor, avant de devenir juge au tribunal de Figeac.
Bohan Alain
Hansec (Finistère) 1750 - Rennes (Ille-et-Vilaine) 1814.
Avocat. Député du Finistère à la Convention, partisan des Girondins, il est décrété d'arrestation le 3 octobre 1793 et emprisonné à La Force puis aux Carmes. Il retrouve son siège après Thermidor.
Boilleau d'Ausson Jacques
Avallon (Yonne) 25 mai 1751. Exécuté à Paris le 31 octobre 1793.
Avocat au Parlement. Elu à la Convention par son département, il s'attache au parti girondin. Il réclame la mise en accusation de Marat qu'il qualifie de «monstre». Elu à la

Commission des Douze, il est décrété d'arrestation le 2 juin 1793, d'accusation le 3 octobre, et condamné à mort avec les Girondins.

Bonet de Treyches Joseph-Balthazar

Saint-Jeures (Haute-Loire) 1757 - Paris 1828.

Avocat, girondin, décrété d'accusation le 3 octobre 1793, il réussit à fuir en Suisse. Il rentrera à l'Assemblée après Thermidor et siégera jusqu'à la Restauration.

Bonnet Pierre-François-Dominique

Limoux (Aude) 1754 - Conques 1809.

Avocat. Député de l'Aude à la Convention. Délégué à l'armée des Pyrénées-Orientales, dénoncé comme partisan des fédéralistes, il se fait porter malade en novembre 1793, et ne réapparaîtra qu'après Thermidor.

Bonneville Nicolas de -

Evreux (Eure) 1760 - Paris 1828.

Publiciste, rédacteur de journaux patriotiques, partisan des Girondins, il est arrêté en 1793 mais libéré après Thermidor.

Bouquey Thérèse Angélique

Saint-Emilion (Gironde).

Elle cache chez elle, à Saint-Emilion, Guadet, dont elle est la belle-soeur, et ses amis girondins proscrits. Arrêtée, elle est condamnée à mort par le tribunal révolutionnaire de Lacombe et guillotinée en juillet 1793.

Bourguignon-Dumolard Claude-Sébastien

Vif (Isère) 21 mars 1760 - Paris 22 avril 1829.

Jurisconsulte. Pour avoir protesté contre l'arrestation des Girondins, les 31 mai et 2 juin 1793, il est arrêté par les Montagnards. Après sa libération, il se réfugie à Paris et lutte contre Robespierre dont il saisira les papiers le 9 Thermidor.

Bouvenot Pierre

Arbois (Jura) 1746 - Volans 1833.

Avocat à Besançon, député à la Législative, il est traduit devant le Tribunal révolutionnaire par la Convention pour avoir protesté contre le 31 mai 1793. Mais il n'est pas inquiété.

Boyer-Fonfrède Jean-Baptiste

Bordeaux 5 décembre 1765. Guillotiné à Paris le 31 octobre 1793.

Fils de négociant, député de la Gironde à la Convention, et secrétaire de l'Assemblée le 24 mars 1793. Il tente de concilier Girondins et Montagnards ce qui lui vaut d'être épargné de la proscription le 2 juin 1793. Le 3 juillet, il est finalement arrêté comme «ami du traître Vergniaud», et condamné à mort. Il monte à l'échafaud en chantant.

Bresson Jean-Baptiste-Marie-François

Darney (Vosges) 1760 - Moulineaux (Hauts-de-Seine) 1832.

Avocat. Député des Vosges à la Convention, il vote contre la mort du roi, pour la mise en accusation de Marat et signe la protestation contre le 31 mai 1793. Décrété d'accusation, il parvient à fuir à Contrexéville. Il rentrera après Thermidor.

Brillat-Savarin Anthelme

Bellay 1755 - Paris 1826.

Député aux Etats généraux. Maire de Bellay en 1793, il est accusé de fédéralisme et doit fuir en Suisse puis aux Etats-Unis. Il rentre en France après 1796, et publie *La Physiologie du goût* en 1825.

Briot Pierre-Joseph

Orchamps (Franche-Comté) 1771 - Auteuil 1827.

Avocat. Député du Doubs à la Convention, partisan des Girondins, il échappe aux proscriptions en s'engageant dans les armées de la Révolution. Mais il est dénoncé par le frère de Robespierre. Arrêté, il ne sera libéré qu'après Thermidor.

Brissot Jacques Pierre, dit - de Warville

Chartres (Eure-et-Loir) 15 janvier 1754 - guillotiné à Paris le 31 octobre 1793.

Treizième enfant d'un rôtisseur. Clerc, publiciste, il fonde en 1788 la Société des amis des noirs, et en 1789 Le Patriote français. Elu de l'Eure-et-Loir à la Convention. Accusé d'être le «chef des factieux», il est rayé de la liste des Jacobins. Soupçonné d'être un ami du «traître Dumouriez» il est décrété d'arrestation le 2 juin 1793, et condamné à mort.

Brouard Etienne

Vire (Calvados) 1765 - Paris 1833.

Avocat. S'enrôle dans les volontaires du Calvados en 1791. Incarcéré en 1793 pour avoir blâmé la Terreur. Il s'engagera dans l'armée et finira général.

Brunel Ignace

Magnières (Meurthe) 1742 - Toulon (Var) 1795.

Maire de Béziers en 1791. Député de l'Hérault à la Convention, il fait partie du Comité des colonies. Il vote contre la mort du roi en janvier 1793. En mission à Lyon durant l'été 93 il sympathise avec les révoltés. Décrété d'arrestation le 2 août, il sera libéré après Thermidor. Envoyé à Toulon mater l'insurrection des ouvriers de l'arsenal en 1795, il se serait suicidé.

Bruyset Jean-Marie

Lyon 1749 - 1817.

Imprimeur-libraire à Lyon. Il participe en 1793 à la rébellion de la ville contre la Convention. Il est emprisonné avec son frère, Pierre-Marie : celui-ci sera condamné à mort.

Buzot François-Nicolas-Léonard

Evreux (Eure) 1er mars 1760 - Saint-Magne (Gironde) 18 juin 1794

Avocat. Elu de l'Eure à la Convention. Tombé sous le charme de Madame Roland, il s'oppose violemment à Marat. Décrété d'accusation le 2 juin 1793, il s'enfuit à Evreux, gagne Caen, passe en Bretagne, puis s'embarque pour la Gironde. Traqué et sur le point d'être arrêté, il se suicide le 18 juin 1794.

Cambon Pierre-Joseph

Montpellier (Hérault) 1756 - Saint-Josse-ten-Noode (Bruxelles) 1820.

Commerçant. Spécialiste des finances à la Convention. Il flétrit les massacres de septembre et lutte contre la Commune de Paris avec les Girondins. Avant de se rapprocher des Montagnards. Accusé de complicité avec les «terroristes» par les Thermidoriens, il doit se cacher, puis s'exiler à Bruxelles.

Camboulas Simon

Saint-Geniez (Aveyron) 1760 - Riom (1840.

Négociant. Député de l'Aveyron à la Convention. En mai 1793 il embrasse la cause des Girondins proscrits, et veut faire arrêter les sans-culottes de Paris, avant d'effectuer un revirement politique.

Carra Jean-Louis

Pont-de-Veyle (Ain) 1742 - guillotiné à Paris le 31 octobre 1793.

Fondateur avec Sébastien Mercier des *Annales patriotiques* en octobre 1789. Représentant de la Saône-et-Loire à la Convention, il est nommé par Roland bibliothécaire à la Bibliothèque nationale. Il se rapproche des Girondins. Accusé de fédéralisme, il est arrêté le 2 août 1793, décrété d'accusation le 3 octobre et guillotiné le 31. Il a laissé des *Mémoires historiques et authentiques sur la Bastille* (1790).

Carrion-Nisas Marie-Henri-François-Elisabeth, marquis de

Montpellier 1777 - 1841.

Officier de cavalerie. Arrêté en 1793 comme suspect de fédéralisme, il sera libéré après Thermidor. Il deviendra partisan de l'Empire.

Carteaux Jean-François

Allevan (Forez) 1751 - 1813

Militaire, il finira général. Chargé de combattre les insurrections fédéralistes de l'été 1793, il pénètre dans Marseille en août, puis entreprend le siège de Toulon. Il sera révoqué dès ses premiers échecs, arrêté, et libéré après Thermidor. Bonaparte, qui avait servi sous lui devant Toulon, lui accordera une pension.

Casenave Antoine

Lambeye (Pyrénées-Atlantiques)) 1763 - Paris 1818.

Magistrat. Député des Basses-Pyrénées à la Convention. Il se prononce contre la mort du roi et pour la mise en accusation de Marat. Sympathisant des Girondins, il n'en continue pas moins à siéger après le 2 juin 1793.

Cassanyès Jacques-Joseph-François

Canet (Pyrénées-Orientales) 1758 - 1843.

Fils de chirurgien. Montagnard indépendant à la Convention, il aide certains Girondins (dont Birotteau) à fuir les proscriptions de juin 1793.

Castellanet

Dates inconnues

Notaire à Marseille, député à la Constituante en 1789. Il est attaché au parti girondin. Dénoncé le 19 juin 1793 comme contre-révolutionnaire, il ne se présente pas à la convocation de la Convention, ce qui lui permet de sauver sa tête.

Cavaignac Jean-Baptiste

Gourdon (Lot) 1762 - Ixelles (Belgique) 1829.

Fils de magistrat. Député du Lot à la Convention. Il proteste après la journée du 31 mai 1793, mais demeure représentant de l'armée de Mayence qui opère contre les Vendéens. Il sera exilé en Belgique à la Restauration.

Cazeneuve Ignace de -

Gap (Hautes-Alpes) 1747 - 1806.

Maire de Gap en 1790. Evêque constitutionnel des Hautes-Alpes en 1791. Représentant de son département à la Convention, il siège sur les bancs de la Plaine. Ayant protesté contre la proscription des Girondins, il est décrété d'arrestation et emprisonné. Il reprendra ses fonctions après Thermidor. Ayant démissionné de son évêché en 1798 il mourra dans la misère.

Chalier Marie-Joseph

Suze (Piémont Italie) 1747. Guillotiné le 16 Juillet 1793

Négociant, il s'enflamme pour la Révolution et «prend» la Bastille.

Revenu à Lyon, il se met à la tête du parti montagnard de cette ville. Durant la révolte royaliste de février 1793, il fait arrêter et guillotiner nombre de ses adversaires politiques. Mais le 29 mai, les Jacobins sont battus par les Girondins. Chalier est fait prisonnier et guillotiné le 16 juillet.

Chambon Aubin Bigorie du Chambon, dit -

Lubersac (Corrèze) 13 août 1757. Massacré à Lubersac le 20 novembre 1793.

Trésorier des Finances à Limoges, il est élu par la Corrèze à la Convention et choisit le parti girondin. Il prend fait et cause pour Roland contre Robespierre. Décrété d'arrestation avec ses amis politiques en juin 1793, il réussit à s'enfuir à Bordeaux, puis gagne la Corrèze. Dénoncé, il sera massacré par la foule armée qui tente d'incendier la ferme où il s'est réfugié.

Chasset Charles-Antoine

Villefranche 1745 - Tournus (Saône-et-Loire) 1824.

Avocat et maire de sa ville natale. Elu à la Convention, il s'oppose aux pétitionnaires de la Commune et soutient les Girondins. Décrété d'arrestation, et déclaré traître à la patrie, il réussit à s'enfuir en Suisse puis en Autriche, tandis que sa femme est arrêtée. Il reprendra sa carrière politique après Thermidor et sera fait comte d'Empire.

Chastellain Jean-Claude

Hermé (Seine-et-Marne) 1747 - Subligny 1824.

Représentant de l'Yonne à la Convention, il demande à partager le sort des Girondins après le 2 juin 1793. Pendant sa détention, il écrit un projet de Constitution. Il retournera à l'Assemblée après la chute de Robespierre.

Chauveau-Lagarde Claude-François

Chartres (Eure-et-Loir) 1756 - Paris 1841.

Avocat, fils de barbier. Il assure la défense de Brissot, de Charlotte Corday, de la reine Marie-Antoinette, puis de Madame Elisabeth devant le Tribunal révolutionnaire. Etant retourné à Chartres, il est arrêté, mais échappe à la mort grâce au 9 Thermidor.

Chazal Jean-Pierre

Pont-Saint-Esprit (Gard) 1766 - Bruxelles 1840.

Avocat au Parlement de Toulouse. Il siège avec le Marais, mais proteste contre la journée du 2 juin 1793. Il parvient à échapper à la proscription et reprend sa carrière après Thermidor.

Chénier André Marie de -

Constantinople 29 octobre 1762, guillotiné à Paris le 27 juillet 1794.

Poète dès l'âge de 12 ans, il s'enflamme pour la Révolution, entre à la Société de 89 grâce à Condorcet. Il défend d'abord le parti constitutionnel, et lutte contre Robespierre. Son *Ode à Charlotte Corday* signe son arrêt de mort. Il écrit *La jeune captive*.en prison. Il sera guillotiné le 7 thermidor, deux jours avant la chute de Robespierre.

Chénier Louis de -

Montfort (Languedoc) 1723 - 1796.

Père du précédent. Négociant installé à Constantinople. Nommé consul général du Maroc, il devient membre du premier Comité de surveillance de Paris à la Révolution. Il est favorable aux Girondins. Auteur de traités d'histoire.

Chevalier Jacques

Saint-Aubin-de-Locquenay (Sarthe) 1734 - 1812.

Petit cultivateur, élu de la Sarthe à la Convention. Il vote contre la mort du roi et pour la mise en accusation de Marat. Il désapprouve la politique anticléricale de l'Assemblée. Le 15 juin 1793, à l'appel de son nom, il réplique : «Présent à la tyrannie!». Il est déclaré démissionnaire en décembre et se retire de la vie publique.

Chiappe Ange
Sartène (Corse) 1760 - Paris 1826.
Elu par le tiers état de la Corse aux Etats généraux, puis représentant à la Convention. Rattaché au parti girondin avec son compatriote Andréi. Il poursuivra sa carrière jusque sous l'Empire.
Clavière Etienne
Genève 1735 - Paris 1793
Banquier établi à Paris en 1782, il est nommé ministre des Finances en 1792 dans le gouvernement girondin que Louis XVI renvoie en juin de la même année. Réintégré dans ses fonctions après le 10 août, il sera décrété d'accusation avec les Girondins le 2 juin 1793. Il se suicide pour échapper à la guillotine.
Condorcet Marie-Jean-Antoine-Nicolas de Caritat, marquis de
Ribemont (Aisne) 1743 - Bourg-la-Reine (Hauts-de-Seine) 1794.
Mathématicien, ses travaux lui valent d'être reçu à l'Académie des sciences en 1769. Il se tourne alors vers la philosophie et l'économie politique, et dénonce l'esclavage des noirs dès 1777. Elu député de l'Aisne, de la Gironde, du Loiret, de la Sarthe et de l'Eure à la Convention, il opte pour l'Aisne. Ami de Brissot et des Girondins, il se méfie cependant du «régime de partis». Farouche opposant à la peine de mort, il se prononce contre l'exécution de Louis XVI. Il est chargé de rédiger le projet de Constitution dite «girondine» que Robespierre repoussera en avril 1793. Décrété d'arrestation le 3 octobre, il fuit de cachette en cachette avant d'être reconnu et livré par un cabaretier au printemps 1794. Emprisonné le 28 mars, il est retrouvé mort le lendemain. Probablement s'est-il empoisonné.
Condorcet (Marie-Louis-Sophie de Grouchy, madame de)
Villette (près de Meulan, Normandie) 1764 - Paris 1822.
Nièce du président Dupaty, elle épouse Condorcet en 1786. Elle tient à Paris un salon brillant où elle reçoit les chefs girondins. A la mort de son mari, ses biens seront confisqués et elle ne retrouvera son salon qu'après Thermidor.
Corbel Vincent-Claude
Baud (Morbihan) 1749 - 1831.
Magistrat. Elu du Morbihan à la Convention. Vote contre la mort du roi. Ayant protesté contre les journées du 31 mai et du 2 juin 1793, il est décrété d'arrestation le 3 octobre. Il retrouvera l'Assemblée en décembre 1794.
Corday d'Armans Marie Anne Charlotte de -
Saint-Saturnin-des-Ligneries (Orne) 27 juillet 1768 - guillotinée à Paris le 17 juillet 1793.
D'une famille plutôt pro-royaliste, elle se découvre adepte des idées nouvelles. Après la proscription des Girondins, elle entre en contact avec certains des chefs de ce parti retirés en Normandie, et vient à Paris assassiner Marat le 13 juillet 1793. Elle est exécutée quatre jours plus tard.
Coren-Fustier Simon-Joseph
Les Vans (Ardèche) 1747 - Chambonas (Ardèche) 1823.
Avocat au Parlement de Toulouse. Elu député de l'Ardèche à la Convention, il vote contre la mort du roi et pour la mise en accusation de Marat. Membre du Comité des finances, il démissionne de l'Assemblée le 12 août 1793, et se retire de la vie publique.
Cornilleau René
Le Mans (Sarthe) 1744 - Volnay (Sarthe) 1810.
Notaire. Elu de la Sarthe à la Convention, il s'efforce, après le 31 mai 1793, d'organiser

une force armée qui, de province, marchera contre Paris. Il arrêté, emprisonné pendant un an. Il retrouvera son poste après Thermidor.
Couppé Gabriel Hyacinthe
Lannion (Côtes-d'Armor) 1757 - Tonquédec (Côtes-d'Armor) 1832.
Avocat au Parlement de Rennes. Se prononce contre l'exécution du roi et pour la mise en accusation de Marat. Signataire de la protestation après le 2 juin 1793, il est décrété d'arrestation. Il tente de s'enfuir de Paris avec Kervélégan, mais est appréhendé en chemin. Il retrouvera sa place à la Convention en décembre 1794.
Coustard de Massy Anne-Pierre
Léogane (Saint-Domingue) 28 octobre 1734. Guillotiné à Paris le 6 novembre 1793.
Président des Jacobins de Nantes, il est élu à la Convention. Il vote contre la mort du roi et pour la mise en accusation de Marat. Ses relations avec les Girondins le rendent suspect. Accusé de propager l'esprit de résistance en Loire-Inférieure et de fournir des munitions aux Vendéens, il arrêté, transféré à Paris et exécuté.
Couthon Georges Auguste
Orcet (Puy-de-Dôme) 22 décembre 1755. Guillotiné à Paris le 28 juillet 1794.
Montagnard convaincu, il est chargé, durant l'été 1793, de conduire la répression contre Lyon révoltée. La répression est terrible, mais Couthon ne peut se résoudre à raser la ville, rebaptisée «Commune-Affranchie». Son destin est ensuite lié à celui de Robespierre.
Creuzé La Touche Jacques-Antoine
Châtellerault (Vienne) 1749 - Paris 1800.
Avocat et magistrat. Membre actif du club des Jacobins. Député de la Vienne à la Convention. Il siège au Marais mais montre de la sympathie pour les Girondins. Il recueillera la fille des Roland après leur exécution. Il rédigera la Constitution du Directoire.
Cussy Gabriel de -
Caen (Calvados) 13 août 1739. Guillotiné à Paris le 15 novembre 1793.
Directeur de la Monnaie à Caen. Elu à la Convention par le Calvados, il siège avec les Girondins. Il rejoint ses amis fugitifs à Caen après la proscription du 2 juin 1793. Décrété d'arrestation le 28 juillet, il s'enfuit dans le Finistère, gagne Bordeaux où il est emprisonné sous un faux nom. Reconnu par Tallien et Ysabeau, il est transféré à Paris, où il sera exécuté.
Custine Adam Philippe, comte -
Metz (Moselle) 4 février 1740. Guillotiné à Paris le 28 août 1793.
Officier dans les armées royales, puis général sous la Révolution. Après de brillants succès, il échoue devant Mayence et offre sa démission qui est refusée par Robespierre. Cependant, après la chute des Girondins, il est accusé d'aspirer à la dictature, arrêté et exécuté. Son fils, qui lui sert d'aide de camp, sera lui aussi guillotiné le 3 janvier 1794, en raison de ses relations avec Condorcet et les Girondins.
Dabray Joseph-Séraphin
Nice (Alpes-Maritimes) 1754 - 1831
Avocat. Député des Alpes-Maritimes à la Convention. Il signe la protestation contre les journées des 31 mai et 2 juin 1793, et est arrêté le 3 octobre. Il passera un an en prison, avant de revenir à l'Assemblée en décembre 1794.
Daubermesnil François-Antoine Le Moine
Fitou (Aude) 1748 - Perpignan (Pyrénées-Orientales) 1802.
Avocat à Castres. Député du Tarn à la Convention, il donne sa démission après le 31 mai 1793. Il sera rappelé à l'Assemblée en août 1795.

Daunou Pierre-Claude-François
Boulogne-sur-Mer (Pas-de-Calais) 1761- Paris 1840.
Ecclésiastique, il accepte la Constitution civile du clergé. Député du Pas-de-Calais à la Convention, il se prononce contre la mort du roi. Décrété d'arrestation le 20 octobre 1793 pour avoir signé la protestation à la suite du 2 juin 1793, il demeure emprisonné pendant 14 mois. Il retrouvera l'Assemblée après Thermidor. Responsable de l'instruction publique, il organise les Archives nationales. Il sera écarté de la vie politique par Napoléon en tant que libéral.
Dauphole Jean-Pierre
Campan (Hautes-Pyrénées) 1757 - Gerde (près de Campan) 1836.
Avocat. Député suppléant à la Convention, il est emprisonné pour avoir protesté contre les événements des 31 mai et 2 juin 1793. Il retrouve ses fonctions après Thermidor.
De Bry Jean-Antoine-Joseph
Vervins (Aisne) 1760 - Paris 1834.
Avocat. Député de l'Aisne à la Convention. Ayant protesté contre le 2 juin 1793, il doit à la protection de Barère d'être épargné. Il sera pourtant accusé de fédéralisme.
Dechézeaux Pierre-Charles-Daniel-Gustave
La Flotte (île de Ré) 8 octobre 1760. Guillotiné à La Rochelle le 17 janvier 1794.
Député de Charente-Inférieure à la Convention. Se tient à l'écart de conflits politiques, mais proteste contre la journée du 2 juin 1793, et donne sa démission. Il est alors accusé de fédéralisme, emprisonné à la Rochelle le 10 novembre, puis exécuté.
Defermon des Chapelières Jacques
Basse-Chapelières (Loire-Atlantique) 1752. Paris 1831.
Parlementaire. Représentant d'Ille-et-Vilaine à la Convention. Ayant protesté contre le 2 juin 1793, il est accusé de complicité, et décrété d'arrestation le 3 octobre. Il reste caché un an en Bretagne. Rentré à l'Assemblée après Thermidor, il signera le traité avec les Chouans.
Delahaye Jacques-Charles-Gabriel
Orbec (Calvados) 1761 - Paris 1819.
Magistrat. Elu de la Seine-Inférieure à la Convention, il siège avec les Girondins. Il s'enfuit à Caen après le 2 juin 1793, fomente la rébellion contre Paris. Il participera à la réaction thermidorienne.
Delamarre Antoine
Saint-Thibault (Oise) 1756 - Grandvilliers (Oise) 1824.
Notaire. Elu de l'Oise à la Convention. Membre de la Plaine, il est décrété d'arrestation le 3 octobre 1793 pour avoir signé la protestation contre le 2 juin. Il restera en prison jusqu'à Thermidor, puis reprendra ses fonctions à l'Assemblée.
Delaunay jeune Pierre-Marie
Angers (Maine-et-Loire) 1755 - 1814
Avocat. Il siège avec la Plaine, mais, ami des Girondins, il fait imprimer et distribuer une protestation contre les événements de la journée du 31 mai 1793, et tente d'organiser une force départementale armée qui marchera de Saumur sur Paris. Il échappera cependant à toutes poursuites.
Delecloy Jean-Baptiste-Joseph
Lucheux (Somme) 1747 - Amiens (Somme) 1807.
Notaire. Elu de la Somme à la Convention, il siège avec la Plaine mais proteste contre le

2 juin 1793.

Deleyre Alexandre

Portets (Gironde) 1726 - Paris 1796.

Ami des Encyclopédistes. Député de la Gironde à la Convention, il fut le seul élu originaire du département à siéger sur les bancs de la Montagne, avec Jay et Garrau, mais se tint à l'écart des querelles.

Derazey Jean-Joseph-Eustache

Mirecourt (Vosges) 1749 - Bains (Vosges) 1800.

Notaire. Elu de l'Indre à la Convention. Il signe la protestation des 73 contre les journées des 31 mai et 2 juin 1793. Décrété d'arrestation, il ne retrouvera son siège qu'après Thermidor.

Descamps Bernard

Lectoure (Gers) 1758 - 1825

Homme de loi. Député du Gers à la Convention. Protestataire après le 2 juin 1793, il est décrété d'arrestation le 3 octobre et arrêté. Il ne retournera à l'Assemblée qu'après Thermidor.

Desgranges Jean-Baptiste

Mâcon (Saône-et-Loire) 1751 - Lyon 1831.

Chirurgien en chef de l'armée de Lyon révoltée contre la Convention, il se réfugiera, après l'échec de son mouvement, dans le pays de Vaud jusqu'en 1802.

Despinassy Antoine-Joseph-Marie

Marseille 1757 - Lausanne (Suisse) 1829.

Député du Var à la Convention. Soupçonné d'avoir favorisé l'insurrection de Marseille, il est décrété d'arrestation, mais réussit à s'enfuir. Il retrouvera ses fonctions en décembre 1794 et fera poursuivre les responsables des journées des 31 mai et 2 juin 1793.

Devérité Louis -Alexandre

Abbéville (Somme) 1743 - 1818.

Magistrat. Député de la Somme à la Convention, il proteste contre le 2 juin 1793, mais parvient à se soustraire au décret d'arrestation prononcé contre lui. Il retrouvera son siège après Thermidor.

Doublet Pierre-Philippe

Bois d'Ennebourg (Seine-Maritime) 1745. Paris 1793.

Cultivateur. Député de la Seine-Inférieure à la Convention. Siège avec la Plaine, mais signe la protestation contre les journées des 31 mai et 2 juin 1793. Décrété d'arrestation le 3 octobre, il décède en prison le 24 novembre.

Doulcet de Pontécoulant Louis-Gustave

Caen 1764 - Paris 1853.

Militaire. Elu député du Calvados à la Convention. Il vote contre l'exécution de Louis XVI en janvier 1793. Ami des Girondins, il est contraint de se cacher après leur proscription. Il reprendra sa carrière politique après Thermidor.

Douziech Jean

Toulouse 1745, guillotiné à Paris le 11 juin 1793.

Commandant de la garde nationale toulousaine en 1790, c'est lui qui organise le corps expéditionnaire contre Montauban en 1791. Fédéraliste, il prend parti pour les Girondins en 1793, mais la soumission de Bordeaux et celle de Toulouse causent sa perte. Traduit devant le Tribunal révolutionnaire de Paris il est condamné à mort.

Dubusc Charles-François
Louviers (Eure) 1731 - 1812.
Drapier. Député à la Convention, il siège avec la Plaine. Signataire de la protestation contre les 31 mai et 2 juin 1793, il est décrété d'arrestation et demeure en prison jusqu'en décembre 1794.
Duchastel Gaspard-Séverin
Rochefon (Deux-Sèvres) 23 février 1766. Guillotiné à Paris le 31 octobre 1793.
Elu député des Deux-Sèvres à la Convention, il vote contre la mort du roi en janvier 1793. Après le 2 juin, il rejoint les Girondins proscrits à Caen, puis à Nantes d'où il active le mouvement fédéraliste en Bretagne. Mis en accusation le 15 juin, il est arrêté à Bordeaux, transféré à Paris et exécuté.
Ducos Jean-François
Bordeaux 26 octobre 1765. Guillotiné à Paris le 31 octobre 1793.
Négociant. Elu à la Convention, il siège sur les bancs des Girondins, tout en restant proche des Montagnards. Il est sauvé de la proscription du 2 juin 1793 par Marat. Mais il sera arrêté le 3 octobre pour avoir tenté de défendre ses amis girondins, et exécuté.
Ducourneau Pierre
1764. Exécuté à Paris en 1794.
Avocat au Parlement de Bordeaux. Il s'était enflammé pour la Révolution dès les premiers jours : le 18 juillet 1789, il avait réclamé que fût imprimée la lettre du député bordelais Paul Nairac annonçant la prise de la Bastille à ses compatriotes.
Dufestel Jean-François
Gapennes (Somme) 1747 - 1821
Cultivateur. Député de la Somme à la Convention. Il proteste contre la violation de l'Assemblée les 31 mai et 2 juin et donne sa démission le 25 novembre 1793.
Dufriche-Valazé Charles-Eléonor
Alençon (Orne) le 23 janvier 1751. Paris le 30 octobre 1793.
Officier dans les armées du roi. Commandant de la garde nationale. Administrateur du district d'Alençon. Représentant de l'Orne à la Convention. Partisan des Girondins, qui se réunissent chez lui, il ne cesse de lutter contre la Montagne. Le 31 mai 1793, il réclame un décret d'accusation contre Hanriot, le commandant de la garde nationale. Décrété d'arrestation il refuse de s'enfuir. Il comparaît devant le Tribunal révolutionnaire le 30 octobre. A l'annonce de sa condamnation à mort, il tire un poignard et se l'enfonce dans le coeur. Le Tribunal donnera l'ordre de traîner son cadavre au pied de l'échafaud le lendemain.
Dugué d'Assé Jacques-Claude
Condeau (Orne) 1749 - 1830
Avocat. Elu de l'Orne à la Convention. Il se prononce contre la mort de Louis XVI. Ayant signé la protestation contre les journées des 31 mai et 2 juin 1793, il est décrété d'accusation le 3 octobre et emprisonné. Il reprendra sa carrière politique après Thermidor.
Dulaure Jacques-Antoine
Clermont-Ferrand 1755 - Paris 1835
Publiciste. Représente le Puy-de-Dôme à la Convention. Siège sur les bancs de la Plaine mais soutient les Girondins dans son journal *Le thermomètre du jour*. Décrété d'accusation le 22 octobre 1793 il doit fuir en Suisse. Il reprendra la carrière politique après Thermidor.

Dumont Louis-Philippe
Bernières-le-Patry (Calvados) 1765 - 1853
Avocat. Elu du Calvados à la Convention. Vote contre la mort du roi. Comme la plupart des députés du Calvados, il sympathise avec les Girondins.
Dumouriez Charles-François Du Périer, dit -
Cambrai (Nord) 1739 - Turville Park (Angleterre) 1823.
Officier des armées du roi. A la révolution, il se lie avec La Fayette, Mirabeau et Gensonné. Devient ministre des Affaires étrangères en 1792. Ami des Girondins, il est nommé commandant en chef de l'armée du Centre, et remporte la victoire de Valmy. Il occupe la Belgique et se présente en triomphateur à la Convention. Cependant les Montagnards lui reprochent ses rapports avec les contre-révolutionnaires. Au printemps 1793, Dumouriez veut marcher sur Paris avec ses troupes, mais les soldats refusent. Le général gagne l'étranger. Il mourra en exil en Angleterre.
Duplantier Jacques-Paul Fronton
Cailleau (près de Fronsac en Gironde) 1764 - Agen 1814.
Avocat. Négociant à Bordeaux. Elu de la Gironde à la Convention. Attaché au parti de la Gironde, il démissionne le 7 juin 1793.
Duprat Jean
Avignon 22 décembre 1760 - Guillotiné à Paris le 31 octobre 1793.
Négociant en soieries. Membre de la municipalité d'Avignon en 1790, il milite pour le rattachement d'Avignon et du Comtat Venaissin à la France et finit par l'obtenir en septembre 1791. Attaché au parti girondin, et ami de Barbaroux. Au lendemain du 2 juin 1793, le pistolet à la main, il affiche lui-même au Palais-Royal les proclamations des départements en faveur des proscrits. Décrété d'accusation le 3 octobre 1793, il est condamné à mort.
Duranton Antoine
Mussidan (Dordogne) 1736. Guillotiné à Bordeaux le 20 décembre 1793.
Avocat à Bordeaux. Poussé par les députés girondins Guadet et Gensonné, il obtient le ministère de la Justice dans le ministère Roland. Accusé de complaisance envers les prêtres réfractaires, il quitte le gouvernement en juillet 1792. Arrêté comme contre-révolutionnaire sur l'ordre de Lacombe, il est condamné à mort.
Dusaulx Jean
Chartres 1728 - Paris 1799.
Militaire. Ecrivain. Elu de Paris à la Convention. Il encourage la formation d'une garde qui protégerait l'Assemblée. Sympathisant girondin, il est effacé de la liste des proscrits par Marat qui le juge incapable d'être chef de parti. Il signe la protestation contre les journées des 31 mai et 2 juin 1793. Il retournera à la Convention après Thermidor, et proposera d'élever un autel expiatoire du sang français injustement répandu.
Duval Jean-Pierre
Rouen 1754 - Paris 1817
Avocat au Parlement de Normandie. Représentant de la Seine-Inférieure à la Convention où il siège sur les bancs de la Plaine. Décrété d'arrestation le 3 octobre 1793 pour avoir signé la protestation contre les journées des 31 mai et 2 juin, il réussit à se cacher. Il sera rappelé à la Convention après Thermidor.
Engerran Jacques
Villedieu (Manche) 1751 - Avranches (Manche) 1843.

Homme de loi. Elu de la Manche à la Convention, où il siège sur les bancs de la Plaine. Après le 2 juin 1793 il tente courageusement de défendre les Girondins, en particulier Brissot.

Estadens Antoine

Baziège (Haute-Garonne) 1742 - Toulouse 1814.

Maître de poste. Siège à la Convention sur les bancs de la Plaine. Décrété d'arrestation le 3 octobre 1793 comme signataire de la protestation contre la journée du 31 mai, il est emprisonné 14 mois durant. Il retournera à la Convention après Thermidor.

Expilly Louis-Alexandre

Brest 24 février 1742, guillotiné dans cette même ville le 22 mai 1794.

Premier prêtre à être consacré évêque constitutionnel (par Talleyrand). Sympathisant des Girondins, qui sont majoritaires dans le Finistère, il se montre favorable au mouvement fédéraliste en juin 1793. Arrêté pour avoir appelé les départements de l'Ouest à se lever contre l'Assemblée, il est arrêté et exécuté après un jugement sommaire.

Faucher César et Constantin (frères jumeaux)

La Réole (Gironde) 20 mars 1759. Fusillés à Bordeaux le 27 septembre 1815.

Commandants du corps franc d'infanterie des «Enfants de La Réole». Girondins tous deux, accusés de fédéralisme, ils sont arrêtés à Bordeaux en 1793 et manquent d'être guillotinés. On les envoie à l'armée de Rhin-et-Moselle. Revenus à la vie civile, ils entrent dans la banque. Opposants à Louis XVIII, ils seront fusillés tous deux le même jour.

Fauchet Claude

Dornes (Nièvre) 22 septembre 1744. Guillotiné à Paris le 31 octobre 1793.

Evêque constitutionnel de Caen. Elu du Calvados à la Convention. Sympathisant girondin. Il tente de sauver le roi pendant son procès. Opposant à Marat, il est inscrit sur la liste des proscriptions. Accusé de façon calomnieuse de complicité avec Charlotte Corday, il est écroué à la Conciergerie et condamné à mort.

Faure Pierre-Joseph-Denis-Guillaume

Le Havre 1726 - 1818.

Officier de marine, puis avocat et imprimeur. Député de la Seine-Inférieure à la Convention. Il se prononce contre la mort du roi. Dénoncé pour avoir signé la protestation contre les 31 mai et 2 juin, il est arrêté et ne sera libéré qu'en octobre 1794. Il poursuivra sa carrière politique jusqu'en 1795.

Faye Gabriel

La Roche-L'Abeille (Haute-Vienne) 1740 - 1801.

Notaire. Représentant de la Haute-Vienne à la Convention. Vote contre la mort du roi. Ayant signé la protestation contre les journées des 31 mai et 2 juin 1793, il est arrêté. Libéré en octobre 1794, il reprendra ses fonctions politiques.

Fayolle Jean-Raymond

Saint-Paul-lès-Romans (Isère) 1746 - Grenoble 1821.

Député de la Drôme à la Convention, il siège sur les bancs du Marais. Décrété d'arrestation comme signataire de la protestation contre les journées du 31 mai et du 2 juin 1793, il ne reprend sa place à l'Assemblée qu'après Thermidor.

Féraud Jean-Bertrand

Arreau (Hautes-Pyrénées) 3 août 1759. massacré à Paris le 21 mai 1795.

Représentant des Hautes-Pyrénées à la Convention. Attaché au parti de la Gironde. Crée des hôpitaux et prisons «où l'humanité était respectée». Vote la mise en accusation de

Marat. En mission au moment du 2 juin 1793, il évite les proscriptions. Il participera aux événements de Thermidor qui aboutiront à la chute de Robespierre. Le 20 mai 1795, il tente de défendre l'Assemblée que les sans-culottes parisiens ont envahi. Il est poursuivi, massacré, piétiné. Une tricoteuse, Aspasie Carlemicelli, tire un coup de pistolet sur lui. Son corps est traîné dans les couloirs. Un cabaretier, Luc Boucher, lui coupe la tête avec son sabre, la jette à la foule. Le serrurier Jean Pinel la porte à l'Assemblée.

Ferroux Etienne-Joseph

Besançon (Doubs) 1751 - Salins (Jura) 1834

Elu du Jura à la Convention. Vote la protestation contre les journées du 31 mai et du 2 juin 1793. Décrété d'arrestation, il sera libéré par Thermidor et reprendra sa carrière politique.

Fleury Honoré-Marie

Quintin (Côtes-d'Armor) 1754 - Saint-Brandan (Côtes-d'Armor) 1827.

Avocat. Elu à la Convention par les Côtes-du-Nord. Siège sur les bancs de la Plaine. Arrêté après les journées des 31 mai et 2 juin 1793, il ne sortira de prison qu'après Thermidor et reprendra sa carrière politique.

Forest Jacques

Roanne (Loire) 1733 - 1812

Président du tribunal de Roanne. Représentant du Rhône-et-Loire à la Convention, où il siège sur les bancs du Marais. Dénoncé comme ayant fomenté la révolte à Lyon au printemps 1793, il arrêté et emprisonné au Luxembourg. Il rentrera à la Convention en décembre 1794.

François Landry-François-Adrien

Albert (Somme) 1756 - Péronne (Somme) 1837

Administrateur dans sa ville natale. Elu à la Convention. Proteste contre les journées des 31 mai et 2 juin 1793, mais n'est pas inquiété, poursuit sa carrière jusqu'à la Restauration.

Gamon François-Joseph

Antraigues (Ardèche) 1767 - 1832

Avocat. Elu par l'Ardèche à la Convention. Attaché au parti des Girondins, il signe la protestation contre l'attentat politique. Décrété d'arrestation le 3 octobre 1793, il réussit à fuir en Suisse. Il reviendra à l'Assemblée après Thermidor.

Gantois Jean-François

Fresnoy-lès-Roye (Somme) 1762 - Mondidier (Somme) 1824.

Cultivateur. Député de la Somme à la Convention. Proteste contre l'attentat politique des 31 mai et 2 juin 1793, mais n'est pas inquiété. Après Thermidor, il s'en prendra aux autorités constituées qui n'avaient pas pris position pour les Girondins.

Gardien Jean-François-Martin

Châteaurenaud (Indre-et-Loire) 9 janvier 1755. Guillotiné à Paris le 31 octobre 1793.

Magistrat. Représentant de l'Indre-et-Loire à la Convention. Siège sur les bancs de la Plaine. Membre de la Commission des Douze, il donne sa démission en mai 1793, mais il est malgré tout décrété d'arrestation. Décrété d'accusation le 3 octobre, il est exécuté avec les Girondins.

Garilhe François-Clément Privat de -

Paysac (Ardèche) 1759 - Largentière (Ardèche) 1829.

Avocat. Député de l'Ardèche à la Convention. Décrété d'arrestation le 3 octobre pour avoir protesté contre l'attentat politique des 31 mai et 2 juin 1793, il n'est pas inquiété bien qu'il ait signalé cet oubli au Comité de sûreté générale. Il poursuivra sa carrière politique.

Gaudin Joseph-Marie-Jacques-François
Les Sables-d'Olonne (Vendée) 1754 - 1818.
Maire de sa ville natale. Représente son département à la Convention. Dénoncé par Bourdon de l'Oise pour avoir présenté de façon tendancieuse les événements du 31 mai 1793, il est rappelé à Paris en septembre. On l'accuse aussi de sympathie pour les Vendéens, mais il n'est finalement pas inquiété. Il poursuivra sa carrière politique.
Gensonné Arnaud
Bordeaux 9 août 1758. Guillotiné à Paris le 31 octobre 1793.
Avocat à Bordeaux. Procureur de la commune en juillet 1790. Juge au tribunal de cassation de la Gironde en janvier 1791. Elu à la Législative, puis à la Convention. Girondin. Partisan fervent de la guerre contre l'Autriche. Décrété d'arrestation le 2 juin 1793, assigné à résidence, il refuse de prendre la fuite. On lui reproche ses relations avec Dumouriez. Il est condamné à mort.
Gérard-Desrivières Jacob-Gérard
Saint-Gervais-de-Messée (Orne) 1751 - Carrouges (Orne) 1828.
Cultivateur. Député à la Convention. Il est accusé d'avoir placardé des affiches critiquant la politique de l'Assemblée à Alençon, à la suite de la journée du 31 mai 1793. Mais il n'est pas inquiété et poursuit sa carrière politique.
Gerente Joseph-Fiacre-Olivier
Mollans (Drôme) 1744 - Avignon 1837.
Elu du département de la Drôme à la Convention. Signataire de la protestation contre l'attentat politique, il est décrété d'arrestation le 3 octobre 1793. Il reprendra sa place à l'Assemblée après Thermidor et réclamera l'épuration du personnel politique.
Gilbert Nicolas-Pierre
Brest 1751 - Paris 1814.
Médecin. Rédige une protestation contre les mesures de la Convention le 31 mai 1793. Est arrêté, emprisonné pendant 8 mois.
Girault Claude-Joseph
Paris 1736 - 1828
Maire de Dinan. Représente les Côtes-du-Nord à la Convention. Signataire de la protestation contre les journées des 31 mai et 2 juin 1793, il est emprisonné le 3 octobre. Reprendra sa place à l'Assemblée après Thermidor.
Girey-Dupré Joseph-Marie
Paris 1769. Guillotiné le 20 novembre 1793.
Publiciste. Lié avec Brissot, il collabore au *Patriote français*. Il se rallie aux Girondins après le 10 août 1792. Proscrit comme fédéraliste le 31 mai 1793, il est arrêté à Bordeaux, transféré à Paris, condamné à mort.
Giroust Jacques-Charles
Nogent-le-Rotrou (Eure-et-Loir) 1749 - 1836.
Avocat. Député d'Eure-et-Loir à la Convention, où il siège avec le Marais. Après le 2 juin 1793, il va rejoindre les Girondins fugitifs en Bretagne. Dénoncé le 25 juin comme fédéraliste militant, il est arrêté et emprisonné. Il reprendra sa place à l'Assemblée après Thermidor.
Gleizal Claude
Genestelle (Ardèche) 1761 - Vaugirard 1833.
Avocat. Représentant de l'Ardèche à la Convention. Il hésite entre Girondins et

Montagnards, mais finit par choisir ce dernier parti.

Gomaire Jean-René

Lorient (Morbihan) 1745 - Le Bugue (Dordogne) 1805.

Prêtre constitutionnel. Représente le Finistère à la Convention. Membre de la Commission des Douze, il est décrété d'arrestation le 2 juin 1793, emprisonné. Réadmis à la Convention quelques jours plus tard, il renonce à la prêtrise et retrouve ses attributions à l'Assemblée.

Gorsas Antoine-Joseph

Limoges (Haute-Vienne) 24 mars 1752. Guillotiné à Paris le 7 octobre 1793.

Fondateur du *Courrier des 83 départements*, qu'il dirige jusqu'au 31 mai 1793. Elu de la Seine-et-Oise à la Convention, et proche des Girondins. Décrété d'arrestation le 2 juin, il s'enfuit à Caen. Mis hors-la-loi le 28 juillet, il est arrêté à Paris, condamné à mort. Ce sera le premier député de la Convention à périr sur l'échafaud.

Gouze Marie-Olympe de - **dite Olympe de Gouges**

Montauban (Tarn-et-Garonne) 7 mai 1748. Guillotinée à Paris le 3 novembre 1793.

Fille d'une marchande à la toilette et peut-être de Jean-Jacques Lefranc de Pompignan. Ecrivain. Elle publie en 1788 *La Déclaration des Droits de la Femme et de la Citoyenne*. Au moment du procès contre le roi, elle se propose pour défendre Louis XVI. S'en étant prise violemment à Robespierre en juillet 1793, elle est traduite devant le Tribunal révolutionnaire et condamnée à mort.

Grangeneuve Jean-Antoine Lafargue de -

Bordeaux 4 décembre 1751. Guillotiné dans cette même ville le 21 décembre 1793.

Avocat bordelais. Représentant de la Gironde à la Convention, où il siège avec les Girondins. Il se réfugie à Bordeaux après le 2 juin 1793. Il y est arrêté et condamné à mort en même temps que son frère.

Grenot Antoine

Gendrey (Jura) 1748 - Besançon 1808.

Avocat. Député du Jura à la Convention, où il siège avec la Plaine. Signataire de la protestation contre l'attentat politique, il est décrété d'arrestation le 3 octobre 1793. Il parvient à s'enfuir et retrouvera son poste après Thermidor.

Guadet Marguerite-Elie

Saint-Emilion (Gironde) 20 juillet 1755. Guillotiné à Bordeaux le 20 juin 1794.

Avocat à Paris, puis président du tribunal criminel de Bordeaux. Député de la Gironde à la Convention. Girondin. Décrété d'arrestation le 2 juin 1793, il parvient à s'enfuir pour Evreux puis Caen. Réfugié en Gironde dans la maison de Thérèse Bouquey, il sera découvert, traduit devant la commission militaire de Bordeaux, condamné à mort.

Guerre-Dumolard Jean

Allevard (Isère) 1761 - Saint-Rambert-l'Ile-Barbe (Rhône) 1845.

Avocat au Parlement de Grenoble. Chargé par la municipalité contre-révolutionnaire d'écrire la relation de la révolte de la ville contre la Convention en 1793, sous le titre de *Histoire de la révolution de Lyon.*

Guezno Mathieu-Claude

Audierne (Finistère) 1763 - 1839.

Négociant. Représentant du Finistère à la Convention. Sympathisant des Girondins. Compromis par sa correspondance avec les autorités fédéralistes du Finistère. Mais il ne sera pas inquiété. Il est chargé de réorganiser la marine à Rochefort.

Guiter Joseph-Antoine-Sébastien
Torreilles (Pyrénées-Orientales) 1761 - Paris 1829.
Ecclésiastique, abandonne la prêtrise à la révolution. Représentant des Pyrénées-Orientales à la Convention, où il siège avec la Plaine. Signataire de la protestation contre l'attentat politique, il est décrété d'arrestation le 3 octobre 1793. Il sera libéré en décembre 1794 et retrouvera son siège à l'Assemblée.
Guyomar Pierre-Marie-Augustin
Guingamp (Côtes d'Armor) 1757 - 1826
Marchand de draps. Député des Côtes-du-Nord à la Convention. Réclame l'égalité complète entre hommes et femmes et soutient la thèse du suffrage universel direct. En juillet 1793, il prend la défense de Condorcet. Il poursuivra sa carrière jusqu'au 18 brumaire.
Hardy Antoine-François
Caen 1748 - Paris 1823.
Médecin protestant. Représentant de la Seine-Inférieure à la Convention. Signe la protestation contre les journées des 31 mai et 2 juin 1793. Décrété d'arrestation le 3 octobre, il parvient à s'enfuir. Il retrouvera ses fonctions après Thermidor.
Hecquet Charles-Robert
Saint-Arnoult (Seine-Maritime) 1750 - Paris 1796.
Maire de Caudebec. Représentant de la Seine-Inférieure à la Convention. Signataire de la protestation contre l'attentat politique, il est décrété d'arrestation le 3 octobre 1793 et emprisonné à la Force. Il retrouve son poste à la Convention en décembre 1794.
Henry-Larivière Pierre-François-Joachim
Falaise (Calvados) 1761 - Paris 1838.
Député du Calvados à la Convention. Monarchiste. Membre de la Commission des Douze. Décrété d'arrestation le 2 juin 1793, il s'enfuit à Caen. Il retrouvera ses fonctions après Thermidor.
Isnard Henri-Maximin
Grasse (Alpes-Maritimes) 1758 - 1825.
Négociant. Député du Var à la Convention où il se lie avec les Girondins. Farouche adversaire de la Commune de Paris. Ne figure pas sur les listes de proscriptions de juin 1793, il démissionne. Décrété d'accusation le 3 octobre, il réussit à s'enfuir. Il retrouvera ses fonctions après Thermidor.
Jary François-Joseph
Nantes 1739 - Ronzay (près de Nantes) 1805.
Agriculteur. Député de la Loire-Inférieure à la Convention. Signataire de la protestation contre l'attentat politique, il est décrété d'arrestation le 3 octobre 1793 et passera quatorze mois en prison. Il retrouvera ses fonctions après Thermidor.
Kersaint Armand-Guy-Simon de Coet-Nempren, comte de -
Paris 20 juillet 1742. Guillotiné dans cette même ville le 5 décembre 1793.
Officier dans la marine royale. Elu par la Seine-et-Oise à la Convention. Lié avec les Girondins. Il tente de sauver le roi en janvier 1793, et, devant son échec, démissionne. Arrêté le 2 octobre à Ville-d'Avray, il est emprisonné puis condamné à mort.
Kervélégan Augustin-Bernard-François Legoazre de -
Quimper (Finistére) 1748 - Toulgoët 1825.
Avocat. Représentant du Finistère à la Convention. Membre de la Commission des Douze, il est décrété d'arrestation le 2 juin 1793. Il réussit à s'échapper et gagner la Bretagne. Sa

famille est emprisonnée. Il retrouvera ses fonctions après Thermidor.

Lacaze Jacques

Libourne (Gironde) 4 juin 1752. Guillotiné à Paris le 31 octobre 1793.

Négociant. Elu à la Convention. Attaché au parti girondin. Signataire de la protestation contre l'attentat, il est arrêté et condamné à mort.

Lacoste Jean-Michel

Blond (Haute-Vienne) 1751 - Bellac (Haute-Vienne) 1820.

Notaire. Représentant de la Haute-Vienne à la Convention. Signataire de la protestation contre l'attentat politique, il est décrété d'arrestation. Il retrouvera ses fonctions après Thermidor.

Laloue Jean-Robin-de-Bellair de -

Montluçon (Allier) 1735 - Paris 1822.

Militaire. Député du Puy-de-Dôme à la Convention, où il siège avec les Girondins. Après la chute de ce parti, il s'efface complètement de la Convention. On le retrouvera au Conseil des Cinq-Cents, en 1798.

Lanjuinais Jean-Denis

Rennes 1755 - Paris 1827.

Avocat à Rennes. Fondateur du Club breton en 1789. Représentant de l'Ille-et-Vilaine à la Convention. Sympathisant des Girondins. Le 2 juin 1793, il dénonce les menées des sans-culottes de Paris. Décrété d'arrestation, il parvient à s'enfuir à Rennes où il demeure caché près de 18 mois. Il retrouvera ses fonctions après Thermidor.

Lanthenas François-Xavier

Le Puy (Haute-Loire) 1754 - Paris 1799.

Médecin. Ami de Roland et amoureux éconduit de Manon Roland. Représentant du Rhône-et-Loire à la Convention. Inscrit sur la liste de proscription du 2 juin 1793, il est sauvé par Marat qui le déclare «pauvre d'esprit».

Laplaigne Antoine

Mouchès (Gers) 1746 - Le Barran (Gers) 1827.

Avocat à Auch. Député à la Convention. Ayant protesté contre l'attentat politique de juin 1793, il est mis en état d'arrestation le 3 octobre. Il rentrera à l'Assemblée en décembre 1794.

La Revellière-Lépeaux Louis-Marie

Montaigu (Vendée) 1753 - Paris 1824.

Magistrat. Député à la Convention. Proche des Girondins. Emet une protestation énergique après la journée du 2 juin 1793, avant de se réfugier chez des amis hors de la capitale puis de gagner la Somme. Il rentrera à la Convention en mars 1795.

Lasource Marc-David Alba, dit -

Anglès (Tarn) 22 janvier 1763. Guillotiné à Paris le 31 octobre 1793.

Représentant du Tarn à la Convention. Attaché au parti girondin. Décrété d'arrestation le 2 juin 1793 et emprisonné, il est décrété d'accusation le 3 octobre, traduit devant le tribunal révolutionnaire et condamné à mort.

Laurence André-François

Villedieu (Manche) 1762 - Noyarey (Isère) 1823.

Avocat au Parlement. Elu de la Manche à la Convention, où il siège avec le Marais. Ayant signé la protestation contre le 2 juin 1793, il est décrété d'arrestation le 3 octobre et emprisonné. Il rentrera à la Convention en décembre 1794.

Laurenceot Jacques-Henri
Arbois (Jura) 1763 - 1833.
Fait des études de droit. Elu député du Jura à la Convention, où il siège à la Plaine. Adversaire de la Commune de Paris, il signe la protestation contre l'attentat politique de juin 1793, est décrété d'arrestation le 3 octobre et emprisonné. Il retournera à l'Assemblée en décembre 1794.
Lauze de Perret Claude-Romain
Apt (Vaucluse) 28 février 1747. Guillotiné à Paris le 31 octobre 1793.
Député à la Convention, il se prononce contre l'exécution du roi et se rapproche de Barbaroux et des Girondins qu'il soutient l'épée à la main. Il accueille Charlotte Corday à Paris en juillet 1793. Accusé de complicité, il est arrêté le 3 octobre et guillotiné avec ses amis girondins.
Lavicomterie Louis-Thomas Hébert de -
Vers 1746 - Mort à Paris en 1809.
Juriste, écrivain politique, il se montre partisan d'une république fédérative, proscrivant le nom même de «capitale». Elu député de Paris à la Convention, il prend place sur les bancs de la Montagne et oublie ses idées. Il s'éclipsera prudemment après Thermidor.
Le Breton Roch-Pierre-François
Fougères (Ille-et-Vilaine) 1749 - Paris 1806.
Avocat. Représentant d'Ille-et-Vilaine à la Convention, où il siège sur les bancs de la Plaine. Vote contre Marat en avril 1793. Signataire de la protestation des 73 en juin 1793, il est décrété d'arrestation le 3 octobre, emprisonné, et ne reprendra ses fonctions qu'en décembre 1794.
Leclerc Jean-Baptiste
Angers 1756 - Chalonnes (Maine-et-Loire) 1826.
Magistrat, député aux Etats généraux, fondateur du périodique *L'ami des indigents*. Député du Maine-et-Loire à la Convention, il siège avec la Plaine. Il signe la protestation des 73, et démissionne le 12 août 1793. Décrété d'arrestation, il est emprisonné en janvier 1794. Il sera libéré après Thermidor et retrouvera ses fonctions politiques.
Le Febvre de la Chauvière Julien-Urbain-François-Marie-Louis-Riel
Challans (Vendée) 1757 - 1816
Médecin à Nantes. Représente la Loire à la Convention. Signataire de la protestation des 73 après les journées des 31 mai et 2 juin 1793, il est décrété d'arrestation, mais réussit à prendre la fuite. Il rentrera à l'Assemblée en novembre 1794.
Lefebvre Pierre-Louis-Stanislas
Méry (Oise) 1752 - Gournay (Seine-Maritime) 1817.
Receveur des gabelles à Gournay. Député de la Seine-Inférieure à la Convention, où il siège avec le Marais. Favorable à la mise en accusation de Marat. Signataire de la protestation des 73 après le 2 juin 1793. Décrété d'arrestation le 3 octobre, il ne rentrera à l'Assemblée qu'en décembre 1794.
Lehardi Pierre
Dinan (Côtes-d'Armor) 10 février 1758. Guillotiné à Paris le 31 octobre 1793.
Médecin. Représentant du Morbihan à la Convention. Vote contre la mort du roi. Réclame la mise en accusation de Marat. Demande, le 31 mai 1793, que la France entière connaisse la situation de la Convention. Décrété d'arrestation le 3 juin, puis d'accusation le 3 octobre avec les Girondins, il est condamné à mort sans motif valable.

Le Jeune René-François
Mayenne 1719-1799
Avocat. Représentant de la Mayenne à la Convention. Vote contre la mort du roi et pour la mise en accusation de Marat. Menacé d'arrestation après la protestation émise par les députés de Laval à la suite de l'expulsion des Girondins, il parvient à échapper aux poursuites et se retire de la vie publique.
Le Maignan Julien-Camille
Baugé (Maine-et-Loire) 1746 - Paris 1812.
Magistrat. Elu par le Maine-et-Loire à la Convention. Vote contre la mort du roi, puis pour la mise en accusation de Marat. Dénoncé comme contre-révolutionnaire le 15 juin 1793, il parvient à échapper aux proscriptions. Il ne retournera à l'Assemblée qu'après Thermidor.
Lesage Denis-Toussaint
Chartres 1758 - Paris 1796.
Avocat à Chartres. Représente le département d'Eure-et-Loir à la Convention. Attaché au parti girondin et adversaire résolu de la Commune de Paris. Décrété d'arrestation le 2 juin 1793, il réussit à gagner Caen puis la Bretagne. Mis hors-la-loi le 28 juillet, il réussit à se cacher et ne reparaîtra qu'après la chute de Robespierre.
Lespinasse Jean-Joseph-Louis
Toulouse 1742 - 1831.
Militaire. Député suppléant de Haute-Garonne à la Convention. Procureur syndic du district de Toulouse. Destitué pour fédéralisme par la municipalité de Toulouse et emprisonné pendant quatorze mois. Il appartiendra par la suite au Conseil des Cinq-Cents.
Lesterpt-Beauvais Benoît
Dorat (Haute-Vienne) 22 août 1750. Guillotiné à Paris le 31 octobre 1793.
Représentant de la Haute-Vienne à la Convention. Signe la protestation des 73 après le 2 juin 1793. Soupçonné de sympathie envers les fédéralistes lyonnais, il est convoqué devant l'Assemblée, décrété d'arrestation, envoyé devant le tribunal révolutionnaire avec les Girondins.
Lidon Bernard-François
Brive (Corrèze) 23 mars 1752 - Mort à Cublac (Corrèze) le 3 novembre 1793.
Avocat, fondateur d'usines à Brive. Député de la Corrèze à la Convention. Attaché au parti de la Gironde. Adversaire acharné de Marat et de Robespierre. Défenseur de Lanjuinais le 2 juin 1793, il est décrété d'arrestation. Réfugié à Bordeaux, puis à Doudrac dans le Lot-et-Garonne, enfin à Cublac en Corrèze. Dénoncé, il préfère se suicider que d'être fait prisonnier.
Louvet de Couvray Jean-Baptiste
Paris 1760 - 1797.
Ecrivain. Publiciste, fondateur de *La sentinelle* en 1792. Député du Loiret à la Convention. Adversaire de la Montagne et de la Commune insurrectionnelle de Paris, il est décrété d'arrestation le 2 juin 1793. Il parvient à se cacher à Paris, avant de rejoindre les députés girondins à Caen. Il les suit en Bretagne, accompagné de son amie Lodoïska. Parti en Gironde, il échappe à la mort de peu. Il rejoint alors la capitale et gagne la Suisse avec Lodoïska. Il rentrera à Paris après Thermidor, retrouvera son siège le 8 mars 1795, et demeurera obstinément républicain.

Louvet Pierre-Florent
Saucourt (Somme) 1757 - Paris 1818
Avocat. Elu député de la Somme à la Convention. Vote contre la mort du roi. Signe une protestation contre la journée du 31 mai 1793, mais n'est pas inquiété.
Lozeau Pierre-Augustin
Soubise (Charente-Maritime) 1758 - Marennes (Charente-Maritime) 1798.
Négociant. Président de la Société des Amis de la Constitution de Marennes. Député de la Charente-Inférieure à la Convention. Ayant protesté contre la journée du 2 juin 1793, il est dénoncé, mais ne sera pas poursuivi. Le 9 thermidor, il soutiendra la mise en accusation de Robespierre.
Magniez Antoine-Guislain
Moislains (Somme) 1738 - Bertincourt (Pas-de-Calais) 1823.
Cultivateur. Député du Pas-de-Calais à la Convention. Vote contre la mort du roi. Après le 2 juin 1793, il se retire prudemment dans ses terres. Il sera emprisonné quelques mois, et libéré après Thermidor.
Maisse Marius-Félix
Forcalquier (Alpes-de-Hautes-Provence) 1756 - 1806.
Magistrat. Député des Basses-Alpes à la Convention. Signataire de la protestation des 73 après la journée du 2 juin 1793. Décrété d'arrestation le 3 octobre. Rentrera à l'Assemblée en décembre 1794.
Marbos François
Valence (Drôme) 1739 - 1825.
Evêque constitutionnel de la Drôme en 1791. Représentant de ce département à la Convention. Pour avoir protesté contre l'attentat politique des 31 mai et 2 juin 1793, il est décrété d'arrestation le 3 octobre. Il ne rentrera à la Convention qu'en décembre 1794.
Martin Jean-Baptiste
Morvillers-Saint-Saturnin (Somme) 1734 - Saint-Romain 1803.
Cultivateur. Député de la Somme à la Convention. Signataire, le 5 juin 1793, d'une protestation contre la journée du 31 mai, imprimée à Amiens. Ne sera pas inquiété.
Massa Ruffin-Castus
Menton (Alpes-Maritimes) 1742 - Nice 1829.
Juge. Après la réunion du comté de Nice à la France et la formation des Alpes-Maritimes, représente ce département à la Convention le 23 mai 1793. Quelques jours plus tard, il signe la protestation des 73, est décrété d'arrestation et passera quatorze mois incarcéré. Il retrouvera son siège le 8 décembre 1794.
Masuyer Claude-Louis
Bellevesvre (Saône-et-Loire) 18 octobre 1752. Guillotiné à Paris le 26 mai 1794.
Avocat au barreau de Dijon. Représentant de la Saône-et-Loire à la Convention. Il est dénoncé pour avoir facilité la fuite de Lanjuinais et de Pétion après le 2 juin 1793, arrêté et traduit devant le tribunal révolutionnaire.
Meillan Arnaud-Jean
Bayonne (Pyrénées-Atlantiques) 1748 - 1809.
Riche bourgeois, propriétaire des eaux minérales à Dax. Elu par les Basses-Pyrénées à la Convention. S'attache au parti girondin. Ne figure pas sur la liste des proscriptions, mais quitte Paris pour Nantes puis Caen. Mis hors-la-loi le 28 juillet 1793, il gagne la Bretagne puis le Bec d'Ambès et Bordeaux où il se cache. Sa femme est arrêtée et meurt en prison.

Sa mère, sa soeur et sa fille mourront également dans les mois suivants. Meillan retrouvera ses fonctions après Thermidor.

Mennesson Jacques-Baptiste-Augustin-Prosper

Château-Porcien (Ardennes) 1761 - Hautvillers (Marne) 1807.

Avocat. député des Ardennes à la Convention. Donne sa démission le 5 juin 1793.

Mercier Louis-Sébastien

Paris 1740 - 1814.

Ecrivain. Collaborateur aux *Annales patriotiques*. Elu député de Seine-et-Oise à la Convention. Vote contre la mort du roi. Sympathisant des Girondins, il vote la protestation des 73 après la journée du 31 mai 1793. Décrété d'arrestation le 3 octobre, il est emprisonné à La Force, et ne retrouvera son siège qu'en décembre 1794. Il deviendra membre de l'Institut et s'opposera à Napoléon.

Merlin de Douai Philippe-Antoine Merlin, dit -

Arleux (Nord) 1754 - Paris 1838.

Agriculteur. Député du Nord à la Convention. Bien qu'il ait signé la protestation contre les journées des 31 mai et 2 juin 1793, il n'est pas inquiété. Il fera voter la «Loi des suspects» le 17 septembre 1793, et ne prendra aucune part aux journées de Thermidor.

Michel Guillaume

Négociant. Député du Morbihan à la Convention, où il siège sur les bancs de la Plaine. Vote contre la mort du roi en janvier 1793 et pour la mise en accusation de Marat en avril. Sympathisant des Girondins, il ne signe pourtant pas la protestation des 73. Malgré cela il est dénoncé comme «brissotin», mais n'est pas inquiété.

Michet Antoine

Villefranche (Rhône) 1744 - 1800.

Magistrat. Député du Rhône-et-Loire à la Convention. Vote contre la mort du roi et pour la mise en accusation de Marat. Dénoncé pour avoir fomenté l'insurrection à Lyon, décrété d'arrestation le 11 juillet 1793 et emprisonné. Il reprendra ses fonctions à l'Assemblée en décembre 1794.

Minvielle Pierre

Avignon (Vaucluse) 6 septembre 1764. Guillotiné à Paris le 31 octobre 1793.

Marchand de soie. Elu par les Bouches-du-Rhône à la Convention. Le 30 juillet 1793, il est accusé de fédéralisme et décrété d'arrestation. Il est traduit devant le tribunal révolutionnaire et condamné à mort.

Miranda Francisco

Caracas (Venezuela) 1756 - Cadix (Espagne) 1816.

Participe à la guerre d'Indépendance américaine. Libère le Venezuela. Vient en Europe et se lie avec Brissot et Pétion. Général de brigade dans l'armée de Dumouriez, il conserve son commandement militaire jusqu'en 1793. Sous le Directoire, il se réfugiera en Angleterre.

Mollevaut Etienne

Jouy-sus-les-Côtes (Meuse) 1744 - Nancy (Meurthe-et-Moselle) 1816.

Avocat. Député de la Meurthe à la Convention. Membre de la Commission des Douze, il est, comme tel, décrété d'arrestation le 2 juin 1793. Il parvient à fuir. Mis hors-la-loi le 28 juillet, il ne rentrera à la Convention que le 8 mars 1795.

Moysset Jean

Fleurance (Gers) 1726 - 1810.

Député du Gers à la Convention. Vote contre la mort du roi. Signe la protestation des 73 en juin 1793. Décrété d'arrestation le 3 octobre, il est emprisonné et ne reprendra son siège à l'Assemblée qu'après Thermidor.

Noël Jean-Baptiste

Remiremont (Vosges) 29 juin 1747. Guillotiné à Paris le 8 décembre 1793.

Avocat. Elu des Vosges à la Convention. Sympathisant girondin. Proteste contre la journée du 31 mai 1793. Est décrété d'arrestation. S'enfuit, mais est arrêté le 25 novembre. Condamné à mort

Obelin-Kergal Mathurin-Jean-François

Ploërmel (Morbihan) 1736 - Rennes (Ille-et-Vilaine) 1819.

Avocat à Rennes. Député d'Ille-et-Vilaine à la Convention. Signataire de la protestation contre l'attentat politique après le 2 juin 1793, est décrété d'arrestation et emprisonné pendant quatorze mois. Il reprendra la carrière politique après Thermidor.

Paganel Pierre

Villeneuve-d'Agen (Lot-et-Garonne) 1745 - Bruxelles 1826.

Fils de notaire. Ecclésiastique. Elu du Lot-et-Garonne à la Convention. Sympathisant des Girondins, il est chargé de diverses missions dans le Lot-et-Garonne, la Dordogne et l'Aveyron.

Patrin Eugène-Louis-Melchior

Lyon 1742 - Saint-Vallier (Rhône) 1815.

Botaniste et minéralogiste. Représente le Rhône à la Convention. Dénoncé pour avoir excité les Lyonnais à la révolte, il est décrété d'arrestation, mais réussit à s'échapper. Il retrouvera son siège en décembre 1794.

Pénières-Delzors Jean-Augustin

Lacou (Corrèze) 1766 - Saint-Augustin (Floride) 1821.

Avocat. Elu de la Corrèze à la Convention, où il siège avec les Girondins. Adversaire de Marat. Il demeure cependant muet après le 31 mai 1793 et conserve son poste. Banni en 1816, il s'embarquera de Bordeaux pour les Etats-Unis, où il fonde «Démopolis». Il mourra de la fièvre jaune.

Pérez Joachim

Auch (Gers) 1759 - Mirande (Gers) 1822.

Avocat. Maire d'Auch. Elu du Gers à la Convention. Suspendu de ses fonctions le 11 septembre 1793, accusé de fédéralisme, il est emprisonné durant quelques mois.

Périès Jacques

Castelnaudary (Aude) 1736 - Paris 1797.

Député de l'Aude à la Convention, où il siège sur les bancs du Marais. Signataire de la protestation des 73, il est emprisonné et retrouvera ses fonctions après Thermidor.

Pétion Jérôme

Chartres 2 janvier 1756 - Saint-Magne (Gironde) le 18 juin 1794.

Avocat. Maire de Paris en 1791. Elu d'Eure-et-Loir à la Convention. Très populaire, ce qui suscite la jalousie de Robespierre. Réélu maire de la capitale le 4 octobre 1792, il donne sa démission. Sympathisant girondin. Décrété d'arrestation le 9 juin 1793, il réussit à fuir avec Guadet, et gagne Caen. Il rejoint la Bretagne, puis la Gironde, avec Buzot. Traqué, il finit par se suicider en même temps que Buzot.

Petit Edme-Michel

Paris 1739 - 1795.

Chirurgien. Député de l'Aisne à la Convention. Adversaire des écoles privées. Signe la protestation des 73 en juin 1793.

Peuvergne Guillaume

Allanche (Cantal) 1754 - 1812

Commerçant. Député du Cantal à la Convention. Vote contre la mort du roi en janvier 1793. Donne sa démission le 10 avril et quitte Paris. Dix jours plus tard, il est arrêté à Nevers, mais il sera relâché.

Peyre Louis-François

Mane (Alpes-de-Hautes-Provences) 1760 - Paris 1828.

Représentant des Basses-Alpes à la Convention. Signataire de la protestation des 73. Décrété d'arrestation le 3 octobre 1793, il se rétracte et, malade, demande une prison particulière qui lui sera accordée. Il reprendra son siège à l'Assemblée en décembre 1794.

Philippe-Delleville Jean-François

Bayeux (Calvados) 1740 - Sainte-Croix-sur-Mer (Calvados) 1828.

Magistrat. Député du Calvados à la Convention. Vote contre la mort du roi et pour la mise en accusation de Marat. Signataire de la protestation après les journées du 31 mai et du 2 juin 1793, il est décrété d'arrestation, mais réussit à s'échapper. Il rentrera à la Convention en décembre 1794.

Pilastre de la Brardière Urbain-René

Cheffes (Maine-et-Loire) 1751 - 1830.

Député du Maine-et-Loire à la Convention, où il siège sur les bancs de la Plaine. Vote contre la mort du roi, et pour la mise en accusation de Marat. Proteste contre la journée du 31 mai 1793, et donne sa démission le 12 août. Décrété d'accusation, il parvient à s'échapper, et reprendra sa carrière politique après Thermidor.

Portalis Jean-Etienne-Marie

Le Bausset (Var) 1745 - Paris 1807.

Avocat à Aix-en-Provence. Part à Lyon où il reste jusque fin 1793. Lorsqu'il revient à Paris, il est arrêté. Il sera remis en liberté après Thermidor.

Prieur-Duvernois Claude-Antoine, dit Prieur de la Côte-d'Or

Auxonne (Côte-d'Or) 1763 - Dijon 1832.

Député de la Côte-d'Or à la Convention. Chargé de mission à Caen en juin 1793 avec Romme, il est pris pour otage, avec son collègue, par les partisans des Girondins, pour répondre de la vie des députés arrêtés à Paris. Il sera libéré le 29 juillet.

Queinnec Jacques

Guimiliau (Finistère) 1755 - Guiclan (Finistère) 1817.

Cultivateur. Député du Finistère à la Convention. Vote contre la mort du roi et pour la mise en accusation de Marat. Signataire de la protestation des 73 après le 2 juin 1793, il est décrété d'arrestation le 3 octobre et demeure en prison jusqu'au 8 décembre 1794. Il retrouvera la vie politique.

Quirot Jean-Baptiste

Besançon (Doubs) 1757 - Guiclan (Finistère) 1817

Avocat. Elu du Doubs à la Convention. Vote contre la mort du roi. Député modéré, il proteste contre la journée du 31 mai 1793, mais n'est pas inquiété. Peut poursuivre sa carrière politique.

Rabaut-Pomier Jacques-Antoine Rabaut, dit -

Nîmes 1744 - Paris 1820.

Savant. Député du Gard à la Convention. Décrété d'accusation après la chute des Girondins le 3 octobre 1793, il est arrêté en décembre et échappe de peu à la guillotine. Il retrouve son siège après Thermidor.

Rabaut Saint-Etienne Jean-Paul Rabaut, dit -

Nîmes 14 novembre 1743. Guillotiné à Paris le 5 décembre 1793.

Frère du précédent. Pasteur, il obtient de Louis XVI l'édit de tolérance de 1787. Député de l'Aube à la Convention, il siège dans les rangs girondins. Vote contre la mort du roi. Membre de la Commission des Douze. Arrêté le 2 juin 1793 avec 21 députés girondins. Il réussit à s'enfuir, se cache à Versailles, mais est bientôt découvert et conduit à l'échafaud avec les personnes qui lui ont donné refuge.

Rebecqui François-Trophime

Marseille 2 septembre 1744. Mort dans cette même ville le 1er mai 1794.

Négociant. Député des Bouches-du-Rhône à la Convention, où il siège sur les bancs des Girondins avec Barbaroux. Il dénonce les projets de dictature de Robespierre. Démissionne le 9 avril 1793. Part à Avignon puis à Marseille dans l'espoir d'y fomenter une insurrection contre la Montagne. Il échoue et se donne la mort par noyade.

Ribéreau Jean

Neuvicq (Charente-Maritime) 1759 - Liège (Belgique)1830.

Avocat. Député de la Charente à la Convention. Signataire de la protestation des 73, il est décrété d'arrestation le 3 octobre et emprisonné. Il rentrera à la Convention en décembre 1794.

Richou Louis-Joseph

Brouillé-Loretz (Deux-Sèvres) 1748 - Thouars (Deux-Sèvres) 1839.

Avocat. Député de l'Eure à la Convention. Vote contre la mort du roi. Ami des Girondins. Ne signe pas la protestation des 73, mais est pourtant décrété d'arrestation le 3 octobre 1793 et emprisonné. Il rentrera à la Convention en décembre 1794.

Rivaud François

Bellac (Haute-Vienne) 1754 - Guéret (Creuse) 1836.

Gendarme dans les armées royales. Député de la Haute-Vienne à la Convention. Se prononce contre l'exécution du roi. Après la journée du 2 juin 1793, signe une protestation qui est lue à l'Assemblée le 21 août. Décrété d'arrestation le 23, il reviendra à l'Assemblée en décembre 1794.

Rivery Louis

Nantes 1742 - Amiens 1816.

Négociant et cultivateur. Député de la Somme à la Convention. Se prononce contre la mort du roi. Signe le 5 juin une protestation contre les journées des 31 mai et 2 juin 1793, qui est dénoncée à l'Assemblée par Jean Bon Saint-André. Poursuit sa carrière politique.

Robert Pierre-François-Joseph

Gimnée (Namur, Belgique) 1762 - Bruxelles 1826.

Avocat. Fondateur du *Journal d'Etat*, qui deviendra *Le Mercure national*. D'abord ami des Girondins, il devient Jacobin. Il sera accusé d'être un accapareur, mais poursuivra sa carrière politique.

Roland Manon-Jeanne Phlipon, madame -

Paris 17 mars 1754. Guillotinée dans cette même ville le 9 novembre 1793.

Egérie du groupe girondin de juin 1791 à juin 1793. Elle est arrêté dans la nuit du 31 mai 1793 par la Commune de Paris, écrouée, traduite devant le tribunal révolutionnaire, condamnée le 8 novembre à l'échafaud..

Roland de La Platière Jean-Marie

Villefranche 19 février 1734. Mort à Rouen le 15 novembre 1793.

Inspecteur général des manufactures, il se lie à la révolution avec Pétion, Buzot et Brissot. Poussé par son épouse Manon qui reçoit les futurs Girondins dans son salon, il obtient le ministère de l'Intérieur en mars 1792. Il fonde *La sentinelle*, dont Louvet est le rédacteur. Ecarté du pouvoir en juin puis rappelé, il est élu par la Somme à la Convention, mais choisit son portefeuille de ministre. Décrété d'arrestation le 31 mai 1793, il parvient à s'enfuir. Il se suicidera en apprenant l'exécution de sa femme.

Rouault Joseph-Yves

Loudéac (Côtes-d'Armor) 1754 - Guillac (Morbihan) 1837.

Avocat. Elu député à la Convention par le Morbihan. Vote contre la mort du roi. Signe la protestation contre les journées des 31 mai et 2 juin 1793. Décrété d'arrestation le 3 octobre, emprisonné, il ne retrouvera son poste qu'en décembre 1794.

Rousseau Jean

Vitry-le-François (Marne) 1738 - Châtillon-sous-Bagneux (Hauts-de-Seine) 1813.

Professeur. Député suppléant à la Convention pour le département de Paris, il donne sa démission, mais est arrêté en septembre 1793 et emprisonné jusqu'à la chute de Robespierre.

Rouyer Jean-Pascal

Pézenas (Hérault) 1761 - Bruxelles 1819.

Marin. Député de l'Hérault à la Convention, où il siège avec les Girondins. Décrété d'arrestation à l'été 1793 pour avoir soutenu les Lyonnais révoltés. Emprisonné, il parvient à s'enfuir. Il reparaîtra à la Convention en février 1795.

Rouzet Jean-Marie

Toulouse 1743 - Paris 1820.

Avocat. Député de la Haute-Garonne à la Convention. Vote contre la mort du roi, et pour la mise en accusation de Marat. Signataire de la protestation au lendemain des 31 mai et 2 juin 1793. Décrété d'arrestation le 3 octobre et écroué. Il rentrera à l'Assemblée le 8 décembre 1794 et poursuivra sa carrière politique.

Royer Jean-Baptiste

Cuiseaux (Saône-et-Loire) 1833 - Besançon 1807.

Curé, il prête serment à la Constitution civile du clergé. Elu député de l'Ain à la Convention, il vote contre la mort du roi. Il signe la protestation après le 2 juin 1793, est décrété d'arrestation le 3 octobre. Il ne rentrera à la Convention qu'après Thermidor.

Ruault Alexandre-Jean

Louvigné-du-Désert (Ille-et-Vilaine) 1745 - Coulommiers (Seine-et-Marne) 1824.

Ecclésiastique ayant accepté la Constitution civile du clergé, il est élu député de la Seine-Inférieure à la Convention. Il vote contre l'exécution de Louis XVI. Ayant signé la protestation après le 2 juin 1793, il est décrété d'arrestation le 3 octobre, et écroué. Il rentrera à la Convention en décembre 1794.

Saint-Martin-Valogne Charles Vaissière de -

Combret (Aveyron) 1750 - Millau (Aveyron) 1807.

Avocat protestant. Député de l'Aveyron à la Convention. Lié à la Gironde, membre de la Commission des Douze, il n'est cependant pas décrété d'arrestation le 2 juin 1793. On le retrouvera au Conseil des Cinq-Cents.

Saint-Prix Hector Soubeyran de -
Saint-Péray (Ardèche) 1756 - 1828.
Homme de loi. Représentant de l'Ardèche à la Convention. Signataire de la protestation contre l'attentat politique, il est décrété d'arrestation le 3 octobre 1793. Il ne rentrera à la Convention qu'en décembre 1794.
Salle Jean-Baptiste
Vézelise (Meurthe-et-Moselle) 28 novembre 1759. Guillotiné à Bordeaux le 20 juin 1794.
Médecin. Député de la Meurthe à la Convention. Membre du parti girondin. Décrété d'arrestation le 2 juin 1793, il se réfugie à Chartres, puis Evreux et Caen. Mis hors-la-loi le 28 juillet, il gagne la Bretagne puis Bordeaux. Caché à Saint-Emilion chez le père de Guadet, il est découvert, transporté à Bordeaux, condamné à mort.
Salmon Gabriel-René-Louis
Mézières-sous-Lavardin (Sarthe) 1764 - 1821.
Notaire. Représentant de la Sarthe à la Convention. Décrété d'arrestation le 3 octobre 1793 pour avoir signé la protestation contre les journées des 31 mai et 2 juin, il ne rentrera à la Convention qu'en décembre 1794.
Sanadon Barthélémy-Jean-Baptiste
Beaumesnil (Eure) 1729 - Oloron-Sainte-Marie (Pyrénées-Atlantiques) 1796.
Ecclésiastique, évêque constitutionnel des Basses-Pyrénées. Député de ce département à la Convention. Il vote contre la mort du roi, et donne sa démission le 15 août 1793. Dénoncé à la Convention, le 6 novembre, par Dartigoeyte, il est arrêté, emprisonné à Bayonne. Rentré à Oloron après sa libération, à la fin de 1794, il vivra désormais en simple citoyen, surveillé par la police locale.
Sanson Henri
Paris 1767 - 1840.
Fils du bourreau Charles-Henri Sanson qui avait décapité Louis XVI, Henri exécuta les Girondins et Marie-Antoinette, avant de guillotiner les Dantonistes, les Hébertistes et les Robespierristes.
Sartre Marc-Antoine
Bruniquel (Tarn-et-Garonne) 1760 - 1831
Avocat. Maire de Bruniquel à la révolution, puis administrateur du district de Montauban. Député suppléant à la Convention. Adversaire de la Montagne, il participe à toutes les délibérations fédéralistes de sa région, et parcourt les villes du Midi favorables aux Girondins. Il est rappelé à la Convention en 1795.
Saurine Jean-Baptiste-Pierre
Eysus (Pyrénées-Atlantiques) 1733 - Strasbourg 1813.
Avocat au Parlement. Entre dans les ordres, devient évêque constitutionnel des Landes. Représente son département à la Convention. Signe la protestation contre l'attentat politique en juin 1793. Décrété d'arrestation le 3 octobre, il réussit à se soustraire à la prison. Il retournera à la Convention en décembre 1794.
Savary Louis-Jacques
Pont-Audemer (Eure) 1755 - Paris 1831.
Homme de loi à Evreux. Représentant de l'Eure à la Convention. Vote contre la mort du roi. Lié aux Girondins, il est soumis à un interrogatoire en règle par le Comité de sûreté générale. Ayant avoué ses relations avec Buzot, il juge prudent de prendre la fuite. Mis hors-la-loi le 28 juillet 1793, il ne reparaîtra à l'Assemblée qu'en mars 1795.

Serre Joseph
La Roche-des-Arnauds (Hautes-Alpes) 1762 - 1831.
Simple soldat de l'infanterie de marine. Elu député des Hautes-Alpes à la Convention, où il s'occupe du Comité de la marine et du Comité des colonies. Signe la protestation contre les journées des 31 mai et 2 juin 1793. Décrété d'arrestation en octobre, il ne reviendra à l'Assemblée que le 8 décembre 1794.
Sillery Charles-Alexis-Brulard, comte de Genlis
Paris 20 janvier 1737. Guillotiné dans cette même ville le 31 octobre 1793.
Colonel. Député de la Somme à la Convention. Dénoncé par les Girondins comme complice de Dumouriez en mars 1793, il est sommé de venir s'expliquer devant le Comité de défense générale. Emprisonné au Luxembourg, il est décrété d'accusation le 3 octobre, et englobé dans le procès des Girondins qui avaient été ses adversaires.
Solomiac Pierre
Puylaurens (Tarn) 1747. Saint-Germain-des-Prés (Tarn) 1829.
Député du Tarn à la Convention. Vote contre la mort du roi. Démissionne le 25 août 1793 et occupe par la suite des fonctions judiciaires.
Soulignac Jean-Baptiste
1759 ? - Limoges (Haute-Vienne) 1823.
Avocat. Représentant de la Haute-Vienne à la Convention, où il siège au Marais. Protesta contre l'attentat politique de juin 1793 et est décrété d'arrestation le 31 août. Il sera rappelé à l'Assemblée en décembre 1794.
Tallien Jean-Lambert
Paris 23 janvier 1767 - 16 novembre 1820.
Clerc de procureur, fondateur de la Société fraternelle du faubourg Saint-Antoine et de *L'ami du citoyen* en août 1791. Secrétaire-greffier de la Commune de Paris après le 10 août 1792. Député à la Convention, en 1793, il est envoyé en mission dans les départements du Loir-et-Cher, Indre-et Loire, Gironde et Dordogne. Il traque les Girondins fugitifs : capture Duchastel, Marchena et Riouffe qu'il envoie devant le Tribunal révolutionnaire. Il entre dans Bordeaux le 19 octobre avec Ysabeau, Baudot et Chaudron-Roussau, fait changer le nom du département de Gironde en celui de «Bec d'Ambès», et pratique des «saignées» pécuniaires et physiques. Mais il rencontre Thérésia Cabarrus. Rappelé à Paris en 1794, il s'oppose à Robespierre. Il poursuivit sa carrière politique sous Bonaparte, avant de finir dans la misère.
Théroigne de Méricourt Anne-Josèphe Terwagne, dite -
Marcourt (Luxembourg) 13 août 1762 - Paris 9 juin 1817.
Fille d'un cultivateur, elle commence par mener une vie d'aventures avant d'entrer en révolution en 1789. Vêtue en amazone, elle est connue sous le nom de «la belle Liégeoise». Arrêtée par les agents de l'Autriche en 1791 à Liège, elle est incarcérée quelques mois à Vienne. Libérée, elle participe activement au 10 août 1792. Proche des Girondins, elle est appréhendée par des tricoteuses fin mai 1793, et fouettée en place publique. Elle perd la raison, et termine sa vie à la Salpétrière, dans le service du professeur Esquirol.
Tocquot Charles-Nicolas
Les Paroches (Meuse) 1752 - 1820.
Propriétaire cultivateur, élu de la Meuse à la Législative puis à la Convention. En 1793, il vote contre la mort du roi, et pour la mise en accusation de Marat. Démissionne le 14 août 1793.

Tournier Jean-Laurent-Germain
Saint-Papoul (Aude) 1750 - 1807.
Député de l'Aude à la Convention, il vote contre la mort du roi, et se prononce pour la mise en accusation de Marat. Il célèbre les habitants de Castelnaudary qui ont combattu les Espagnols à leurs frais. Ayant protesté contre l'attentat politique du 31 mai 1793, il est décrété d'arrestation, et ne retrouvera son siège qu'en décembre 1794.
Tronchet François-Denis
Paris 1726 - 1806.
Avocat. Député de Paris aux Etats généraux. Il accepte de défendre Louis XVI devant la Convention. Après le 31 mai 1793, il prend la précaution de se cacher et ne se manifeste de nouveau qu'après la chute de Robespierre. Il contribuera à la rédaction du Code civil.
Ussieux Louis d'-
Angoulême (Charente) 1744 - Vaux (près de Chartres) 1805.
Fondateur du *Journal de Paris* en 1777. Favorable aux Girondins, il est inscrit sur les liste de proscription le 31 mai 1793, mais gracié. Siégera au Conseil des Anciens en 1795.
Vallée Jacques-Nicolas
Evreux (Eure) 1754 - Paris 1828.
Magistrat. Député suppléant de l'Eure à la Convention, puis député. Proteste contre les 31 mai et 2 juin 1793. Déguisé en gendarme, il entre à la prison de Sainte-Pélagie et recueille les *Mémoires* de Madame Roland. Décrété d'arrestation le 30 juillet, il se réfugie à Evreux. Il siégera de nouveau à la Convention en 1795, avant de redevenir avocat en 1810.
Varlet Charles-Zachée-Joseph
Saint-Omer (Pas-de-Calais) 1733 - Hesdin (Pas-de-Calais) 1811.
Ingénieur dans les armées royales. Député suppléant du Pas-de-Calais à la Convention, il remplace Robespierre qui a opté pour Paris. Vote contre la mort du roi et pour la mise en accusation de Marat. Proteste contre la journée du 31 mai 1793. Décrété d'arrestation en octobre, il ne rentre à la Convention qu'en décembre 1794. Il se retirera de la vie publique en 1797.
Vergniaud Pierre Victurnien
Limoges (Haute-Vienne) 31 mai 1753. Guillotiné à Paris le 31 octobre 1793.
Avocat à Bordeaux. Elu député de la Gironde à la Convention. Il devient le chef des «Brissotins», qui seront bientôt appelés «Girondins». Après le 10 août 1792, il voudrait terminer la révolution en douceur. Il s'élève contre la dictature de la Commune de Paris, s'oppose aux Montagnards. Mis en accusation le 2 juin 1793, il est transféré en juillet à la prison du Luxembourg puis à La Force. Décrété d'accusation le 2 octobre, il est traduit devant le Tribunal révolutionnaire avec 20 autres députés girondins, et guillotiné le 31 octobre.
Verniers Théodore
Lons-le-Saunier (Jura) 1731 - Paris 1818.
Avocat au Parlement. Député du Jura à la Convention, vote contre la mort du roi, pour la mise en accusation de Marat, proteste contre les journées du 31 mai et du 2 juin 1793. Décrété d'arrestation publique, il s'enfuit dans le Jura puis en Suisse. Il est rappelé en décembre 1794. Il finira comte d'Empire et pair de France.
Vaigre Louis-François-Sébastien
Rosiers (Maine-et-Loire) 7 juillet 1755, guillotiné à Paris le 31 octobre 1793.
Substitut du procureur du roi à Angers. Député suppléant à la Convention, il remplace De

Houlières le 27 avril 1793. Membre de la Commission des Douze le 20 mai, il est décrété d'arrestation, le 2 juin. Arrêté le 3 octobre, il est exécuté avec les Girondins le 31.

Vincent Pierre-Charles-Victor

Neufchâtel-en-Bray (Seine-Maritime) 1749 - 1817.

Fils d'avocat, militaire de profession. Député à la Convention, il siège sur les bancs du Marais. Ayant protesté contre les journées du 31 mai et 2 juin 1793, il est décrété d'arrestation le 3 octobre, et ne retrouvera son siège qu'en 1794.

Vitet Louis

Lyon 1736 - Paris 1809.

Professeur, puis maire de Lyon en 1789. Député du Rhône-et-Loire à la Convention, il vote contre la mort du roi. Mis en congé pour raison de santé en février 1793, il est déclaré démissionnaire le 15 juillet. Il fut rappelé après Thermidor.

Virieu François-Henri, comte de -

Grenoble 13 août 1754. Mort au siège de Lyon, le 15 octobre 1793.

D'une vieille famille du Dauphiné. Elu de la noblesse aux Etats généraux. Fidèle à la cause monarchique, il se trouve à Lyon durant l'été 1793, lie l'insurrection de cette ville avec celle des autres villes du Midi. Son armée fut anéantie le 9 octobre et lui-même tué par un boulet.

Visaguet

Lyon (? - octobre 1793).

Un des chefs de l'armée qui défendit Lyon contre les troupes de la Convention durant l'été 1793. Il fut exécuté à Chazelles en octobre avec sa jeune femme de 17 ans et deux de ses parents.

Volney Constantin-François Chasseboeuf, comte de -

Craon (Anjou) 1757 - Paris 1820.

Fréquente le salon de Mme d'Helvétius, publie le journal *La sentinelle* en 1788 (ce titre fut repris par Louvet et les Girondins après le 10 août 1792). Partisan des Girondins, il est emprisonné pendant 10 mois, jusqu'à la chute de Robespierre. Bien qu'opposé à la dictature de Napoléon, il sera fait comte d'Empire et sénateur.

Wimpfen (ou Wimpffen) Georges-Félix, baron de

Minfeld 1744, mort à Bayeux en 1814.

Général dans les armées de la Révolution, il offre son aide aux Girondins le 31 mai 1793 pour fédérer 5 départements bretons et 3 départements normands. Il tente de fortifier Caen contre la Convention. Décrété d'arrestation il s'enfuit à Bayeux et gagne l'Angleterre d'où il ne reviendra qu'après le 18 brumaire.

Ysabeau Claude-Alexandre

Gien (Loiret) 1754 - Paris 1831.

Prêtre, il prête serment à la Constitution civile du Clergé. Député de l'Indre-et-Loire à la Convention. Chargé de mission dans les Hautes et les Basses-Pyrénées, puis à Bordeaux. Poursuivit sa carrière sous le Consulat et l'Empire.

Yzarn de Valady Jacques-Godefroy-Charles-Sébastien-Xavier-Jean-Joseph de Fraissinet, marquis d' -

Bassanac (Lozère) 23 septembre 1766, guillotiné à Périgueux le 6 décembre 1793.

Militaire dans les Gardes françaises. Elu député de l'Aveyron à la Convention, il siège avec les Girondins. Soutient l'inviolabilité du roi en janvier 1793. Décrété d'arrestation le 2 juin, se réfugie à Caen, s'embarque pour la Gironde, se cache avec Guadet, Salle et Louvet. Arrêté à Double, près de Montpont, il est envoyé devant le Tribunal criminel et condamné à mort.

BIBLIOGRAPHIE

-Barennes (J.) : Un homme de loi pendant la Révolution, le girondin Barennes. 1936.
-Bergoeing (Jean-Pierre), Faure (Patrick) : François Bergoeing, député de la Gironde, témoin et acteur de la Révolution. 1990.
-Brouillard (Roger) : Nouvelles recherches sur les Girondins proscrits 1793-1794. 1913.
-Caratini (Roger) : Dictionnaire des personnages de la Révolution. 1988.
-Chauvot (Henri) : Le Barreau de Bordeaux, de 1775 à 1815. 1856.
-Combeaud (Bernard) : Le cabriolet rouge. 1990.
-Coutura (Johel) : Les francs-maçons de Bordeaux au XVIIIème siècle. 1988.
-Delormeil et Bérel (Paul) : Les Girondins, drame lyrique en 4 actes et 6 tableaux. 1905.
-Desgraves (Louis) : Voyageurs à Bordeaux du XVIIème siècle à 1914. 1991.
-Dictionnaire des parlementaires.
-Ducos (Armand) : Les trois Girondines. 1885.
-Furet (François) et Ozouf (Mona) :
* Dictionnaire de la Révolution française. 1989.
* La Gironde et les Girondins, actes du colloque de Saint-Emilion. 1991.
-Gallo (Max) : L'homme Robespierre, histoire d'une solitude. 1968.
-Gazette nationale, ou Le Moniteur universel, mai 1789-novembre 1799. Réimpression 1858-1870 : 32 volumes.
-Grall (Jeanne) : Girondins et montagnards, les dessous d'une insurrection (1793). 1990.
-Guadet (J.) : Les Girondins. Leur vie privée, leur vie publique, leur proscription et leur mort. 1861.
-Huart (Suzanne d') : Brissot, La Gironde au pouvoir. 1986.
-Jaurès (Jean) : Histoire socialiste de la Révolution française . rééd. 1970.
-Lamartine (Alphonse de) : Histoire des Girondins. 1847.
-Lhéritier (Michel) :
* Les débuts de la révolution à Bordeaux, d'après les tablettes manuscrites de Pierre Bernadau. 1947
* La révolution à Bordeaux, la fin de l'Ancien Régime 1787-1789.(1942).
* Liberté, 1789-1790. (1946)
-Maintenant (Gérard) : Les Jacobins. 1984
-Mathiez (Albert) : La Révolution française. 1922.
-Melchior-Bonnet (Bernardine) : Les Girondins. 1969.
-Michelet (Jules) : Histoire de la Révolution française. 1847-1853.
-Nodier (Charles) : Le dernier banquet des Girondins. 1841.
-Roland (Manon Phlipon, madame -) : Mémoires. édit. 1986.
-Soboul (Albert) :
* La Révolution française. 1970.
* Girondins et Montagnards, actes du colloque de la Sorbonne, 14 décembre 1975. édit 1980.
-Staël (Germaine de) : Considérations sur la Révolution française. 1818.
-Tulard (Jean), Fayard (Jean-François) et Fierro (Alfred) : Histoire et dictionnaire de la Révolution française, 1789-1799. 1987.

-Vatel (C.) : Recherches historiques sur les Girondins : Vergniaud, manuscrits, lettres et papiers. 1873.
-Vergniaud (Pierre-Victurnien) : Discours prononcé le 3 avril 1791 dans l'église métropolitaine du Sud-Ouest.
-Vivie (Aurélien) : Histoire de la Terreur à Bordeaux. 1877.
-Vovelle (Michel) :
*L'état de la France pendant la Révolution. 1988.
*La Révolution française, images et récit. 1989.
-Winock (Michel) : L'échec au roi 1791-1792. 1990.
-Young (Arthur) : Travels in France during the years 1787, 1788 and 1789. rééd. 1970.

***

Du même auteur

-Les princes de coeur.
Mazarine. 1984
-Le muet.
Albin Michel. 1986
-Charente, ombres et lumières.
La Péruse. 1988
-Si le Sud-Ouest m'était conté, 1788-1789.
Dossiers Sud-Ouest. 1989
-Théo Angelopoulos.
Edilig. 1989.
-Henri IV.
Editions Sud-Ouest. 1990.
-Dictionnaire des citations de l'Histoire de France.
(collaboration)
Le Rocher. 1990.
-Terres de Gironde.
(collaboration)
Vivisques. 1990.
-Le livre de l'escargot.
(avec Bernard Cherrier)
Bruno Sépulchre. 1990.
-Aquitaine, cent ans de cinéma.
C.R.L. - L'Horizon Chimérique. 1991.
-Atlas historique.
(collaboration)
Magnard document. 1991.
-Le demi-roi.
Mollat éditeur. 1992.

Du même éditeur

-Répertoire-guide des revues françaises et étrangères
-Dictionnaire des Révolutionnaires (Stéphane Dubois)
-B.D. Passion (Pierre Pascal)
-Printemps blessés (Jacques Danois)
-Pourtant il ne neige pas (Jacques Danois)
-Poésie de toujours - Anthologie

Achevé d'imprimer
En ces temps de vendanges 1993

«Qui boira de ce vin là ...»

se souviendra d'octobre 1793 où les députés girondins, traqués et maudits, succombèrent sous le couperet de la guillotine, pour avoir avant l'heure, défendu la liberté sous toutes ses formes et évoqué le fédéralisme en refusant les excès du centralisme parisien.

En ces temps de vendanges 1993

Philippe Madrelle était Président du Conseil général de la Gironde,
Jacques Chaban-Delmas était député-maire de Bordeaux.

Que les *Girondins*, ces oubliés des manifestations du Bicentenaire de la Révolution, retrouvent dans cet ouvrage toute la considération qu'ils méritent dans notre mémoire collective.

***

Imprimé par Les Ateliers Graphiques de l'Ardoisière 64490 Bedous
et publié* avec *le label du "Conseil général de la Gironde" dans le cadre des commémorations du Bicentenaire de la Révolution Française et de la Déclaration des Droits de l'Homme et du Citoyen.

Remerciements :

A **Philippe Madrelle** qui, par son attachement à cet épisode de notre Histoire et par son soutien aux publications sur les Girondins, a grandement participé à la réhabilitation des "Hommes de la Gironde".

A **Jean Valette**, Directeur des Archives départementales de la Gironde, qui non seulement souhaita cette édition, mais qui, de plus, grâce à son érudition et sa gentillesse, nous conseilla judicieusement tout au long de l'élaboration de cet ouvrage.

(André Desforges, Bernard Dané, Jean-François Derassat ; responsables de l'édition)

***

Photos de couverture : André Desforges

5 impasse Bardos 33800 Bordeaux

Dépôt légal à parution

ISBN 2.905212.18.7